广视角 · 全方位 · 多品种

权威 · 前沿 · 原创

皮书系列为
“十二五”国家重点图书出版规划项目

本书为广东省普通高等院校人文社会科学重点研究基地
广州大学广州发展研究院研究成果

2013年中国广州经济形势分析与预测

ANALYSIS AND FORECAST ON ECONOMY OF GUANGZHOU IN CHINA (2013)

主　　编／庾建设　沈　奎　郭志勇
副 主 编／涂成林　黄平湘　李永健

社会科学文献出版社
SOCIAL SCIENCES ACADEMIC PRESS (CHINA)

图书在版编目（CIP）数据

2013年中国广州经济形势分析与预测/庾建设，沈奎，郭志勇主编. —北京：社会科学文献出版社，2013.6
（广州蓝皮书）
ISBN 978-7-5097-4622-6

Ⅰ.①2… Ⅱ.①庾… ②沈… ③郭… Ⅲ.①区域经济-经济分析-广州市-2012 ②区域经济-经济预测-广州市-2013
Ⅳ.①F127.651

中国版本图书馆CIP数据核字（2013）第098149号

广州蓝皮书
2013年中国广州经济形势分析与预测

主　　编／庾建设　沈　奎　郭志勇
副 主 编／涂成林　黄平湘　李永健

出 版 人／谢寿光
出 版 者／社会科学文献出版社
地　　址／北京市西城区北三环中路甲29号院3号楼华龙大厦
邮政编码／100029

责任部门／皮书出版中心（010）59367127　　责任编辑／高振华
电子信箱／pishubu@ssap.cn　　责任校对／杜若普
项目统筹／任文武　　责任印制／岳　阳
经　　销／社会科学文献出版社市场营销中心（010）59367081　59367089
读者服务／读者服务中心（010）59367028

印　　装／北京季蜂印刷有限公司
开　　本／787mm×1092mm　1/16　　印　　张／21.5
版　　次／2013年6月第1版　　字　　数／274千字
印　　次／2013年6月第1次印刷
书　　号／ISBN 978-7-5097-4622-6
定　　价／65.00元

广州蓝皮书系列编辑委员会

《2013年中国广州经济形势分析与预测》
编　辑　部

主要编撰者简介

庚建设 男，现任广州大学校长。1991年获博士学位，1992年晋升为教授，1994年被聘为博士生导师。曾任湖南大学应用数学系副主任、主任；1993～1994年在加拿大阿尔伯塔大学做访问学者；1997～2003年12月任湖南大学党委常委、副校长；2003年12月至今任广州大学校长。主要从事常微分方程与泛函微分方程以及差分方程的理论与应用研究。曾获部省科技进步一等奖2项，二等奖3项。先后主持国家级科研项目9项，部省科研项目16项。获国家教学成果一等奖1项，省教学成果一等奖2项。1994年获国务院特殊津贴，1996年入选国家“百千万”人才工程第一、二层次，1997年被评为“湖南省十大新闻人物”，1998年被评为全国教育系统劳动模范，1999年被评为国家有突出贡献的中青年专家，2000年被列入教育部跨世纪优秀人才培养计划，2002年获第三届教育部“高校青年教师奖”，2006年获国家杰出青年基金。

沈　奎 男，现任广州市委副秘书长，市委政策研究室主任。中山大学经济学硕士，北京师范大学哲学与社会学院国学专业博士课程研修班毕业，美国加州州立大学洛杉矶分校访问学者，暨南大学、广东金融学院客座教授。大学毕业后曾任教于湖南财经学院经济系，1986年起进入广州开发区，先后在广州保税区经发局、广州开发区（萝岗区）政策研究室工作，从事招商引资、经济管理和政策研究工作，参与国家级开发区和高新区多项课题报告撰写，主要研究领域包括中国开发区发展、创新政策、科技园区、城市化等，主要作品有《创新与政府》（合著）、《开发区大有希望》（合著）、《广州开发区20年》（合著）、《创新引擎——第二代开发区的新图景》，另发表论文十多篇。2011年调任广州市政府研究室主任；2012年起任现职。

郭志勇　男，现任广州市统计局局长、党组书记。1978年起先后在华南农业大学、暨南大学和中山大学学习，分别获得农学学士、经济学硕士和高级管理人员工商管理硕士学位，曾赴意大利卡塔尼亚大学和英国牛津大学进修。曾任广州市发展和改革委员会副主任、广州市政府副秘书长。长期从事经济社会发展规划和管理工作，曾担任广州市“十一五”规划领导小组办公室主任和广州市“十二五”规划领导小组副组长，牵头组织和参与经济社会发展规划的编制工作。主编《新起点、新征程——广州市国民经济和社会发展规划汇编》等文献，先后撰写和发表了《基于循环经济的广州产业优化发展研究》、《对国有中小型工业企业改革的几点思考》等多篇论文。

涂成林　男，现任广州大学广州发展研究院院长，研究员。1978年起分别在四川大学、中山大学、中国人民大学学习，获哲学学士、硕士和博士学位。1985年进入湖南省委理论研究室（湖南省委讲师团）工作。1991年起在广州市社会科学院工作，曾任广科研开发处副处长（1992），《开放时代》杂志社副社长、常务副主编、执行主编（1993~2002年），软科学研究所所长（2003~2010年），获聘副研究员（1993）、研究员（1998）。兼任广东省综合改革研究院副院长、广州市股份经济研究会副会长、中国科学学与科技政策研究会理事等社会职务。曾赴澳大利亚、新西兰和加拿大等国做访问学者，目前主要从事经济社会发展规划、科技政策、文化软实力以及西方哲学、唯物史观等方面的教学与研究，先后在《哲学研究》、《教育研究》、《中国科技论坛》等刊物发表论文近100篇，专著10余部，其中《现象学的使命》一书获得第二届全国青年社会科学成果专著类优秀奖（最高奖）等多个奖项。主持和承担国家社科基金等各类研究课题30余项，曾获“广州市优秀中青年哲学社会科学工作者”称号。

黄平湘 男，毕业于中央党校。现任广州市统计局副局长，曾任广州市统计局办公室副主任、统计处处长，主管综合、农村等统计专业和统计信息咨询工作。先后参与大量经济社会研究课题，组织撰写了《穗沪杭苏综合经济实力比较研究》、《广州与环渤海地区主要城市经济发展比较研究》、《金融危机影响下广州文化产业逆势而上》、《国际金融危机背景下广州金融业逆势而上》、《广州与国内中心城市的比较研究》、《坚持科学发展　加快转型升级》等研究报告。

李永健 男，现为广州市政府研究室副主任，广州市人民政协理论研究会副会长，广州市科学技术奖评审委员。主要从事政府决策与政策研究。从1992年起为历任市政府主要领导提供决策参谋服务，参与或组织起草了大量文字材料。曾组织并参与起草《广州市产业结构调整的现状、特点及调整优化探究》专题研究报告，并获得广东省优秀调研报告一等奖。

摘　要

《2013 年中国广州经济形势分析与预测》由广州大学与广州市委政策研究室、广州市统计局联合主编。本报告由总报告、转型发展篇、财政税收篇、商业贸易篇、劳动就业篇、区域篇和附录 7 个部分组成，汇集了广州科研团体、高等院校和政府部门诸多经济问题研究专家、学者和实际部门工作者的最新研究成果，是关于广州经济运行情况和相关专题分析、预测的重要参考资料。

2012 年，国际政治经济环境复杂多变，我国经济发展面临的困难增多，经济下行压力不断加大。面对经济运行中出现的新情况和新问题，广州市委、市政府积极推进新型城市化发展，全力稳增长、促转型、惠民生、增后劲，推动经济社会持续协调发展，全年地区生产总值实现增长 10.5%。

展望 2013 年，世界经济仍将延续低速增长态势，国内经济运行温和回升趋势基本确立。面对国内外经济发展的整体局面，广州市应积极扩大消费需求，建立扩大消费的长效机制；加快产业转型，提升产业核心竞争力；落实重点项目建设，积极鼓励民间投资；努力稳定外贸出口，推动外贸转型发展；深化区域合作水平，提升城市辐射能力。

Abstract

The Analysis and Forecast for Economic Development of Guangzhou China (2013), one volume of the Blue Book Series, was compiled by Guangzhou University, Research Office of the People's Government of Guangzhou Municipality and Statistics Bureau of Guangzhou Municipality. This report consisted of 7 parts, which are Preface, Transformation and Development, Finance and Tax Revenue, Commerce and Trade, Employment, Region, Index, which drew on the various latest research achievements from experts and scholars from Guangzhou's research institutions, high schools and government, and also the personnel who worked in functional departments together. It is a useful reference for researchers, government personnel and the public to understand the current development of Guangzhou's economy and related topics' analysis and predictions of related topies.

In 2012, the international political and economic environment was complicated, and the difficulties our confronting country and the pressure from economic downturn increased as well. Noticing the new situation and problems in the economy, Guangzhou Municipal Party Committee of CPC and People's Government of Guangzhou Municipality actively boosted new urban development, tried to stabilize growth, enforced the transformation, benefited people's livelihood, advanced the continued growth and promoted the coordinated economic and social development. Therefore, The GDP was of Guangzhou up by 10.5%.

Looking forward to 2013, the world economy will grow at a low speed and domestic economy is determined to have a modest recovery. Confronting the cautious world and domestic complexion, Guangzhou will actively expand consumer demand, build long term mechanisms that can expand consumption, accelerate the industrial transformation, promotel the industry core competitiveness, implement key projects, actively encourage private investment, stabilize export, advance the export transformation and development, enhance the power of city radiation by deepening regional cooperation.

目录

𝔹 Ⅰ 总报告

𝔹 Ⅱ 转型发展篇

BⅢ 财政税收篇

BⅣ 商业贸易篇

BⅤ 劳动就业篇

ⅥB 区域篇

ⅦB 附录

皮书数据库阅读**使用指南**

CONTENTS

B I General Report

B II Transformation and Development

BⅢ Finance and Tax Revenue

BⅣ Commerce and Trade

BV Employment

BVI Region

BⅦ Index

总　报　告

General Report

B.1
2012年广州市经济形势分析和2013年展望*

广州市统计局综合处　广州大学广州发展研究院联合课题组**

摘　要：

2012年，面对国际政治经济环境复杂多变和我国经济下行压力不断加大的局面，广州市委、市政府采取措施积极解决经济运行中出现的新情况和新问题，全年实现地区生产总值增长10.5%。2013年，预计世界经济仍将延续低速增长，国内经济运行呈现小幅回升，面对国内经济发展的整体局面，广州市应采取

---

* 1. 除注明预计数外，2012年统计数据均为快报数；2. 地区生产总值、增加值和总产值绝对数按现价计算；增长速度按可比价格计算。

** 课题组组长：黄平湘、涂成林；成员：周凌霄、冯俊、魏绍琼、陈婉清、曾恒皋、栾俪云、黄旭、邓良、艾尚乐。执笔：周凌霄、陈婉清。

扩大消费需求、加快产业转型、支持重点投资、稳定外贸出口、深化区域合作等措施以维持经济平稳增长态势。

关键词：

广州　经济形势分析　展望

一　2012年广州市经济运行情况

2012年，国际政治经济环境复杂多变，欧美等主要经济体的经济增速下滑，需求不振；国内经济环境风险和挑战并存，我国经济发展面临的困难增多，经济下行压力不断加大。面对经济运行中出现的新情况和新问题，广州市委、市政府坚持科学发展，积极推进新型城市化发展，全力稳增长、促转型、惠民生，想方设法推动经济社会持续协调发展。

（一）经济运行整体趋稳

2012年，广州市经济发展在国际、国内整体经济形势影响之下，出现了较大的困难。面对严峻考验，市委、市政府坚持稳中求进的总基调，实施了一系列重大举措，基本完成了预计经济增长目标。全年广州市实现地区生产总值（GDP）13551.21亿元，比上年增长10.5%。其中第一、二、三次产业分别完成增加值220.72亿元、4713.16亿元和8617.33亿元，分别增长3.3%、9.9%和11.1%（见图1）。

从2012年情况看，广州市经济1季度、上半年、1~3季度和全年GDP增速分别同比增长7.3%、8.3%、9.2%和10.5%，与2011年相比，虽然全年增速有所放缓，但增势好于全国和广东全省。全国经济增长呈逐季放缓趋势，GDP增速由1季度的8.1%下滑至上半年的

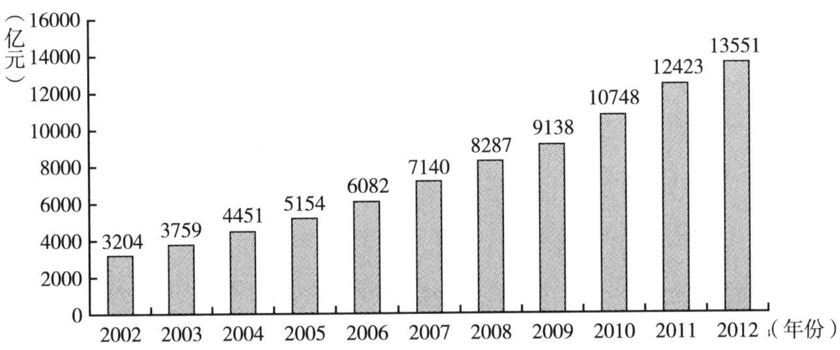

图 1　2002～2012 年广州市 GDP

7.8%，1～3 季度进一步下滑至 7.7%，全年为 7.8%；广东省经济增速筑底回升，1 季度、上半年和 1～3 季度 GDP 增速分别为 7.2%、7.4% 和 7.9%，全年为 8.2%；广州市 GDP 增速在经历了一季度的较大下滑之后，迅速止跌回升，呈现出逐季上升的态势（见图 2）。

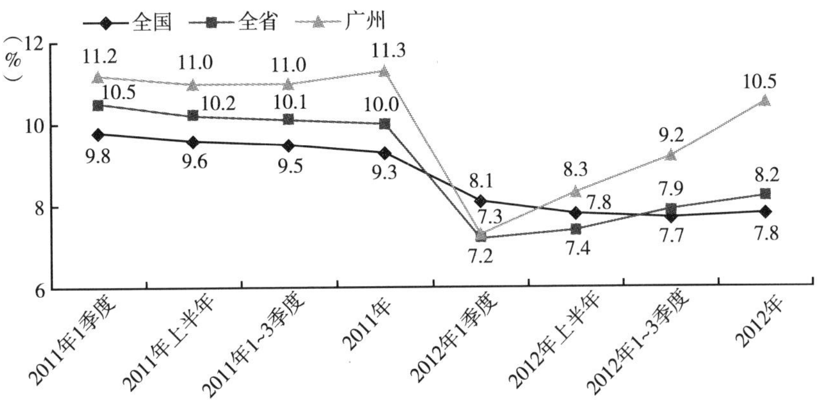

图 2　2011～2012 年各季度累计全国、广东省、广州市 GDP 增速

在全国主要大城市中，广州市 GDP 增速（10.5%）高于上海（7.5%）、北京（7.7%）、深圳（10.0%）和苏州（10.1%），低于天津（13.8%）和重庆（13.6%）。

（二）工农业生产稳步增长

2012年初，面对工业增速放缓、工业企业效益有所下滑的局面，广州市委、市政府开展了“暖企、暖区、暖项目”行动，协调解决企业用电、融资、用地等问题，制定出台了支持民营经济发展实施细则，支持民营企业和中小微型企业创新发展，以发展实体经济为基础，不断增强经济发展的原动力。

农业生产平稳增长。2012年，广州全市实现农林牧渔业总产值379.73亿元，同比增长3.1%，增幅分别比1季度和上半年提高1.1个和0.5个百分点，与1~3季度持平。

工业生产温和回升。2012年，广州全市规模以上工业总产值同比增长11.5%，增速分别比1季度、上半年和1~3季度提高8.5个、4.5个和2.7个百分点。从各月累计增速看，各月规模以上工业总产值累计增速总体呈现逐月温和回升态势，1~2月增速为全年最低（2.5%），随后呈逐月回升趋势，最后两个月恢复双位数增长，全年增速比2011年稍微下滑了1.4个百分点（见图3）。

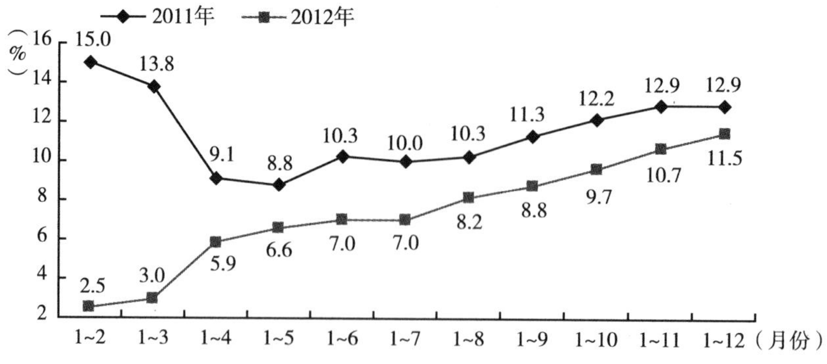

图3　2011~2012年各月广州市累计规模以上工业总产值增速

在全国主要大城市中，广州市规模以上工业增加值增速（10.9%）低于重庆（16.3%）和天津（16.1%），高于上海（2.9%）、北京（7.0%）、深圳（7.3%）和苏州（7.4%），也高于全国（10.0%）和广东省（8.4%）。

2012 年，广州工业经济运行呈现以下特点：一是轻工业快于重工业。规模以上轻、重工业总产值增速分别为 14.8% 和 9.9%，轻工业增速快于重工业 4.9 个百分点。二是小微型企业快于大中型企业。规模以上小微型企业工业总产值增长 16.8%，增速比大中型企业（9.9%）快 6.9 个百分点。三是民营企业带动作用强。规模以上民营企业工业总产值增长 17.1%，增速快于全市工业平均增速 5.6 个百分点。四是高新技术产品产值较快增长。规模以上工业高新技术产品产值增长 12.8%。五是产品产销率上升，库存压力下降。工业产品产销率为 98.73%，同比提高 1.0 个百分点。六是受国际大环境影响，汽车制造业呈负增长。广州全市规模以上三大支柱产业工业总产值增长 6.3%；其中电子产品制造业、石油化工制造业工业总产值分别增长 16.1% 和 10.6%；汽车制造业工业总产值同比下降 6.3%，是历年来首次出现年度负增长。

（三）消费、投资基本稳定，出口明显放缓

2012 年，广州市采取了全力扩内需、促投资、稳外需的措施，大力推进天河路商圈、北京路商圈等十大商圈建设，推动消费市场保持畅旺；推进全市 101 个重点建设项目，举办“新广州·新商机”推介会和“百家知名企业羊城行”等招商活动，全力推动投资加快增长；积极落实国家和广东省出口扶持政策，组织企业参加各类经贸交流活动，帮助企业开拓国内外市场。

消费整体保持比较畅旺的局面。通过开展“广货网上行”、国际美食

节、时尚购物节等促销活动，提高广货市场占有率，不断增强消费集聚功能，广州连续三年被评为福布斯中国大陆最佳商业城市。2012 年，全市实现社会消费品零售总额 5977.27 亿元，同比增长 15.2%，增速分别比 1 季度、上半年和1 ~3季度提高 0.5 个、0.3 个和 0.8 个百分点。2012 年，全市消费增速一度小幅回落，在一系列扩内需、促消费政策的作用下，消费市场企稳回升，同比增速在 1 ~5 月达到次低点、在 1 ~8 月达到最低点，8 月后持续稳步回升，全年呈 W 形走势（见图 4）。其中，批发和零售业、住宿和餐饮业分别实现零售额 5168.57 亿元和 808.70 亿元，同比分别增长 14.9% 和 17.1%。全市批发和零售业商品销售总额首次突破 3 万亿元，达 3.18 万亿元，同比增长 26.6%。

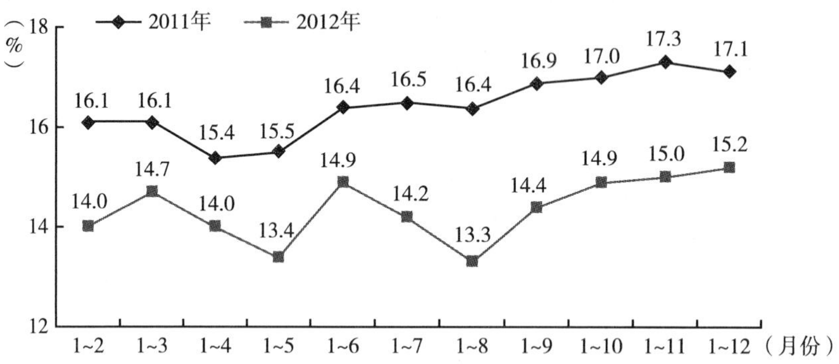

图 4　2011 ~2012 年各月广州市累计社会消费品零售总额增速

在全国主要大城市中，广州市社会消费品零售总额增速（15.2%）低于深圳（16.5%）、重庆（16.0%）和天津（15.5%），高于苏州（15.0%）、北京（11.6%）和上海（9.0%），也高于全国（14.3%）和广东省（12.0%）。

2012 年，全市消费市场运行呈现以下几个特点：一是电子商务快速发展，唯品会、环球市场、欢聚时代 3 家电子商务企业在境外上市，黄埔云埔电子商务园区被授予“国家电子商务示范基地”称号。

全年限额以上零售业无店铺企业和个体户实现零售额 187.83 亿元，增长 1.7 倍，其中网上商店零售额增长 1.6 倍。二是港澳台商投资、外商投资企业零售额大幅增长。限额以上企业和个体户中，港澳台商、外商投资企业分别实现零售额 309.32 亿元和 540.64 亿元，增速分别为 40.2% 和 33.0%。三是热点商品销售畅旺。限额以上批发和零售业企业零售额增速居前五位的分别是：建筑及装潢材料类（增 93.6%），体育、娱乐用品类（增 53.5%），服装、鞋帽、针纺织品类（增 52.5%），化妆品类（增 52.5%）和五金、电料类（增 50.4%）。

在消费市场整体畅旺的良好局面之下，也存在一丝隐忧。2012 年广州市社会消费品零售总额累计增速（15.2%）虽然较 2011 年度（17.1%）只有小幅下滑，但与 2010 年（24.2%）相比，下滑比较明显。这表明广州市促进内需，建立促进消费增长的长效机制仍然任重道远。

固定资产投资实现稳步提升。2012 年，广州市采取有力措施，加大重点项目推进力度，在市属投资、民间投资的有力带动下，确保了固定资产投资的稳步提升。2012 年，全市固定资产投资达 3758.39 亿元，同比增长 10.1%；增速分别比 1 季度、上半年和 1～3 季度提升 5.1 个、4.3 个和 1.6 个百分点，为年内最高值。全年各月累计增速呈稳步提升的 J 形走势（见图 5）。

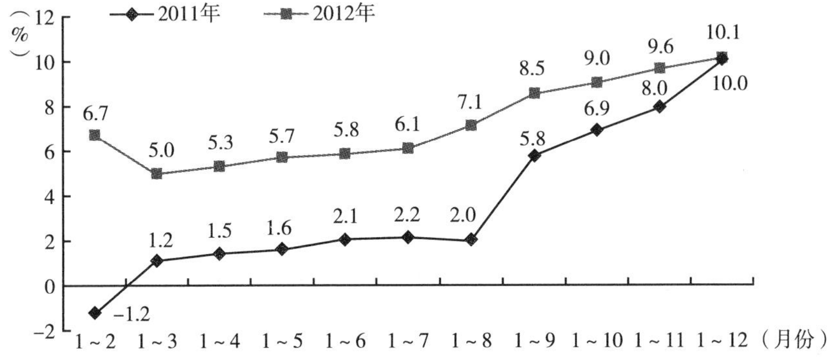

图 5　2011～2012 年各月广州市累计固定资产投资增速

在全国主要大城市中，广州市固定资产投资增速（10.1%）高于北京（9.3%）和上海（3.7%），低于重庆（22.9%）、天津（18.1%）、苏州（20.2%）和深圳（12.3%），也低于全国（20.6%）和广东省（15.5%）。

2012年广州市投资增长呈现以下几个特点：一是民间、外商、港澳台投资较为活跃。全市完成民间投资1158.11亿元，增长20.5%；分别完成外商和港澳台投资370.60亿元和446.23亿元，增速分别为38.2%和17.6%。二是市属投资快速增长。全市完成市属投资3043.92亿元，增长16.3%，增速快于全市固定资产投资6.2个百分点。三是建设改造投资增势良好。全市完成建设改造投资2387.94亿元，同比增长13.3%，拉动全市固定资产投资增长8.2个百分点。

商品出口放缓明显。受困于外部需求下滑、贸易摩擦不断、国内成本上升等因素，广州市外贸市场仍然在低位运行，出口放缓趋势明显。2012年，全市实现商品进出口总值1171.31亿美元，同比仅增长0.8%；其中，出口589.12亿美元，增长仅4.3%，与2011年比较，增速同比回落达到12.4个百分点（见图6）。与2010年相比，增速更是回落了25个百分点。说明广州外贸出口在全球性经济衰退的大背景下，受到的冲击仍在持续之中，未来扩大外需、稳定出口的任务十分艰巨。

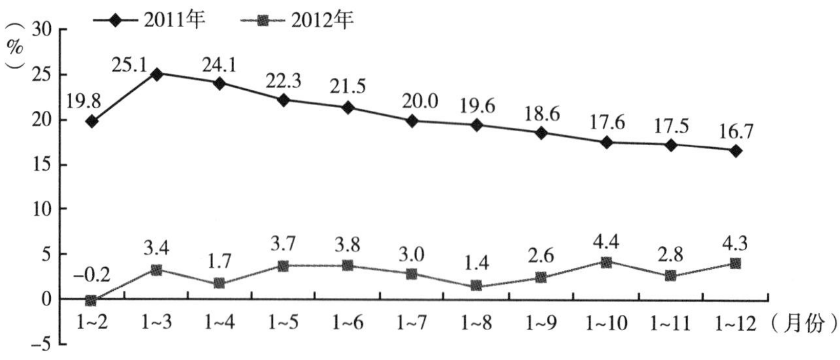

图6　2011~2012年各月广州市累计商品出口总值增速

在全国主要大城市中，广州市商品出口总值增速（4.3%）高于北京（1.1%）和上海（-1.4%），低于重庆（97.5%）、深圳（10.5%）、天津（8.6%）和苏州（4.5%），也低于全国（7.9%）和广东省（7.9%）。

2012 年广州市外贸出口呈现“三个快于”的特点：一是机电产品出口（4.7%）、高新产品出口（6.8%）快于纺织服装（-2.7%）等劳动密集型产品；二是对俄罗斯（20.5%）、拉美（18.2%）、韩国（12.4%）等新兴市场出口增长快于欧盟（-1.3%）、中国香港（-3.0%）等传统市场；三是私营企业出口增速（10.1%）快于外资企业（5.2%）和国有企业（-2.5%）。2012 年，利用外资增势稳定，外商直接投资实际使用金额 45.75 亿美元，同比增长 7.1%，增速比 2011 年低 0.1 个百分点。

（四）产业结构不断优化，城市功能持续增强

2012 年，广州市强势推进“三个重大突破”，集中力量推进 27 个市级战略性发展平台建设，推动传统优势产业制造水平和产业竞争力提升，推动产业加速向高端化、国际化、低碳化方向发展。不断优化城市空间布局，积极扩大城市影响，实现城市辐射带动能力持续提升。

产业结构不断优化。2012 年，广州市第一、二、三产业增加值占 GDP 的比重由 2011 年的 1.6∶36.9∶61.5 调整为 1.6∶34.8∶63.6，第三产业比重提高了 2.1 个百分点。金融保险、商贸会展、现代物流、文化旅游等现代服务业发展势头良好，首届中国（广州）国际金融交易博览会成功举办，广州民间金融街首期、广州国际金融中心（西塔）、广州股权交易中心、广州碳排放交易所开业运营。

战略性新兴产业不断壮大发展。2012 年认定了广州科学城等 24

个战略性新兴产业基地，进一步完善了“一核两翼”的产业布局。金发科技、海格通信、广电运通、冠昊生物等发展成为国内行业龙头企业，一批移动互联网企业快速成长。

民营经济、总部经济带动作用不断增强。2012 年，民营工业总产值同比增长 17.1%，高于全市规模以上工业总产值增速 5.6 个百分点；民间投资同比增长 20.5%，高于全市固定资产投资增速 10.4 个百分点。总部企业集聚发展，全年首批认定的 220 家总部企业贡献地方税收 101 亿元，占全市地税收入的 8.8%。

城市空间布局不断优化。按照“123”（一个都会区、两个新城区、三个副中心）的城市空间布局，广州市加大新城新区建设力度。南沙新区迈入新的发展阶段，中新广州知识城起步区全面建设。智慧广州基础设施建设加快推进，智慧广州战略与实践获巴塞罗那世界智慧城市大会奖。

城市辐射带动能力持续提升。2012 年，全市完成货运量 7.60 亿吨，同比增长 17.0%；货物周转量 4889.43 亿吨公里，增速达 70.9%；新白云国际机场旅客吞吐量达到 4830.81 万人次，增长 7.3%；机场货邮吞吐量 163.90 万吨，增长 7.2%；港口货物吞吐量达 4.51 亿吨，港口标准集装箱吞吐量达 1471.64 万箱，分别增长 0.7%和 2.1%。全年实现旅游总收入 1911.09 亿元，同比增长 17.2%。新开通 50 条公交线路，城市功能进一步完善。

（五）财政收入平稳增长，人民生活持续改善

2012 年，广州市积极落实结构性减税政策，加大帮扶企业力度，财政收入、企业经济效益均比年初有所改善。努力维持物价水平整体稳定，积极增加民生支出，民生十件实事全部兑现，社会保障水平稳步提高，人民生活持续改善。

财政收入平稳增长。2012年，来源于广州地区的财政总收入突破4000亿元，达4300亿元，同比增长8.1%。全市实现地方财政一般预算收入1102.25亿元，同比增长12.5%；增速分别比1季度、上半年和1~3季度提高8.4个、7.3个和1.2个百分点。受结构性减税等因素影响，地方财政一般预算收入增速同比回落8.0个百分点（见图7）。

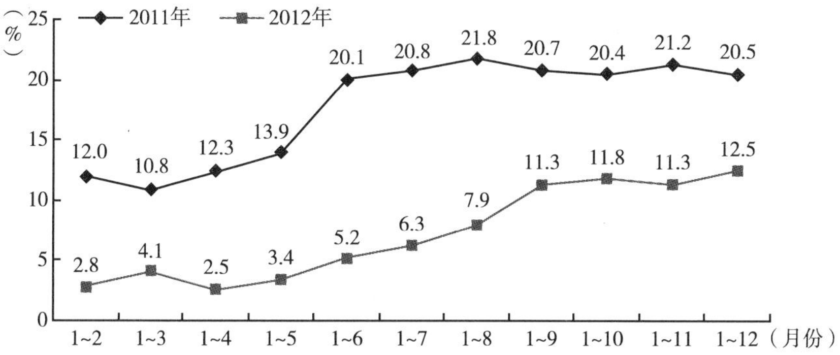

图7　2011~2012年各月累计广州市地方财政一般预算收入增速

在全国主要大城市中，广州市地方财政一般预算收入增速（12.5%）高于北京（10.3%）、深圳（10.6%）、苏州（9.4%）和上海（9.2%），低于天津（21.0%）和重庆（14.6%），也低于全国（12.8%）和广东省（13.0%）。

企业亏损面收窄。2012年，全市规模以上工业企业亏损面为18.15%，是各月累计增速全年最低点；亏损企业亏损额137.17亿元，增长37.8%，增幅为各月累计增速的最低点。全市规模以上工业实现主营业务收入14545.74亿元，同比增长1.3%；实现利润总额780.41亿元，同比下降10.4%。

物价水平保持稳定。受2011年物价持续高位运行影响，2012年以来物价涨幅保持在一个相对较低的水平。2012年，城市居民消费价格

（CPI）同比增长3.0%，涨幅比2011年回落2.5个百分点，各月累计涨幅均保持在3.0%左右，物价水平保持稳定。2012年，广州市工业生产者出厂价格指数（PPI）和购进价格指数（IPI）同比分别下降0.3%和1.6%，从全年走势看，PPI和IPI均呈下滑态势（见图8）。

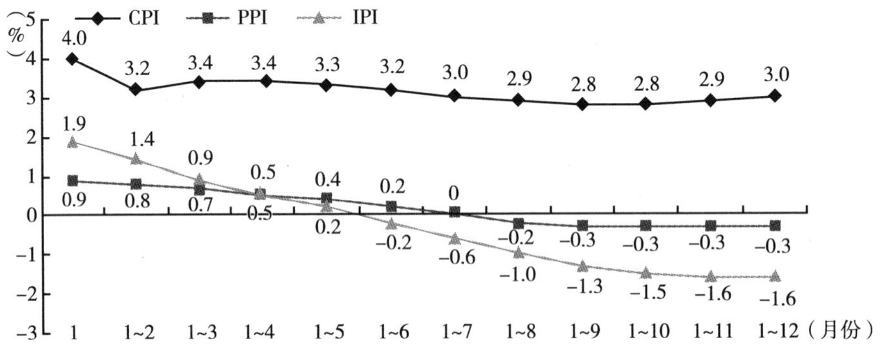

图8　2012年各月累计广州市价格水平增速

在全国主要大城市中，广州市CPI涨幅（3.0%）低于北京（3.3%），高于上海（2.8%）、深圳（2.8%）、天津（2.7%）、苏州（2.7%）和重庆（2.6%），也高于全国（2.6%）和广东省（2.8%）。

城乡居民收入稳步提升。2012年，广州市城市居民人均可支配收入38054元，同比增长11.4%；其中工资性收入增长7.9%。农村居民人均纯收入16788元，同比增长13.3%。从2008年起，农村居民人均纯收入增速连续五年快于城市居民人均可支配收入。城乡居民人均收入比由2011年的2.32∶1进一步调整为2.25∶1，城乡差距不断缩小。

在全国主要大城市中，广州市城市居民人均可支配收入增速（11.4%）高于上海（10.9%）、北京（10.8%）和天津（10.1%），低于苏州（14.0%）、重庆（13.4%）和深圳（11.5%），也低于全国（12.6%）和广东省（12.4%）。

社会保障水平进一步提高。2012 年，广州市实施了“就业援助月”、“就业携行计划”，促进就业成效显著，预计全年新增就业 33 万人，城镇登记失业率为 2.4%。各项社会保险覆盖面继续扩大，保障标准不断提高。预计五大险种参保人数同比增加 90 万人次，60 周岁以上农村居民养老保险参保率达 100%。城镇企业退休人员月平均养老金和农转居人员月平均基本养老金分别增至 2614 元和 671 元，新型农村合作医疗参合率继续保持 100%。全市共筹集 46767 套保障性住房，新增解决 15798 户低收入家庭住房困难问题。

二　2013 年广州市经济发展环境分析

全球一体化的大背景下，主要经济体的经济发展势头和面临的问题往往会引发连锁效应。广州市 2013 年的整体经济运行态势，必然会受到国内外经济发展大背景的影响。而从目前全球经济发展的基本趋势来看，2013 年的国内外经济形势仍然难言乐观。

（一）国内外发展环境分析

1. 世界经济仍将延续低速增长态势

联合国经济与社会事务部发布的《2013 年世界经济形势与展望》报告在对全球经济的未来走向进行预测时指出，世界经济增长在 2013 年很可能会继续保持低迷，并且在随后的两年中全球经济面临再度衰退的极大风险。该报告认为，2012 年度的世界经济增长势头已经在很大程度上趋弱，而且预期在未来 2 年间仍将持续减弱。2013 年全球经济增长率预期为 2.4%，2014 年预期为 3.2%。这一预期目标与联合国此前的预测相比出现了大幅度的下滑。

从目前世界经济发展状况来看，影响2013年世界经济发展的几大因素如下。一是欧洲能否有效地阻止债务危机继续恶化。欧元区目前陷入了银行与政府资产负债之间、财政紧缩政策与经济衰退之间的恶性循环，其经济危机和债务危机进一步恶化的可能性仍然是世界经济在2013年面临的主要风险。目前公布的经济数据也印证了这一担忧，2012年12月份，欧元区制造业PMI为46.1，创3个月低位；11月份，工业产出同比下降3.7%，创下2009年12月以来最大降幅，商品零售额同比下降2.6%，失业率升至11.8%，为1995年有数据记录以来的最高水平。二是全球货币宽松竞赛产生的潜在隐患。欧洲央行、美联储、日本央行、新兴经济体和发展中国家纷纷放松货币政策，此举对于2013年世界经济产生的隐患不容小视。三是新兴经济体在经历了2010年的强劲复苏之后，其增长率在2011~2012年明显下滑。2013年，能否避免新兴经济体陷入“硬着陆”，将成为世界经济面临的第三大风险。

2. 国内经济运行小幅回升态势基本确立

自2011年2季度以来，中国经济处于持续下行状态，经济增速连续6个季度下滑。在“稳增长”政策作用下，2012年4季度主要经济指标逐月改善。由于结构调整非短期能完成，总体上2013年中国经济处于当前“L”形的底部区域徘徊。2013年经济可能呈温和回升格局，经济增长在8%左右，略高于2012年全年7.8%左右的增速。

从目前国内主要经济数据指标来看，主要先行指数开始平稳向好，显示国家稳增长政策措施效应显现，12月份中国制造业采购经理指数为50.6%，连续4个月保持在50%以上；非制造业PMI连涨3个月至56.1%；全国规模以上工业企业实现利润累计增速从10月开

始转降为升，11 月当月增长 22.8%；12 月，我国全社会用电量同比增长 11.5%，增速创 2012 年 3 月以来新高；2012 年 4 季度，企业景气指数和企业家信心指数环比分别上升 1.6 个百分点和 3.9 个百分点。2013 年，在稳增长的政策效应累计之下，预计国内经济运行可以维持小幅回升的态势。

（二）广州市经济运行中需关注的主要问题

受国内外经济形势持续低迷的影响，2013 年广州市仍将面临复杂的外部环境，机遇与挑战并存。新型城市化发展、产业转型升级、“三个重大突破”将是广州未来发展的关键所在，是需要紧紧把握的历史性机遇；而如何保持投资的稳定增长、形成扩大消费需求的长效机制以及正确应对外经贸形势的严峻局面，将是确保经济实现平稳发展的主要挑战和工作任务。

1. 工业经济运行仍将面临诸多困难

受经济结构调整及经济周期性因素影响，2013 年，广州市工业经济将继续面临外需疲弱、生产下滑、融资贵、用工难、成本高、利润薄等生产经营困境。

一是外需低迷不振，工业出口下滑局面难以发生大的改变。2012 年广州市规模以上工业出口交货值仅同比增长 4.3%，增速同比回落 10.1 个百分点，比全国（7.1%）和全省（6.5%）低 2.8 个和 2.2 个百分点。2013 年，在全球经济复苏缓慢的形势下，这一局面预计仍难发生大的转变，广州市 2013 年外贸出口的压力十分巨大。二是重工业带动作用减弱、汽车制造业发展面临严峻形势。2012 年，占比达 65.6% 的重工业增速为 9.9%，低于全市平均水平 1.6 个百分点。汽车制造业生产大幅下滑，从 8 月起连续 5 个月当月负增长，年度增速为历年首度负增长。2013 年，如果国内经济环境和居民消费能力未有持续好转，中日关系前景不明的局面继续延续，预计汽车行业面临的发展态势非常严峻。三是企业效益持续下滑，工业增长后劲明显不足。广州市规模以上工业企业利润总额自2011年1~4月起已连续21个月呈负增长态势，而同时期全国利润总额已转正、全省利润总额降幅也在不断收窄；企业利息支出和从业人员劳动报酬分别增长13.6%和10.5%，融资成本和劳动力成本较高，工业企业经营面临诸多压力。2012年全市新增规模以上工业企业41家，完成产值69.40亿元，拉动全市规模以上工业总产值增长仅仅只有0.5个百分点。新增企业完成产值仅相当于2007年、2008年的三成左右，新增企业数量少、规模小，工业后续增长动力不足。

2. 投资增速较快提升难度较大

广州市固定资产投资目前存在的问题主要有：一是投资总量不大、工业投资占比偏低。2012年，广州完成固定资产投资3758.39亿元，不及天津（8871.31亿元）、重庆（9380亿元）的一半；其中工业投资577.56亿元，不及天津（3730.87亿元）、重庆（3064.18亿元）的1/5；广州工业投资占全市固定资产投资的比重为15%，而天津为42%，重庆为33%，工业投资不足导致广州市工业经济增长缺乏动力。2013年广州市固定资产投资增速初步定在13%，虽然比2012年的10.1%有所提高，但和天津、重庆等市相比，预计仍将存在较大差距。二是重大项目投资对全市固定资产投资的支撑力不足。2012年，全市有重大项目（计划总投资10亿元以上）143个，比2011年少5个；完成投资752.01亿元，同比下降23.8%，对全市固定资产投资贡献率为-67.9%，对全市固定资产投资的支撑力不足。2013年，通过进一步落实“三个重大突破”，做好“新广州新商机”重大项目投资推介和落地，希望能够在一定程度上解决这一问题。三是房地产投资增速回落。2012年以来，受销售市场前景不明朗等因

素的影响，广州市房地产开发投资相对谨慎，增速呈现高位回落的态势，全年仅增长 5.0%，同比大幅回落 27.7 个百分点。2013 年，在国家进一步加强房地产调控的政策态势下，房地产投资增速预计很难有大幅增长。

3. 扩大内需的长效机制尚待完善

2012 年，广州全市社会消费品零售总额增速低于 2011 年 1.5 个百分点。主要影响因素有：一是汽车市场较为低迷。汽车类商品零售额占全市零售额的比重近三成，其走势直接影响消费品市场的变动。2012 年限额以上汽车类商品零售额同比增长 10.4%，增速同比回落 7.9 个百分点。二是旗舰型企业拉动力不足。零售额超百亿元的两家企业零售额同比增长 5.7%，增速同比大幅回落 22.1 个百分点，增速低于全市限上零售企业 16.8 个百分点。三是居民家庭人均消费性支出增长缓慢，居民家庭平均消费倾向下降。城市居民家庭人均消费性支出增长 9.8%，同比回落 3.0 个百分点，城市居民家庭平均消费倾向为 80.1%，同比下降 1.8 个百分点。2013 年，受住房和教育成为居民消费的主要后顾之忧、未来收入预期不确定等综合因素影响，广州市将面临扩大消费需求动力不足，扩大内需长效机制尚待完善等问题。

4. 外贸形势依然严峻

2012 年，作为先行指标的加工贸易进口总值下降 1.4%，全市鞋类和纺织纱线、织物及制品出口同比分别下降 2.5% 和 2.7%，其他保持增长的劳动密集型产品增幅也有较大回落，如服装及衣着附件、家具及其零件出口增幅分别同比回落 3.5 个和 10.4 个百分点，出口形势不容乐观。2013 年，广州市外贸仍然面临三方面的压力。一是世界经济增速持续下降，外部需求严重不足；二是国内要素成本持续上升，传统竞争优势弱化，加上由于进口增幅持续低于出口增幅，贸易顺差扩大，近期人民币加快升值，出口价格竞争力削弱，也给出口增长带来新的压力；三是贸易摩擦加剧，风险上升，全球贸易争端数量趋于增长，中国成为贸易保护主义主要受害国之一。

5. 物价上涨压力增大

2013 年，由于导致我国物价走高、通胀攀升的根本性因素并没有消除，居民价格消费指数延续回升势头概率增大。一方面我国面临的输入型通胀压力不容忽视。发达国家继续实施宽松的货币政策，或将推高全球大宗商品价格。中国对海外大宗商品依赖度都在 30% 以上，对国际石油依赖度已突破 55%。国际大宗商品价格上涨将传导到中国。另一方面，2012 年社会整体流动性过剩状况仍然比较突出。2012 年社会融资规模为 15.76 万亿元，比 2011 年多 2.93 万亿元；年末广义货币（M2）余额 97.42 万亿元，同比增长 13.8%，增速仍在两位数以上。2013 年，随着美联储量化宽松政策持续发酵，欧洲央行、日本央行、新兴经济体和发展中国家纷纷效仿，人民币继续升值的可能性很大，国际短期资本将会继续进入中国大陆，外储将会继续增加，外汇占款将继续增长。这将对物价构成较大威胁，对通胀起到助推效应。

三　对策建议

（一）积极扩大消费需求，建立扩大消费的长效机制

2008 年以来，中国居民消费的增速出现了快速提升的局面，增长速度超过整体经济的增速，消费占整体经济的比重已经出现上升态势。世界各国的发展历史也表明，消费对于经济增长的带动作用是稳定和可持续的。所以，消费未来将成为中国经济增长的重要发动机，

消费对经济增长贡献的持续扩大也是经济从“出口型”过渡到“内销型”的最终抓手，是我国经济改变对外依存度过高的关键。2012 年 12 月份召开的 2013 年中央经济工作会议也明确指出：“要牢牢把握扩大内需这一战略基点，培育一批拉动力强的消费增长点，增强消费对经济增长的基础作用。”2013 年，广州市必须继续坚持扩大内需、提升消费能力、增强经济增长驱动力的政策，加大改善民生力度，进一步提高居民收入，为扩大消费提供良好的发展空间。

一是要切实增强居民实际消费能力。要积极增加社会保障、住房等民生投入，增加城乡居民特别是中低收入者的收入。持续增加就业创业机会，切实改善居民的实际购买力和消费预期，增强居民的消费意愿。合理引导住房、汽车消费，积极发展文化娱乐、教育培训、医药保健、体育健身、养老等新兴消费。大力开拓和繁荣农村消费市场，加快农村商品流通网络体系建设。要对服务消费建设项目从信贷、税收、水电价格等方面提供政策支持，创新产品，创新业态，提升消费者的生活品质，培育新的消费增长点。

二是要增强消费对经济增长的基础作用。支持发展消费金融，鼓励租赁和信用等新型消费业态，拓展电子商务消费，有力提升居民消费水平。大力开展促销活动，开展广佛肇联合拓销，组织金秋“广货全国行”等大型展览等活动。着力推进重点商贸集聚区建设，加快打造天河路商圈等十大都会级商圈，增强中心城市消费集聚能力。提升广州国际购物节、国际美食节、国际服装节、国际皮具节、国际灯光节等节庆活动的全球影响力。办好广州国际旅游展览会，提升旅游业发展水平。

三是要努力促进消费结构升级。积极落实国家鼓励节能家电、节能灯、LED 灯等产品的消费政策，加快发展依托网上购物、电子商务、互联网服务等发展起来的新产品和新业态，不断促进消费结构升级。

（二）加快产业转型，提升产业核心竞争力

国际金融危机形成的倒逼机制，客观上要求广州市经济发展必须加快产业转型，提升和优化产业结构，提高产业整体素质，不断增强产业的核心竞争能力。随着广州市经济发展和社会进步达到新的高度，目前广州市工业在低端技术领域，难以与成本更低的西部地区竞争；在中高端技术领域，受研发能力和人力资本条件制约，难以与苏州、深圳等先进城市抗衡。2013 年，广州市必须深化产业结构战略性调整，一手抓传统产业改造升级，一手抓战略性新兴产业培育布局，从根本上培育核心竞争优势。

一是加快自主品牌建设，抢占新兴产业高地。2013 年要重点加快自主品牌轿车研发和品牌建设，加大力度支持发展节能与新能源汽车，推进北汽集团华南生产基地整车项目首期工程、广汽丰田增加产品类型项目、广汽乘用车工厂产能扩建项目、东风日产纯电动汽车项目、黄埔新材料产业基地、白云民营科技园、南沙海洋工程装备制造基地等重大项目建设。

二是培育和壮大一批具有核心竞争优势的龙头企业。加快先进制造业、新能源、新材料等战略性新兴产业的发展，推进重点领域产业链改造升级，完善新兴产业链条，形成一批先进的规模化生产能力。大力引进工业大项目、大企业，抓好附加值高、带动力强的生产力骨干项目，培育技术水平领先的骨干企业。大力推动产业转型升级，提升价值链，从低成本竞争向以质量、技术、品牌、服务为核心的竞争转变。

三是以创新驱动提升经济发展后劲。创新驱动是转方式、调结构、提升产业竞争力的关键。要实施创新驱动战略，积极探索新型工业化道路，增强企业在技术创新中的主体作用，加快完善企业主导的

产业技术创新体系，通过技术进步提高工业制造基础能力、新产品开发能力和品牌创建能力，实现广州市工业由大变强，创造新的经济增长点，增强经济发展后劲。要加快创新服务平台建设和国际科技交流合作，打造国际科技孵化基地。实施人才集聚工程，培育创新创业领军人才，大力推进高技能人才精工工程，培养企业发展急需的人才。

（三）落实重点项目建设，积极鼓励民间投资

投资对于经济增长起着关键作用。正确有效的投资，既能够在短期内推动经济增长，又能够为长期的经济发展打下坚实的基础。根据广州市近年来工业投资占比偏低、重大项目投资对全市固定资产投资的支撑力不足等问题，2013 年广州市要加快推进重点项目建设，在打基础、利长远、惠民生、又不会造成重复建设的基础设施领域加大公共投资力度，做好长短结合，增强发展动力。

一是要发挥好大项目带动作用。围绕高端化、高质化、高新化，狠抓大项目好项目建设和投产，使产业结构不断优化升级，为全市经济的持续快速增长积蓄后劲。大力推进“新广州、新商机”推介活动，千方百计引进一批大项目，特别是一批能够起到产业支撑作用的先进制造业项目和生产性服务业项目。

二是加快战略性基础设施建设。协调推进机场扩建工程，北部空铁联运国际交通枢纽中心和南航飞机维修基地，广州港深水航道拓宽工程和南沙港区三期工程，贵广、南广铁路广州枢纽工程，广州东部、北部、南部交通枢纽规划等一批基础设施重大项目建设。

三是优化投资结构，提高投资效率。加大建设改造投资的发展力度，加快战略性基础设施的建设。在“退二进三”的背景下，大力发展高端、环保、节能、高效的工业项目，控制甚至制止耗能、污染、低效的工业项目，积极提高工业投资效能，增强投资内生动力。

四是为民营企业发展和民间投资创造良好条件。要加强政策扶持，安排专项奖励资金支持民营企业发展，筛选一批行业骨干民企作为重点培育对象，扶持民营企业上市。积极支持扩大民间投资，落实放开民资投资领域的实施细则和民营投资产业导向目录。积极构建多元化融资服务体系，加大土地利用计划统筹力度，努力解决民营企业融资难、用地难等问题。努力推进民间金融街建设，以民间金融产品创新支持和带动科技创新、人才创新，推动广州新型城市化发展。

（四）努力稳定外贸出口，推动外贸转型发展

造成广州市近年来外贸出口增速连年下滑局面的主要原因，是欧美等广州市传统的产品出口国深陷经济衰退的泥潭，复苏缓慢，导致进口消费不振。2013 年欧美经济发展仍然难以出现趋势性扭转，面对这一严峻形势，广州市必须积极转变外贸发展方式，提升外贸出口产业结构，同时大力拓展新兴市场，稳定广州市外贸出口的整体局面。

一是推动外贸产业转型升级，提高出口产品的国际竞争力。加快转变外贸发展方式，强化需求导向，针对国际市场的新变化，培育以技术、品牌、质量和服务为核心的外贸竞争新优势，促进加工贸易从贴牌生产、委托设计向自主品牌制造、原始设计制造转型，扩大汽车、船舶、机电和电子信息等高端产品出口，促进具有自主知识产权和自主品牌的产品出口，推动外经贸发展方式从规模速度型向质量效益型转变。

二是大力发展服务贸易和技术贸易，深挖外贸增长潜力。积极发展服务贸易和技术贸易，重点扩大航运物流、软件设计、信息服务和金融保险等服务出口，培育一批知名服务贸易企业和品牌。支持软件、文化和中医药等重点领域的服务出口，在航空、运输、金融、旅

游等优势行业，培育一批有国际竞争力的服务贸易企业，鼓励中小型服务企业开展对外交流和合作，培育服务贸易品牌。

三是深入实施企业“走出去”战略。积极组织企业赴新兴市场国家和地区参展，争取新建1~2个海外商贸中心平台，努力扩大国际贸易规模。鼓励企业适度加快海外扩张的步伐，收购、兼并欧、美、日企业，积极开展跨国经营，向本土跨国公司发展，在全球范围内进行资源整合，建立全球化生产贸易体系。

四是扩大对外开放交流合作。进一步挖掘美国、日本、欧盟等发达经济体市场潜力，大力开拓俄罗斯、东盟、中东、非洲等新兴市场。把握南沙新区开发建设上升为国家战略的机遇，打造粤港澳全面合作示范区。以中新广州知识城为依托，提升国际经贸合作水平。继续加强与世界城市间的交流合作。

（五）深化区域合作水平，提升城市辐射能力

广州的发展，离不开珠三角和广东省内其他城市的配合与支持。通过强化广州中心城市地位，提升广州的城市辐射能力，形成区域内城市之间的合作互补，为广州的发展产生竞合优势。

一是要努力强化广州的中心城市地位。广州要想方设法创造良好的投资环境，吸引一批世界500强企业、跨国公司、中央大企业等在广州设立总部、地区总部或职能型总部机构，把广州打造成为华南地区乃至东南亚的总部基地。要推动城市产业结构升级，提升中心城市的聚集力与辐射力，实现广州与珠三角其他城市在产业结构上的协同互补、在产业链条上的合作互动，努力增强经济发展的后劲。

二是要加强与区域内城市特别是与深圳、香港等的合作。广州要深入落实《珠三角规划纲要》要求，进一步推动广佛同城化、

广佛肇经济圈建设合作框架协议。广州要注重开发、培育和提升综合服务功能，为区域发展提供包括产业、科技、教育、文化、医疗、体育等在内的多样化服务；要调整优化产业结构，坚持以自主创新为核心，建设国家创新型城市和华南科技创新中心；要充分发挥中心城市的枢纽和门户功能，进一步提升珠三角地区交通现代化水平，实施交通设施一体化战略，构筑城市群经济辐射和扩散的主动脉。

三是把南沙打造为珠三角区域合作的重要平台。牢牢把握南沙新区开发建设上升为国家战略的机遇，打造粤港澳全面合作示范区。把南沙新区开发建设作为广州 1 号工程，抓紧完善南沙新区规划体系。充分利用南沙新区在珠三角区域发展中的区位优势，推进南沙新区交通枢纽设施建设，把南沙新区建设为珠三角城市群区域合作的重要支点，打造为联动珠三角地区的新的区域增长极和发展极。

（审稿　陈小璋）

Economic Analysis for Guangzhou in 2012 and Expectations for 2013

Joint Research Group of General Division, Statistics Bureau of Guangzhou Municipality and Guangzhou Development Academe, Guangzhou University

Abstract: In 2012, the international political and economic environment was complicated, and the difficulties confronting our country

and the pressure from economic downturn increased as well. Noticing the new situation and problems in the economy, Guangzhou Municipal Party Committee of CPC and People's Government of Guangzhou Municipality actively boosted new urban development, tried to stabilize the growth, enforced the transformation, benefited the people's livelihood, advanced the continued growth and promoted the coordinated economic and social development. All in all, the GDP was up by 10.5%. Looking into 2013, the world economy will grow at a low speed and domestic economy is determined to have a modest recovery. Confronting the cautious world and domestic complexion, Guangzhou will actively expand consumer demand, build long term mechanism that can expand consumption, accelerate industrial transformation, promote the industry core competitiveness, implement key projects, actively encourage private investment, stabilize export, advance the export transformation and development, enhance the power of city radiation by deepening regional cooperation.

Key Words: Guangzhou; Economic Situation Analysis; Expectations

转型发展篇

Transformation and Development

B.2 十六大以来广州市经济社会发展综述

广州市统计局综合处课题组*

摘　要：

党的十六大以来的十年，是广州市经济社会发展极不平凡的十年。十年来，在广州市委、市政府的正确领导下，广州市坚持科学发展，紧紧围绕“率先转型升级、建设幸福广州”的核心任务，坚定不移地走新型城市化发展道路，全力调结构、促转变、谋发展、惠民生，经济发展实现了新的跨越，城市综合实力、核心竞争力、承载力、可持续发展能力显著提升，民生福祉明显改善，改革开放和现代化建设取得重大成就。

* 课题组组长：冯俊；成员：魏绍琼、周清华、陈婉清。

关键词：
广州　转型升级　经济社会发展

一　经济发展实现历史跨越，城市综合实力显著提升

党的十六大以来，广州市面临一系列重大机遇与挑战，市委、市政府坚持科学发展，在发展中促转变，在转变中谋发展，宏观经济保持快速增长，经济总量连上新台阶，“千年商都”率先起跑。

经济总量跨过万亿元台阶。2002 年，广州市地区生产总值（GDP）突破 3000 亿元，2004～2009 年，以每年 1000 亿元的速度，连上 6 个千亿元台阶，2010 年首次突破万亿元，成为国内继上海、北京之后第三个进入 GDP 万亿元的城市，也是首个经济总量过万亿元的省会城市，实现了历史性的跨越。2011 年 GDP 达 12423 亿元，比 2002 年增长 2.9 倍，年均增长 13.6%（见图 1），年均增速分别高于全国（10.7%）和全省（12.9%）2.9 个和 0.7 个百分点，也高于北京（11.4%）和上海（11.3%）。占全国和全省 GDP 的比重分别为 2.63% 和 23.35%，经济总量在全国各大城市保持第三位，仅次于上海（19196 亿元）和北京（16252 亿元），是深圳（11502 亿元）、天津（11307 亿元）、苏州（10717 亿元）和重庆（10011 亿元）的1.1～1.2 倍。按平均汇率折算为 1913 亿美元，广州与新加坡、首尔、中国香港、中国台湾的 GDP 之比由 2002 年的1:2.3:4.0:4.2:7.5 缩小为 2011 年的1:1.4:1.4:1.3:2.5，2011 年广州的 GDP 规模大致相当于中国香港 2006 年、新加坡 2008 年的 GDP 水平。

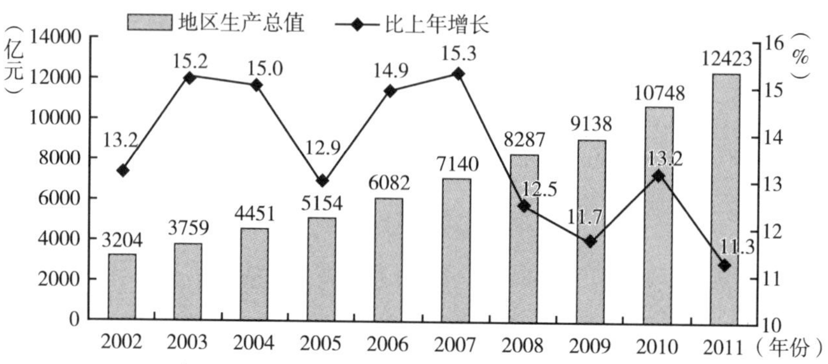

图1　2002～2011年广州市地区生产总值及增速

人均GDP迈入中等富裕城市行列。2003年，广州市人均GDP突破4000美元（按照平均汇率折算，下同），2008年首次突破万美元，从世界银行划分富裕程度的标准看，迈入中等富裕城市行列。2011年，广州市人均GDP达15027美元（见图2），是全国人均GDP（5432美元）和全省人均GDP（7866美元）的2.8倍和1.9倍；在全国GDP过万亿元的七城市中，仅低于深圳（16998美元）和苏州（15728美元），高于天津（13121美元）、上海（12713美元）、北京（12574美元）和重庆(5312美元)。广州人均GDP与中国台湾、首尔、新加坡、中国香港之比，由2002年的1∶3.3∶3.8∶5.4∶6.3缩小为1∶1.4∶1.7∶3.3∶2.3，2011年广州的人均GDP规模大致相当于首尔2002年、台湾2004年的人均GDP水平。

财政收入逼近4000亿元。全市经济快速发展促进地方财政收入的较快增长。源于广州地区的财政一般预算收入2003年突破1000亿元，2007年突破2000亿元，2010年突破3000亿元，2011年逼近4000亿元，为3978亿元，比2002年增长3.2倍，年均增长17.3%（见图3）。财政收入的持续增长为加大教育、医疗、社保等民生领域投入提供了有力保障。2011年，教育支出、社会保障和就

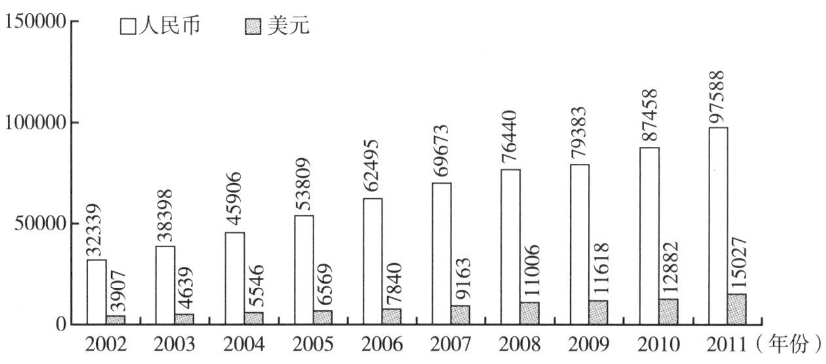

图2　2002～2011年广州市人均地区生产总值

业支出、医疗卫生支出占地方财政一般预算支出的比重分别为14.8%、11.2%和5.7%，比2002年分别提高3.9个、9.5个和0.6个百分点。

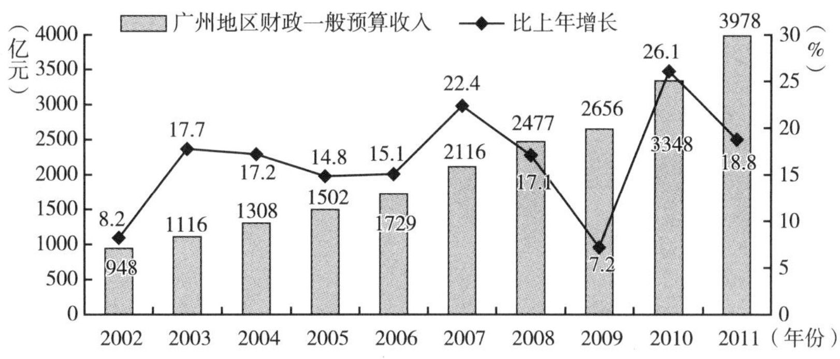

图3　2002～2011年广州地区财政一般预算收入及增速

金融存贷款余额突破4万亿元。党的十六大以来，广州市加快区域金融中心建设步伐，2009年成立全国首家私募股权交易所，广州国际金融城加快建设，2012年广州民间金融街、广州股权交易中心相继开业，金融业的集聚力和辐射力不断增强。中外资金融机构人民币存贷款余额合计2006年末突破2万亿元，2009年末突破3万亿元，

2011 年末突破4 万亿元，达 4.21 万亿元。人民币存款余额 25792 亿元，仅次于北京（63025 亿元）和上海（55273 亿元），资金实力在全国各大城市中居第三，比 2002 年增长 2.4 倍，年均增长 14.7%；人民币贷款余额 16333 亿元，比 2002 年增长 2.1 倍，年均增长 13.4%（见图 4）。2011 年，金融业从业人员达 12.25 万人，比 2002 年增加 5.33 万人；金融业增加值达 856 亿元，比 2002 年增长 3.2 倍，年均增长 17.3%，占 GDP 的比重为 6.89%，比 2002 年提高 2.05 个百分点。

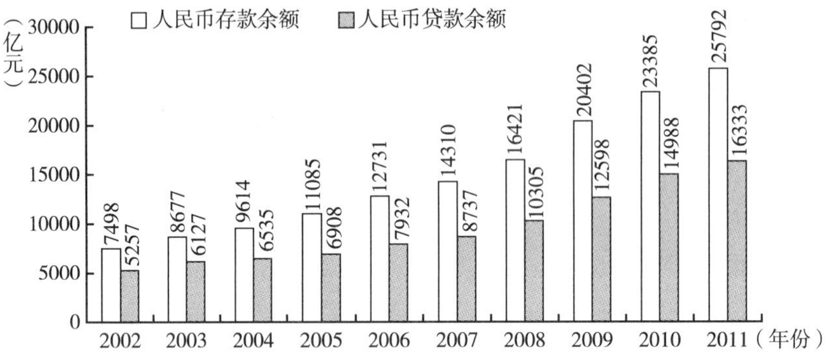

图 4　2002～2011 年中外金融机构人民币存贷款余额

二　结构调整成效卓著，核心竞争力明显增强

党的十六大以来，广州市委、市政府始终坚持以自主创新为动力，调整优化结构，转变发展方式。广州已开始从初级形态的“人口转移型城市化”向高级形态的“结构转换型城市化”转变，进入了以服务经济为主体的新阶段。

产业结构优化升级。广州市大力推进产业转型升级，工业核心竞争力增强，服务业发展加快。2003～2011 年，第一产业年均增长

2.9%，第二产业年均增长14.1%，第三产业年均增长13.6%。2009年，服务业增加值占GDP比重首次突破60%，至2011年达61.51%，比2002年提高2.54个百分点。三次产业的比例由2002年的3.22∶37.81∶58.97调整为2011年的1.65∶36.84∶61.51。

现代产业体系加快发展。以汽车、船舶及海洋装备、核电装备、数控设备、石油化工和精品钢铁等为代表的先进制造业进一步发展壮大，高新技术产业加快发展；现代服务业功能区、空港经济区等产业功能区建设步伐加快。2011年，先进制造业增加值、现代服务业增加值分别为2407亿元和4949亿元，比2008年增长41.5%和46.2%；先进制造业增加值占规模以上工业增加值的比重为59.90%，比2008年提高0.05个百分点；现代服务业增加值占服务业增加值的比重为64.4%，比2008年提高0.9个百分点。

创新发展动力显著增强。广州市加快中新广州知识城、科学城、国际生物岛等自主创新核心载体的开发建设，着力推动经济发展从要素驱动向创新驱动转变，显著增强经济发展的内生动力。2011年，受理专利申请2.8万件，专利授权1.8万件，分别比2002年增长3.5倍和4.0倍。科技投入持续增加，科技发展成果丰硕。2011年，全社会研究与试验发展（R&D）经费支出占GDP的比重为1.92%，比2002年提高0.52个百分点。2011年末，全市拥有国家工程实验室9家，国家工程研究中心13家；拥有省市级重点实验室195家，省市级工程研究中心244家。2011年广州市荣获“中国十大创新型城市”称号。

国际商贸中心集聚能力不断提升。广州市商业文化底蕴深厚，商贸服务功能发展成熟，规模化、国际化程度不断提升，“千年商都”正向“现代商都”转型升级。2011年，全市社会消费品零售总额5243亿元，比2002年增长2.8倍，年均增长16.1%（见图5）。批发和零售业商品销售总额26936亿元，比2002年增长6.4倍，年均增长24.8%。会展业发展成为新亮点，2011年末，会展业企业单位（不含非会展企业单位）拥有会展场馆1154个，比2004年增加557个，场馆面积达79.60万平方米，比2004年增加24.23万平方米。2011年，全市会展活动企业（单位）实现经营收入75.22亿元，比2004年增长2.1倍，年均增长17.5%。

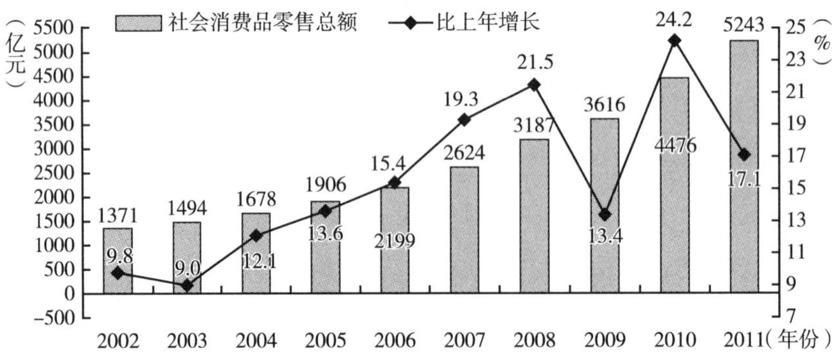

图5　2002~2011年广州市社会消费品零售总额

对外贸易方式加快转变。面对复杂多变的国际形势，广州市积极应对国际金融危机冲击，不断加快对外经贸战略转型。2010年，商品进出口总值突破千亿美元大关。2011年进出口总值达1162亿美元，比2002年增长3.2倍，年均增长17.2%（见图6）；其中出口565亿美元，增长3.1倍；进口597亿美元，增长3.2倍。进出口商品结构不断优化。在出口总值中，2011年一般贸易、高新技术产品、机电产品出口比重分别比2002年提高4.3个、8.5个和12.5个百分点。与此同时，先进技术、设备、关键零部件进口快速增长。2011年，机电产品、高新技术产品进口比重分别比2002年提高3.9个和5.7个百分点。自动数据处理设备及其部件进口比2002年增长4.4倍；汽车零件进口增长6.6倍。

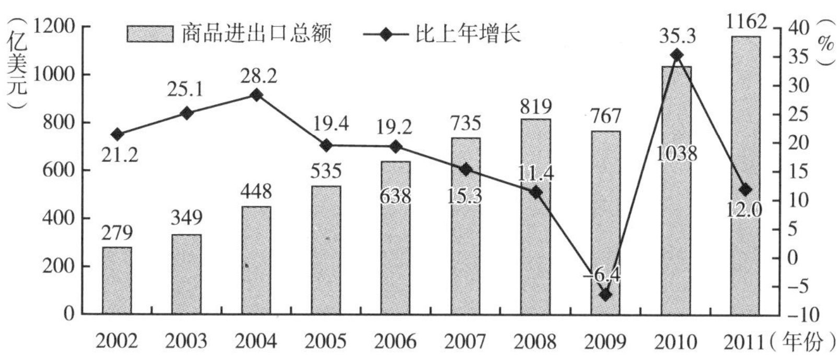

图 6　2002～2011 年广州市商品进出口总额及增速

三　基础设施建设取得新突破，城市发展承载力大幅提升

党的十六大以来，广州大力加强基础设施建设，交通、通信等基础产业快速健康发展，基础设施建设取得新突破，成功构建了外通全球、内连各地、高效快捷的流动空间枢纽。

重点项目建设为经济增长奠定了坚实基础。2011 年，全市完成固定资产投资 3412 亿元，比 2002 年增长 2.4 倍（见图 7）。2003～2011 年，全市累计完成固定资产投资 19044 亿元，年均增长 14.7%；其中，建设改造投资 12509 亿元，年均增长 17.3%。一批重点建设项目建成，广州新白云国际机场项目、广州市地铁工程、高速公路工程、广州南站及相关工程、广州亚运项目、中船集团广州龙穴造船基地工程、南沙汽车产业基地工程、开发区交通枢纽建设工程等项目对全市经济增长起着支撑带动作用，形成了一批利于长远发展的优良资产，为城市可持续发展注入强大动力。

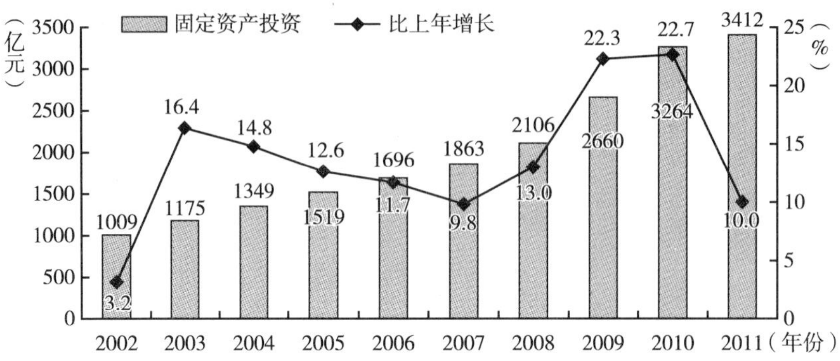

图7　2002～2011年广州市固定资产投资及增速

城市辐射功能迅速提升。辐射全国、连通世界的现代化枢纽型基础设施体系更加完善，国际航运中心功能进一步强化。2011 年全市港口集装箱吞吐量 1442 万标准箱，比 2002 年增长 4. 3 倍，在全球二十大集装箱港中排名第七位。2011 年白云国际机场旅客吞吐量达 4504 万人次，比 2002 年增长 6. 1 倍，位列世界前 20 名。2011 年共有国际航线 100 条，国内航线 444 条，连通全球五大洲 189 个城市。城际快速轨道和高快速路网体系日趋完善，中心城市功能进一步增强。2010 年，广州南站建成运营，成为全国四大铁路客运中心之一、亚洲最大规模的一流站场。武广高速铁路的开通扩大了广州的辐射范围。截至 2011 年，铁路营运里程达 1653 公里，比 2002 年增长 3. 3 倍；公路里程达 9052 公里，增长 67. 7%，其中高速公路 654 万公里，增长 1. 5 倍。全市已开通 236 公里地铁、22. 9 公里快速公交（BRT）线路。

智慧城市建设步伐加快。近年来，广州市以建设“数字广州”和国际“信息港”为目标，积极推进城市信息基础设施建设，加快城市数字化、网络化和智能化发展，智慧政务、智慧产业、智慧民生、智慧社区、智慧乡村建设成效明显。2011 年，全市完成邮电业

务收入312亿元，比2002年增长78.3%；移动电话用户达到2567万户，比2002年增长2.4倍。全市信息化综合发展指数为0.946，达到中等发达国家水平，互联网普及率超过70%，政府管理和公共服务基本实现网络化。着力打造网络商都，电子商务发展迅猛，以网络商品交易为主的梦芭莎、唯品会已进入全国B2C企业前15名，网上采购与销售总额位居全国前列。枢纽型国际信息港加快建设，2009年中国移动南方基地、微软（中国）产业基地等投入使用，2012年4月广州市被授予全国“智慧城市领军城市”称号，5月广州超级计算中心揭牌标志着超算中心进入建设与应用并举的新阶段，成为广州智慧城市建设的又一个新引擎。

四　坚持低碳发展，可持续发展能力全面增强

党的十六大以来，广州市以加快建成全省宜居城乡的“首善之区”为目标，建立“人口、资源、环境、发展”四位一体的城市新模式，坚持走低碳生态型城市的可持续发展之路，力促绿色经济发展，经济发展质量不断提高。

节能减排取得明显进展。十六大以来，广州市全面部署推进节能减排工作。大力推进“退二”企业搬迁和“双转移”工作，突出抓好工业、电力、交通、建筑行业减排和低碳化，建设一批低碳产业基地，打造低碳经济的龙头企业，推动高耗能企业节能行动，推进低碳技术研发及应用，着力淘汰落后产能，污染物排放总量得到控制。2011年，二氧化硫排放量比2005年下降54.3%。单位GDP能耗由2005年的0.782吨标准煤/万元下降到2011年的0.533吨标准煤/万元，累计下降29.25%，年均下降4.82%。规模以上工业单位工业增加值能耗由2005年的1.30吨标准煤/万元下降到2011年的0.56吨

标准煤/万元，累计下降48.16%，年均下降8.96%。

生态环境建设卓有成效。十六大以来，广州抓住筹办亚运会的有利时机，以实现“天更蓝、水更清、路更畅、房更靓、城更美”为目标，大力实施城市环境面貌“大变工程”，落实“空气整治50条”和“新31条”措施，空气质量连续5年优于国家二级标准，2011年优良天数达到360天，摘掉戴了10年的重酸雨区帽子。对全市127条河涌进行综合整治，建成白云湖、海珠湖，城市生活污水处理率达88%，珠江广州段水质从劣Ⅴ类提高到Ⅳ类标准。实施《花园城市行动纲领》，推进青山绿地工程和城市绿化升级改造，打造花城绿城水城生态城市品牌。2011年，全市建成区绿化覆盖率达40.3%，比2002年提高7.7个百分点。全市公园236个，比2002年增加92个。2011年末，人均公园绿地面积达15.05平方米，建成2038公里绿道。先后获“国家园林城市”、“国家森林城市”、“国家环境保护模范城市”、“国家卫生城市”等荣誉称号。

五　社会事业全面发展，市民共享幸福生活

十六大以来，广州市大力发展教育、文化、体育、卫生等各项社会事业，办好民生实事，促进公共服务均等化、优质化、城乡一体化发展，满足人民群众日益增长的精神文化生活需求，提升全体市民的幸福感。

城乡居民收支大幅提升。2011年城市居民人均可支配收入和农村居民人均纯收入分别达34438元和14818元，分别比2002年增长1.6倍和1.5倍，年均分别增长11.1%和10.9%（见图8）。随着居民收入的增长和市场商品供应的增加，加速了以体现提升生活质量的住房、汽车、通信电子、个人享受类商品为主要消费点的居民消费升

级进程。2011 年，城市居民人均消费性支出和农村居民人均生活消费支出分别达 28210 元和 10101 元，分别比 2002 年增长 1.6 倍和 1.3 倍，年均分别增长 11.4% 和 9.6%。主要耐用消费品拥有量大幅增长，2011 年末，城市居民家庭平均每百户拥有家用汽车 26 辆，比 2002 年增长 37.8 倍；拥有家用电脑 130 台，增长 1 倍；拥有移动电话 257 部，增长 58.6%。农村居民家庭平均每百户拥有电冰箱 98 台，增长 55.6%；空调机 150.5 台，增长 4.2 倍；拥有移动电话 285.2 部，增长 2.2 倍；拥有洗衣机 94.3 台，增长 42.9%。

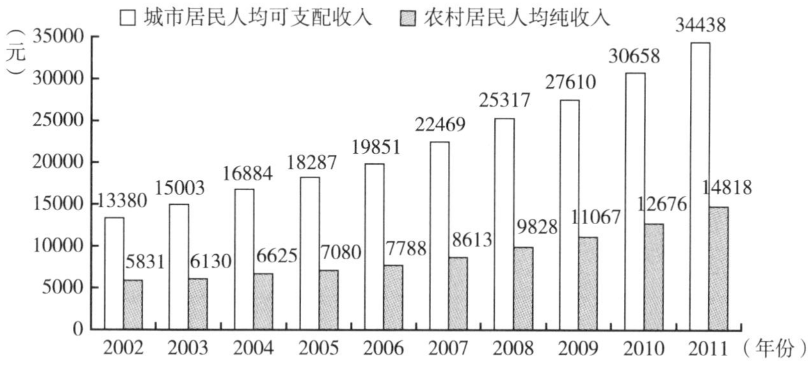

图 8　2002～2011 年广州市城乡居民收入比较

城乡统筹发展步伐加快。2011 年，广州市城镇化率达 84.13%，比 2006 年提高 2.09 个百分点（按 2006 年调整城乡划分标准），城镇化进程快速推进。2011 年城市居民和农村居民人均居住面积分别为 21.9 平方米和 44.7 平方米，分别比 2002 年增加了 6.23 平方米和 13.28 平方米。城乡居民生活水平不断提高，收入差距逐步缩小，2002～2011 年统计资料显示，广州城市居民可支配收入与农村居民人均纯收入之比（以农村居民人均纯收入为 1）在 2007 年达到最大（2.61∶1）后，逐步呈缩小的态势，特别是从 2008 年以来，农村居民纯收入的增速均高于城市居民可支配收入增速，2011 年城乡收入比缩减为 2.32∶1（见表 1）。

表 1　广州市城乡居民收入差距

单位：元，%

年　份	城市居民人均可支配收入	农村居民人均纯收入	城乡收入比（以农村居民人均纯收入为 1）	城市居民人均可支配收入增速	农村居民人均纯收入增速
2002	13380	6857	1.95∶1	4.9	6.4
2003	15003	6130	2.45∶1	12.1	5.1
2004	16884	6625	2.55∶1	12.5	8.1
2005	18287	7080	2.58∶1	8.3	6.9
2006	19851	7788	2.55∶1	8.5	10.0
2007	22469	8613	2.61∶1	13.2	10.6
2008	25317	9828	2.58∶1	12.7	14.1
2009	27610	11067	2.49∶1	9.1	12.6
2010	30658	12676	2.42∶1	11	14.5
2011	34438	14818	2.32∶1	11.3	16.9

注：2003 年起农村居民人均纯收入统计口径调整，增长速度按可比口径计算。

社会保障体系不断完善。十六大以来，广州市覆盖城乡居民的社会保障体系建设取得突破性进展，社会保险覆盖面持续扩大，保障标准不断提高。截止到 2011 年 12 月末，社会保险参保人数达 2273 万人，比 2002 年增长 2.5 倍，年均增长 14.8%，其中基本养老保险增长 2.3 倍，失业保险增长 94.9%，基本医疗保险增长 5.7 倍，工伤保险增长 2.2 倍，生育保险增长 2.4 倍（见图 9）。加快解决社保遗留问题，在全国率先将早期离开国企人员纳入养老保险体系，基本实现养老和医疗保险覆盖城乡居民。建立联动机制，提高社会救助水平，连续提高企业最低工资标准和企业退休人员基本养老金标准，使低收入居民同样享受到广州市经济社会发展成果。

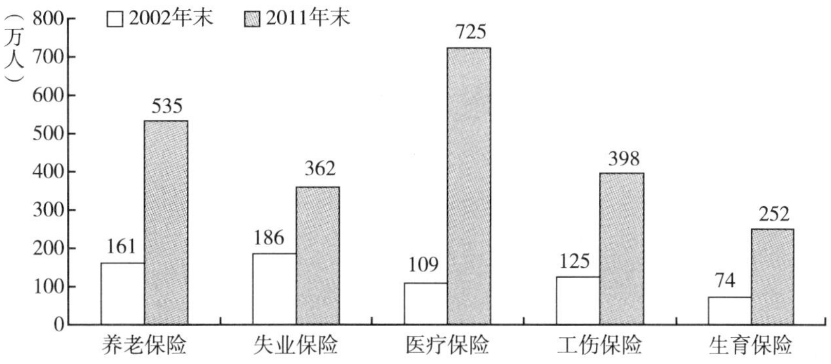

图9　广州市2002年末与2011年末参保人数比较

社会事业全面进步。十六大以来，广州市教育事业快速发展，全市城乡均实现九年义务教育，12个区（县级市）全部成为广东省教育强区（县级市），94%的镇成为省教育强镇，广州已成为广东省教育强市。全市每万人拥有在校大学生数由2002年的415人提高到2011年的1100人。

文化软实力不断增强。十六大以来，广州市利用历史文化名城的优势，大力建设世界文化名城，一批规模大、层次高的现代文化设施拔地而起，城市"10分钟文化圈"和农村"10里文化圈"基本建成。中国音乐金钟奖、羊城国际粤剧节、广州国际艺术博览会、民俗艺术节等成为广州文化品牌，文化产业总体规模逐步壮大。医疗卫生服务体系建设步伐明显加快。2011年医疗卫生共投入67.67亿元，比2002年增长2倍，医疗服务水平全面提升，社区卫生服务覆盖了全市99%以上的街道。全市每万人拥有医院床位数和医生数分别由2002年的49张和31人增加到2011年的68张和44人。

体育事业快速发展。从2004年广州获得第16届亚运会主办权起，不断加大体育设施建设力度，带动了全市体育产业的发展。2003~2011年，广州市共举办国际、国内单项比赛428次，广州运动员共获得世界冠军106项，亚洲冠军98项，全国冠军522项。特别是成功举办了第16届亚运会、亚残运会，极大地提升了广州的国际影响力。

从十六大到十八大，广州市坚持以科学发展观为指导，在经济转型、产业升级、走新型城市化道路的号角声中实现了新的崛起，特别是珠三角一体化进程加快，粤港澳台合作纵深推进，南沙新区开发上升为国家发展战略，中新知识城加快发展，亚运效益持续释放，为广州在更高层次上谋划新发展、增创新优势带来了新机遇。广州市第十次党代会确立了“12338”发展战略，把推进新型城市化作为广州新时期贯彻落实科学发展观的创新举措，勇闯科学发展新路，努力走出一条经济低碳、城市智慧、社会文明、生态优美、城乡一体、生活幸福的特大型城市科学发展之路，把广州建设成为人民满意的幸福城市，广州的明天一定会更加美好！

（审稿　刘秋得）

Review of Economic and Social Development in Guangzhou since the 16th National Congress of CPC

Research Group of Statistics Bureau of Guangzhou Municipality

Abstract: During the past ten years after 16th National Congress of CPC, the economic and social development of Guangzhou had an unprecedented development. During the past ten years, under the excellent leadership of Guangzhou Municipal Party Committee of CPC and People's Government of Guangzhou Municipality, Guangzhou steadily undertakes

the scientific development, focuses on the key task of "Be the Pioneer in Transformation and Upgrading, Build Happy Guangzhou", insists on the new urban development, tries the best to adjust the structure, promotes the transformation, seeks development and benefits the livelihood. Therefore, the economic development in Guangzhou has obtained a new breakthrough, the urban comprehensive power, core competitiveness, carrying capacity and sustainable development capacity have been advanced greatly, the people's livelihood is promoted greatly, opening up and reform, as well as modernization has obtained great achievement.

Key Words: Guangzhou; Transformation and Upgrading; Economic and Social Development

B.3

广州与国内中心城市及深圳、苏州新型城市化发展水平比较分析

广州市统计局课题组*

摘　要：

本文运用了《中国新型城市化报告2011》中关于中国新型城市化发展水平指标体系，从城市发展动力、城市发展质量和城市发展公平三个维度去科学度量广州与国内其他城市的新型城市化发展水平。

关键词：

广州　中心城市　深圳　苏州　新型城市化发展水平

广州市党的第十次代表大会作出了走新型城市化发展道路的决策部署。为了进一步了解广州市走新型城市化发展道路的现状，本文选取了广州、北京、上海、天津、重庆、深圳和苏州七个城市（以下简称七城市），用近年来新型城市化评价指标进行对比分析，从中摸清目前广州市新型城市化发展水平在七城市中的位置，找出广州市走新型城市化发展道路中存在的问题和差距，为市委市政府下一步制定政策提供参考。

---

* 课题组组长：黄平湘；成员：陈小璋、苏娟、林穗子、魏绍琼、周清华、陈婉清、莫德杰；执笔：魏绍琼、周清华、莫德杰。

一 七城市新型城市化水平基本情况

《中国新型城市化报告2011》对国内主要城市新型城市化水平测评结果（以下简称测评结果）显示：广州市新型城市化发展水平指数为0.435，在七城市中居第四位，排在上海（0.803）、北京（0.660）和深圳（0.551）之后，天津（0.427）、苏州（0.424）和重庆（0.404）分列第五、第六、第七位（见表1）。

表1 七城市新型城市化水平指数比较

城市	发展动力指数	发展质量指数	发展公平指数	新型城市化水平指数	新型城市化水平指数排序
广州	0.439	0.432	0.434	0.435	4
北京	0.628	0.691	0.661	0.660	2
上海	0.706	0.842	0.863	0.803	1
天津	0.396	0.386	0.498	0.427	5
重庆	0.424	0.339	0.439	0.404	7
深圳	0.628	0.547	0.480	0.551	3
苏州	0.482	0.370	0.419	0.424	6

（一）从新型城市化发展动力看：广州经济发展动力优势不突出，深圳、苏州已超广州，上海、北京位居前两位，天津、重庆迅速崛起

一个城市的“发展实力”、“发展潜力”、“发展速度”及可持续性，构成了该城市的发展动力表征。

测评结果显示（见表2）：广州经济发展动力指数为0.439，在七城市中排名第五，上海排名第一，发展动力指数为0.706，北京、深圳并列第二，发展动力指数均为0.628，苏州（0.482）、重庆

（0.424）和天津（0.396）分列第四、第六和第七位；与2009年相比，广州排名从第四下降到第五，上海、北京、深圳排名保持不变，重庆从第七位上升到第六位，苏州从第五位上升到第四位。

表2　七城市发展动力指数比较

城市	城市基础实力指数	城市统筹能力指数	城市竞争能力指数	城市发展动力指数	城市发展动力指数排序
广州	0.372	0.595	0.350	0.439	5
北京	0.451	0.87	0.547	0.628	2
上海	0.768	0.539	0.811	0.706	1
天津	0.358	0.460	0.368	0.396	7
重庆	0.324	0.750	0.197	0.424	6
深圳	0.660	0.710	0.513	0.628	2
苏州	0.375	0.669	0.403	0.482	4

1. 从发展实力看：广州经济总量仍居第三，与天津、深圳、重庆等城市绝对差距缩小，与北京、上海绝对差距扩大

近年来，七城市之间经济发展呈现你追我赶的状况。2010年广州市GDP总量实现超万亿元，成为继上海、北京之后第三个GDP进入万亿元的城市。2011年，广州经济仍保持较快增长，经济总量由2010年的10748亿元增加到2011年的12303亿元，经济总量仍然位居上海、北京之后，排名第三；2011年天津、深圳、苏州、重庆等城市GDP总量均超过万亿元，深圳仍排名第四；天津GDP总量超过苏州，位列第五，苏州退为第六，重庆仍为第七。

与前面的北京、上海相比，广州GDP总量绝对差距在扩大，2011年与2010年比，广州GDP总量与上海、北京差距分别扩大了475亿元和331亿元。广州与后面的天津、深圳、苏州、重庆相比，GDP总量除苏州与广州的绝对差距有所扩大，深圳、天津和重庆与广州的绝对差距分别缩小365亿元、412亿元和530亿元（见表3）。

表3　2010年、2011年七城市GDP情况比较

单位：亿元

城市	GDP				与广州GDP绝对差距	
	2010年	排序	2011年	排序	2010年	2011年
广州	10748	3	12303	3	—	—
北京	14114	2	16000	2	3366	3697
上海	17166	1	19196	1	6418	6893
天津	9224	6	11191	5	-1524	-1112
重庆	7926	7	10011	7	-2822	-2292
深圳	9582	4	11502	4	-1166	-801
苏州	9229	5	10717	6	-1519	-1586

注：与广州GDP绝对差距=本城市GDP总量-广州GDP总量。

2. 从发展速度看：广州、北京、上海、深圳、苏州GDP增速大幅回落，天津、重庆GDP保持高速增长

从近年来GDP增长速度看（详见表4）：上海、北京、广州、深圳、苏州五城市GDP增长轨迹较为相似，GDP增速呈现波浪形走势（见图1），五市GDP增速呈现不同程度的回落。其中北京、上海两市最为相似，两市GDP增速从2007年的15%左右高位增速逐波下降，到2011年，北京、上海GDP增速降至8%左右，2007～2011年，这两个城市GDP增速下降幅度达到7个百分点左右。广州、深圳、苏州三市GDP增速最为相似，GDP增速从2007年的14.8%～16.1%下降到2011年的10%～12%，2007～2011年这三个城市GDP增速下降幅度在4～5个百分点。天津、重庆两市GDP增速最为相似，GDP的增长速度均保持在14%～18%，没有出现回落的现象，两市GDP的增长速度大大高于广州，2011年，天津、重庆GDP增长速度均为16.4%，比广州高5.4个百分点；广州GDP增长速度2011年分别快于上海、北京和深圳2.8个、2.9个、1.0个百分点。

表4 2007～2011年七城市GDP不变价增速比较

单位：%

城市＼年份	2007	2008	2009	2010	2011
广州	15.3	12.5	11.7	13.0	11.0
北京	14.5	9.1	10.2	10.2	8.1
上海	15.2	9.7	8.2	9.9	8.2
天津	15.5	16.5	16.5	17.4	16.4
重庆	15.9	14.5	14.9	17.1	16.4
深圳	14.8	12.1	10.7	12.0	10.0
苏州	16.1	13.2	11.5	13.2	12.0

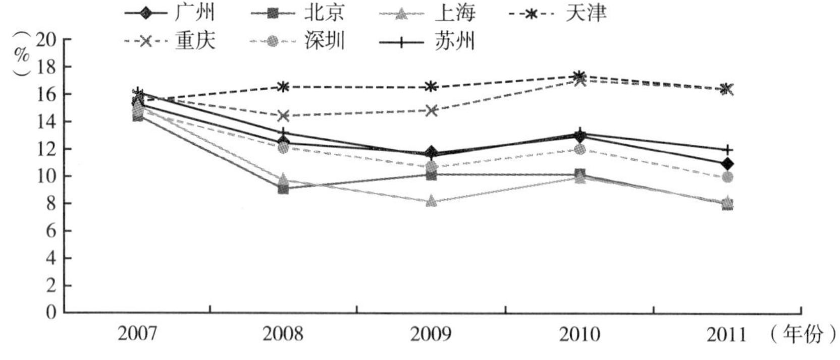

图1 2007～2011年七城市GDP不变价增速

3. 从可持续发展看：广州土地资源、投资力度及基础实力优势不足，天津、重庆土地资源和投资潜力最好，上海、深圳基础实力居前两位

土地资源是城市可持续发展的重要保障。重庆所拥有的土地面积

最大，为82269平方公里，其次是北京（16411平方公里），第三是天津（11917平方公里），其他依次是苏州（8488平方公里）、广州（7434平方公里）、上海（6341平方公里）和深圳（1992平方公里）。城市可利用的土地资源主要依靠平地资源，而广州的平地资源与其他城市相比却处于较低水平，广州平地资源仅占土地面积的30.7%，低于天津的83.0%、上海的70.0%、北京的68.0%和深圳的61.0%。

从固定资产投资看：天津、重庆投资强劲，2010年和2011年，两市固定资产投资额增长速度均超过30.0%，天津、重庆连续两年固定资产投资额居前两位。2010～2011年，广州市固定资产投资额均低于天津、重庆、北京、上海、苏州五城市，只高于深圳。从固定资产投资的增长速度看：上海投资增速大幅回落，几乎零增长，苏州增长速度保持在20%以上，广州在2010年因亚运会带动投资增速达到22.7%，2011年大幅回落至10%，北京、深圳增速在10%～14%（见表5）。

表5　2010～2011年七城市固定资产投资比较

单位：亿元，%

城市 \ 项目 \ 年份	2010		2011	
	绝对值	增速	绝对值	增速
广州	3263.57	22.7	3413.58	10.0
北京	5493.50	13.1	5910.60	13.3
上海	5317.67	0.8	5067.09	0.3
天津	6511.42	30.1	7510.67	31.1
重庆	6934.80	30.4	7631.80	30.0
深圳	1944.70	13.8	2136.39	10.1
苏州	3617.82	21.9	4279.98	21.5

从基础实力比较看：广州利用2010年亚运会的契机对城市的基础设施投入了巨资，用于完善交通基础设施，建成南沙港区二期工程，加快推进白云国际机场扩建工程，开通236公里地铁、216公里高速公路、22.9公里快速公交（BRT）线路和1860公里市政道路等。测评结果显示，广州基础实力指数为0.372，在七城市中居第五位。前四位分别为上海（0.768）、深圳（0.660）、北京（0.451）和苏州（0.375），天津（0.358）和重庆（0.324）分居第六和第七位（见表6）。

表6　七城市基础实力指数比较

城市	资源禀赋指数	经济规模指数	工业发展指数	基础设施指数	基础实力指数	基础实力指数排序
广州	0.345	0.370	0.487	0.287	0.372	5
北京	0.520	0.422	0.487	0.372	0.451	3
上海	0.900	0.774	0.900	0.496	0.768	1
天津	0.242	0.252	0.697	0.243	0.358	6
重庆	0.622	0.106	0.458	0.111	0.324	7
深圳	0.258	0.900	0.584	0.900	0.660	2
苏州	0.192	0.320	0.611	0.378	0.375	4

4. 从城市竞争能力看：广州连续4年排名第四，北京、上海、深圳分列前三

城市综合竞争力是指一个城市综合增长、经济规模、经济效率、发展成本、产业层次、生活质量和幸福等多个维度的综合指数。

据《中国城市竞争力报告2012》显示：2011年广州城市综合竞争力指数为0.865，在七城市中排名第四，前三位分别为北京（0.896）、上海（0.889）和深圳（0.877），天津（0.840）、苏州

（0.784）和重庆（0.721）分列第五、第六和第七。2011 年上海排名从保持了三年的第一名，下降到第二名，北京超过上海，排名上升为第一，深圳从 2009 年起连续三年保持第三名，广州从 2008 年起连续四年排名第四，天津从 2009 年起连续三年保持第五名，苏州从 2009 年起连续三年保持第六名，重庆连续四年排名第七（见表 7）。

表 7　2008～2011 年七城市综合竞争力指数比较

单位：位

城市 \ 年份 / 项目	2011		2010		2009	2008
	综合竞争力指数	排序	综合竞争力指数	排序	排序	排序
广州	0.865	4	0.827	4	4	4
北京	0.896	1	0.864	2	2	3
上海	0.889	2	0.871	1	1	1
天津	0.840	5	0.786	5	5	6
重庆	0.721	7	0.680	7	7	7
深圳	0.877	3	0.840	3	3	2
苏州	0.784	6	0.753	6	6	5

（二）从新型城市化发展质量看：广州在产业结构、单位 GDP 能耗等方面具有优势，上海、北京、深圳发展质量居前三位

一个城市的“人与自然协调”、“文明程度”和“生活质量”构成了城市发展的质量。

近年来，国内城市开始形成节约能源和保护生态环境的产业结构，经济发展中尊重自然、保护自然、合理利用自然、低开采、高利用、低排放发展理念深入人心。广州市近几年来大力实施城市环境面

貌“大变工程”，落实空气整治措施，实施《花园城市行动纲领》，推进青山绿地工程和城市绿化升级改造，城市环境实现了大的改变。测评结果显示，广州发展质量指数为0.432，在七城市中居第四位，前三位分别为上海（0.842）、北京（0.691）和深圳（0.547），天津（0.386）、苏州（0.370）和重庆（0.339）分列第五、第六和第七位（见表8）。

表8　七城市城乡发展质量指数比较

城市	城乡自然质量指数	城乡人文质量指数	城乡发展质量指数	城乡发展质量指数排序
广州	0.436	0.429	0.432	4
北京	0.653	0.729	0.691	2
上海	0.783	0.900	0.842	1
天津	0.419	0.354	0.386	5
重庆	0.440	0.239	0.339	7
深圳	0.623	0.471	0.547	3
苏州	0.418	0.322	0.370	6

1. 加快转型升级，优化产业结构，北京、广州服务业增加值占GDP比重超过60%

近年来，广州坚持加快转型升级，走产业高端发展的道路，全力构建现代产业体系，全面提升服务业发展水平，三次产业结构不断优化。

2011年广州服务业占GDP的比重达61.5%，仅低于北京75.7%，居国内城市的第二位，分别高于上海、深圳、天津、重庆3.6个、8个、15.4个、25.3个百分点，以服务经济为主体的产业结构特征更加凸显。从三次产业结构的变化看，2011年与2010年

相比，七城市中，除重庆外，其他各市第三产业比重都在上升，苏州第三产业比重升幅最高，达1.3个百分点，北京、上海和深圳第三产业比重分别提高0.6个、0.6个和0.8个百分点，广州提高0.5个百分点，天津则微升0.1个百分点。2011年，北京、上海、广州、深圳四市三次产业结构呈“三、二、一”的产业格局；苏州、天津、重庆则呈“二、三、一”的格局。苏州、重庆、天津三市第二产业增加值占GDP比重均超过50%，分别达55.6%、55.4%和52.5%，三市正处于工业快速发展阶段，经济保持高速增长态势（见表9）。

表9　七城市三次产业构成比较

单位：%

城市＼项目＼年份	2010			2011		
	第一产业	第二产业	第三产业	第一产业	第二产业	第三产业
广州	1.8	37.2	61.0	1.7	36.8	61.5
北京	0.9	24.0	75.1	0.9	23.4	75.7
上海	0.7	42.0	57.3	0.6	41.5	57.9
天津	1.6	52.4	46.0	1.4	52.5	46.1
重庆	8.6	55.0	36.4	8.4	55.4	36.2
深圳	0.1	47.2	52.7	0.0	46.5	53.5
苏州	1.7	56.9	41.4	1.7	55.6	42.7

2. 坚持低碳发展，广州2005～2010年单位GDP能耗累计下降20.34%，深圳单位GDP能耗最低，重庆最高，北京累计降幅最大

从2010年七城市单位GDP能耗看（见表10）：广州为0.621吨标准煤/万元，低于重庆（1.127吨标准煤/万元）、天津（0.826吨标准煤/万元）、苏州（0.824 吨标准煤/万元）和上海（0.712 吨标准煤/万元），高于北京（0.582 吨标准煤/万元）和深圳（0.513 吨标准煤/万元）。从能耗累计降幅看：广州 2005～2010 年累计降幅为 20.34%，低于北京的 26.59%、天津的 21%、苏州的 20.98% 和重庆的 20.95%，高于上海的 20% 和深圳的 13.39%。

表 10　2005～2010 年七城市 GDP 能耗比较

单位：%，吨标准煤/万元

城市	单位 GDP 能耗		2005～2010 年累计下降
	2005 年	2010 年	
广州	0.782	0.621	-20.34
北京	0.792	0.582	-26.59
上海	0.889	0.712	-20.00
天津	1.046	0.826	-21.00
重庆	1.425	1.127	-20.95
深圳	0.593	0.513	-13.39
苏州	1.043	0.824	-20.98

3. 人民生活质量：广州城乡居民收入均居第三，深圳城市居民收入居第一，苏州农村居民收入居第一

2011 年，广州城市居民人均可支配收入为 34438 元，在七城市中居第三位，低于深圳（36505 元）和上海（36230 元），高于苏州（33243 元）、北京（32903 元）、天津（26921 元）和重庆（21955 元）（见表 11）。从增长速度看，2011 年广州城市居民人均可支配收入同比增长 12.3%，在七城市中居第六位，低于重庆（14.9%）、上海（13.8%）、苏州（13.8%）、北京（13.2%）和深圳（12.7%），高于天津（10.8%）。

表 11　2010～2011 年七城市城乡居民收入比较

单位：元，%

城市	城市居民可支配收入				农村居民人均纯收入			
	2010 年		2011 年		2010 年		2011 年	
	绝对值	增速	绝对值	增速	绝对值	增速	绝对值	增速
广州	30658	11.0	34438	12.3	12676	14.5	14818	16.9
北京	29073	8.7	32903	13.2	13262	10.6	14736	13.6
上海	31838	10.4	36230	13.8	13746	11.5	15644	13.8
天津	24293	9.7	26921	10.8	11801	10.5	13200	12.0
重庆	17532	11.3	21955	14.9	5277	17.8	6480	22.8
深圳	32381	10.7	36505	12.7	—	—	—	—
苏州	29219	11.0	33243	13.8	14657	13.0	17040	16.3

2011 年广州农村居民纯收入为 14818 元，在七城市中居三位，低于苏州（17040 元）和上海（15644 元）。从增长速度看，2011 年广州农村居民纯收入增速为 16.9%，在七城市中居第二位，仅低于重庆（22.8%）。

（三）从新型城市化发展公平看：七大城市城乡二元结构仍然存在，广州城乡一体化还有很长的路要走

一个城市的“共同富裕”程度、城乡一体化水平、社会保障体系及公共服务一体化和均等化等构成了城市发展的公平。

在七城市中，既面临城乡二元结构的共性问题，也面临着大量外来务工人员城市内部二元结构的问题，城乡公共服务的失衡，已明显地影响到社会的公平。现阶段，各城市都在寻求农村与城市的共同发展、和谐发展的路径，努力探索实现城乡公共服务的均质化，城乡之间公平分享财富的机会，逐步达到减缓和解消城乡二元结构矛盾，实现共同富裕的目的。据测评（见表 12）：广州城乡发展公平指数为

0.434，在七城市排名第六，排在上海（0.863）、北京（0.661）、天津（0.498）、深圳（0.480）和重庆（0.439）之后，苏州（0.419）列第七。

表 12　七城市发展公平指数比较

城市	城乡社会保障指数	城乡一体化水平指数	城乡制度建设指数	城乡发展公平指数	城乡发展公平指数排序
广州	0.411	0.503	0.389	0.434	6
北京	0.900	0.558	0.528	0.661	2
上海	0.788	0.900	0.900	0.863	1
天津	0.512	0.571	0.410	0.498	3
重庆	0.379	0.551	0.386	0.439	5
深圳	0.522	0.519	0.398	0.480	4
苏州	0.376	0.480	0.400	0.419	7

1. 从城乡收入差距看：城乡收入之比重庆差距最大，广州、上海第二

2011 年统计资料显示，七城市居民可支配收入与农村居民人均纯收入之比（以农村居民人均纯收入为 1）差距最大的为重庆，达到 3.39∶1，广州和上海并列第二，为 2.32∶1，第四至六位分别为北京（2.23∶1）、天津(2.04∶1)和苏州（1.95∶1）（见表 13）（深圳没有农村居民）。

表 13　七城市 2010～2011 年城乡居民收入之比比较

年份	广州	北京	上海	天津	重庆	深圳	苏州
2010 年	2.42∶1	2.19∶1	2.31∶1	2.06∶1	3.32∶1	—	1.99∶1
2011 年	2.32∶1	2.23∶1	2.32∶1	2.04∶1	3.39∶1	—	1.95∶1
2011 年比 2010 年扩大或缩小	-0.1	0.04	0.01	-0.02	0.07	—	-0.04

2. 社会保障方面：广州失业保险金最低标准、职工最低工资标准水平较高，城市居民最低生活保障标准较低（见表14）

广州市建立了社会求助与推广就业联动机制、临时价格补贴与物价上涨联动机制，全面提升城乡居民的社会保障水平，农村居民社会养老保险覆盖率达到100%，2011年广州市城乡居民低保标准提高了17%～25%。

表14　七城市2011年社会保障相关待遇标准比较

单位：元

指标	广州	北京	上海	天津	重庆	深圳	苏州
失业保险金最低标准	1040	782	625	580	470	1056	585
城市居民最低生活保障标准	480	520	505	480	320	510	500
职工最低工资标准	1300	1160	1280	1160	1050	1320	1140

从七城市职工最低工资标准看，2011年广州为1300元/月，低于深圳（1320元/月），高于上海（1280元/月）、北京（1160元/月）、天津（1160元/月）、苏州（1140元/月）和重庆（1050元/月）；从失业保险金最低标准看，深圳最高，为1056元/月，广州为1040元/月，居第二位，高于北京（782元/月）、上海（625元/月）、天津（580元/月）、重庆（470元/月）和苏州（585元/月）；从城市居民最低生活保障标准看，2011年广州为480元/月人，低于北京（520元/月人）、深圳（510元/月人）、苏州（500元/月人）和上海（505元/月人），高于重庆（320元/月人）。

二　广州新型城市化需要关注的问题

2011年，广州的常住人口已高达1275万人。伴随着人口的不断增长，广州开始面临土地、资源、环境、市政基础设施和就业、教育、医疗、社会保障等多方面的巨大压力。对照新型城市化的要求，与国内其他中心城市相比，广州存在的不足可以概括为三个“差距”和三个“有待增强”。

（一）经济集约高效与新型城市化“经济低碳”的要求存在差距

近年来，通过实施优化城市空间布局，推进新一轮产业结构调整，提升招商引资的质量和水平，建立高效的技术创新运行机制等多项战略措施，广州经济集约化发展水平稳步提升。但与国内主要城市相比，广州经济社会发展的集约高效层次仍有较大的差距。从人均 GDP 产值看，2011 年，广州人均 GDP 达 96643 元，分别是深圳（110387 元）和苏州（102129 元）的 88% 和 95%；从单位面积土地 GDP 产值看，广州 GDP 密度为 1.65 亿元/平方公里，远低于深圳（5.78 亿元/平方公里）和上海（3.03 亿元/平方公里）；从单位土地产生的财政收入看，广州为 0.54 亿元/平方公里，远低于深圳（2.08 亿元/平方公里）和上海（1.62 亿元/平方公里）；从高端产业发展情况看，广州市先进制造业增加值为 2475.03 亿元，仅为深圳（3786.79 亿元）的 65.4%；高技术制造业增加值 517.32 亿元，仅为深圳（3002.84 亿元）的 17.2%；金融业增加值为 770 亿元，仅为上海（2240 亿元）的 34.4%，北京的（2055 亿元）37.5%，深圳（1562 亿元）的 49.3%；从单位 GDP 耗能情况看，2010 年，广州单位 GDP 能耗为 0.621 吨标准煤/万元，高于北京 0.582 吨标准煤/万元和深圳 0.513 吨标准煤/万元。

（二）城乡融合发展的程度与新型城市化“城乡一体”的要求存在差距

受地域、制度、政府公共投入等诸多因素影响，广州城乡在公共

医疗与社会保障、公共交通与基础设施建设等方面均存在明显的差距。尤其是北部山区，经济社会发展还比较落后，农村建设规划布局滞后、基础设施建设薄弱、农村脏乱差现象仍然比较突出。与国内主要城市相比，广州市城乡差距问题也显得比较突出。从城乡收入差距看，2011 年，广州市城市居民可支配收入与农村居民纯收入之比为 2.32，远高于苏州（1.93）和天津（2.04）等城市；从城乡生活融合度看，“十一五”以来，广州农村居民恩格尔系数一直远高于城市居民恩格尔系数，2011 年前者比后者高出 12.6 个百分点；广州城市居民文化娱乐消费支出占消费性支出的比重比农村居民高 10 个百分点；最能体现广州城乡居民信息化实现程度差异的城乡每百户居民拥有电脑数比为 1.6∶1。此外，《2011 年中国新型城市化报告》显示，广州城乡一体化指数在七城市中排名第六，落后于上海、天津、北京、重庆和深圳，仅高于苏州。

（三）加快科技创新、推动科技进步与“智慧广州”建设的要求存在差距

近年来，广州着力打造新设施、新应用、新产业、新技术和新生活，“智慧广州”实施战略稳步推进。但与国内主要城市相比，广州在科技创新与集聚高端创新人才等方面仍然差距明显。从最能体现人才创新竞争实力和创新活动活跃程度的专利申请量和授权量看，2011 年，广州全年受理专利申请量 28087 件，仅为苏州（100025 件）、上海（80215 件）、北京（77955 件）和深圳（63522 件）的 28.1%、35%、36% 和 44.2%；广州全年专利授权量 18339 件，为苏州（67017 件），上海（47959 件）、北京（40888 件）和深圳（39363 件）的 27.4%、38.2%、44.9% 和 46.6%。从科技创新的投入情况看，2010 年广州 R&D 经费占 GDP

比重为1.79%，远低于北京（5.50%）、深圳（3.30%）和上海（2.81%）等市；“十一五”期间，北京、上海、深圳等城市年均地方财政科技投入也远高于广州，分别是广州的3.18倍、5.14倍和2.33倍。从打造“智慧城市”的相关载体看，广州光纤到户覆盖用户还不足100万户，而上海和北京分别为430万户和360万户；尽管广州市1200多项政府服务事项中，100%实现了办事指南和网上咨询，但仅有287项实现了网上全流程办理。可见，广州的高端竞争优势还不突出，科技创新投入仍然明显不足，“智慧城市”应用与社会的期望差距仍然较大。《2011年中国新型城市化报告》显示，广州创新能力指数在国内50个大中城市中排名第五，落后于北京、上海、深圳和天津。

（四）城市财富积累与民生改善的同步性有待进一步增强

近年来，广州经济一直保持较快发展，但居民收入增长速度基本上低于GDP增长速度。2007~2011年，广州城市居民可支配收入年均增速达11.7%，比GDP年均增速（12.7%）低1个百分点。而上海城市居民可支配收入年均增速比GDP年均增速高1.6个百分点。此外，政府用于改善民生的支出，如教育、医疗卫生等支出，相较于财政大幅增收情况而言，增速明显偏慢。2010年广州地方财政一般预算收入比2008年增长37%，但用于教育和医疗保障的财政支出仅分别增长17%和27%，而上海、北京和深圳等城市用于教育和医疗卫生的支出增长速度均高于财政收入增长速度（如上海2010年地方财政一般预算收入比2008年增长26%，教育支出和医疗卫生的支出分别增长28%和31%；深圳2010年地方财政一般预算收入比2008年增长42%，教育支出和医疗卫生的支出分别增长48%和90%）。

（五）适应城市规模快速扩张的基础设施建设水平有待进一步增强

目前，广州常住人口高达1275万人，比2007年增加了222万人。可以预计，伴随着广州综合实力的不断增强，城市环境的不断优化，国家中心城市和幸福广州等城市发展战略的深入实施，广州对外来人口的吸引力和集聚能力会进一步增强。巨大的人口规模给城市的土地、资源、环境、市政基础设施和就业、教育、医疗、社会保障等多方面带来巨大压力。城市规模快速扩张与基础设施建设水平的矛盾也进一步凸显出来。比如，2010年，广州人均道路面积为7.7平方米，低于深圳（8.7平方米）等国内城市；城市生活垃圾无害化处理率为92%，分别比深圳（100%）和北京（97%）低8个和5个百分点；城市绿化覆盖率为40%，分别比深圳（45%）和北京（45%）低5个百分点；每万人拥有运营工交车辆数为9辆，而深圳和北京分别为12辆和11辆；人均公园绿地面积为7.8平方米，深圳和北京分别为16.4平方米和9.7平方米。此外，广州还面临着“垃圾围城”、“交通拥堵”、“上学难、看病贵”等一系列因城市承载能力受限而带来的问题。这些给广州和谐、均衡与可持续发展带来风险与挑战。

（六）与国家中心城市地位相匹配的辐射带动能级有待进一步增强

近年来，广州以国内外先进城市为标杆，不断完善城市功能、增强城市竞争力。其对周边的集聚、辐射作用显著增强。但作为国家中心城市和珠三角地区的核心城市，广州在协调区域内城市资源的科学整合、产业结构的合理分工、城市功能的互惠互补等方面与上海于长三角地区和北京、天津于环渤海地区的辐射带动能级相比，仍有明显的差距。

例如，上海作为长三角地区的龙头城市，其快速发展带动了相邻的江苏、浙江等相关地区的快速发展。“接轨上海，实现共赢”已成为长三角区域城市借力上海辐射能量，谋求自身发展的共识。目前，在上海设立的跨国公司总部已多达353家（广州56家）。此外，上海强大的金融、航运能力使长三角城市连片化和都市化发展极具潜力。又如环渤海地区的北京和天津，通过着眼于北京处在后工业经济时代和天津正处在工业化进程加快阶段的特点，在产业结构方面，北京突出现代服务业中心的功能，而天津则以高新技术产业和先进制造业为主导。在辐射范围方面，北京发挥首都优势，辐射全国；天津则重点面向区域，辐射环渤海乃至北方大部分地区。目前，京、津之间基本上已实现了商品自由流动、人员自由往来、基础设施共建，产业转移逐步进行，区域交通网络体系逐步完善，空间布局的对接逐步延伸的良性互动互补发展的新局面。而广州产业与周边城市仍没有形成产业链的层级布局，同构竞争现象还比较突出。

三　广州新型城市化对策建议

（一）发展高效集约型产业，提升产业核心竞争力，推动可持续发展

近年来，广州通过建立创意园、“三旧”改造、“腾笼换鸟”在率先转型升级上取得新突破。但要整体提升广州产业核心竞争力，还需要大力发展能耗低、高产出的高效集约型产业，以增强产业核心竞争力为目标，以提高自主创新能力为突破口，推进战略性基础设施、战略性主导产业、战略性发展平台建设，主动切入国际产业链高端，

抢占全球科技与产业制高点，加快提升产业层次和产业整体素质，提高土地等资源的利用率，使经济增长从要素驱动向创新驱动转变、从注重增量向强调质量转变、从粗放型向集约型转变。坚持不懈地走新型工业化的道路，重点发展先进制造业、新型建材业、医药食品业、现代服务业，积极引进阳光产业，培育新的经济增长点。培育壮大节能环保、新能源、低碳技术应用等绿色产业，降低经济发展中的能源消耗和环境污染。努力化解产业集聚过程中存在的资源、体制、管理障碍问题，实现广州经济的可持续发展。

（二）拓展城市空间，优化城市布局，统筹城乡一体发展

走新型城市化发展道路，必须把广州的城市发展与新农村建设结合起来，破除“重规模轻结构”的观念，从注重城市规模形态摊大饼式扩张向空间布局结构优化、内涵提升转变，创新城市空间形态，优化城市功能，全面提升城市承载能力。不断优化城市空间布局，在实施“南拓、北优、东进、西联、中调”的同时，优化提升一个都会区、创新发展两个新城区、扩容提质三个副中心，完善多中心、组团式、网络型城市空间结构。在广州中心城区突出完善高端服务功能、提升国际大都市品质和形象；外围城区要突出拓展城市空间、提升发展能力、带动镇村共同发展。完善城市中心城区连接从化、增城及花都、南沙之间内外衔接、线网合理的高速铁路、轨道交通、高快速路网，建设南部、东部和北部交通枢纽，构筑高效便捷的城乡交通网络。通过规划和政策倾斜，加快推进乡镇水、电、气等公共设施建设，提升城市综合承载力。通过实施美丽乡村行动计划，完善全市村镇规划体系，改善农村人居环境，提高村镇保洁和绿化水平，增加农村休闲度假功能，打造优美宜居的都市乡村，引导和推动城乡生活双向互动。

（三）建设智慧广州，推进信息基础设施建设，提升城市服务智慧化水平

搭建智慧城市平台，整合社会管理和服务能力，利用信息技术更好地促进城市发展，从顶层设计入手，建立智慧城市“路线图”，突出抓好信息基础设施建设，建设国际先进、国内领先的新一代信息基础设施。进一步实施科技创新工程，促进科技成果转化应用。抓住新一代信息技术变革和知识经济发展的新契机，积极培育智慧产业集群，以智慧项目带动智慧产业发展，加快信息文化、芯片设计、软件开发、整机生产、系统集成、物联网、云计算等智慧产业的发展。加快建设国际超级计算广州中心和国际云计算中心，推进天河智慧城、南沙智慧岛、中新广州知识城、黄埔智能产业园等智慧城市试点。实施智慧民生工程，推进城市服务智慧化，让市民充分享受智慧城市建设成果，用高科技打造信息化“智慧广州”。要建设好智慧城市，一是要在政策体制上敢于突破，先行先试。推动采用电子化证照作为网上办理政府服务的依据；完善政府信息化项目一体化管理机制，推行电子政务集约化管理的云服务模式；加紧研究出台智慧城市建设、光纤到户、政府信息共享等政策文件。二是大力推进新宽带工程。加大政策支持和统筹力度，推进光纤到户、光纤进村工程，推动宽带免费升级，力争2013年实现光纤覆盖突破300万户；推进宽带移动通信4G网络建设，力争率先实现市区4G网络覆盖和试行商用；进一步扩大无线城市网络覆盖面。三是通过试点探索智慧城市应用模式。将社会管理创新和民生服务作为智慧广州建设的出发点和立足点，积极进行市民卡、智慧社区、智慧医疗、智慧教育、智慧城管、智慧交通、智慧建筑等各城市运行业务平台的规划、设计、开发与建设。

（四）持续改善民生，破解双二元结构问题，促进城乡基本公共服务均等化

加大对民生社会事业投入，推进基本公共服务由城市人口向农村人口、由户籍人口向常住人口全覆盖，统筹解决“城乡差别”和“内外差别”的双二元结构问题，让流动人口有序参与城市管理，逐步享受公共服务，逐步突破城里人与农村人、本地人与外地人两种身份壁垒，推动城乡居民共同享有现代城市生活方式，努力推动全民共享经济发展成果、共享基本公共服务、共享平等发展机遇。在发展教育方面，公平配置公共教育资源，以提高教育质量为核心，统筹推进各类教育，大力扶持农村教育，实施面向农村地区学校的名校对口扶持工程，提高农村义务教育水平。医疗卫生方面，进一步完善城镇居民基本医疗保险制度和新型农村合作医疗制度，改善基层医疗设施，充实基层医疗队伍，扩大基本公共卫生服务项目，做好 25 所中心镇医院、镇卫生院和 370 个村卫生站标准化建设，构建农村 30 分钟医疗服务圈，提高全民身心健康水平。体育方面，科学开发利用亚运场馆，促进群众体育与竞技体育协调发展，建设国际体育名城。积极发展科普事业，普及“农家书屋”，扩大农村“十里文化圈”覆盖面，提升城乡居民科学素养；加强农民就业技能培训，通过培训提高新型农民的就业能力。

（五）优化人居环境，增强城市文化内涵，提高城市生活品质

广州经济快速发展，各项建设取得巨大成就，同时也付出了一定的资源和环境代价，生态环境的保护日趋重要。广州要走新型城市化道路，提升环境吸引力，必须“内外兼修”，“外”要保护资源环境，

“内”要提高文化内涵。一是要增强环保理念。广泛推广节约环保的新技术、新产品，提高绿色产品的市场占有率。大力推进企业以节能减排为重点的技术改造，带动企业效益增加，促进产业结构优化。积极倡导绿色消费、适度消费，从需求方面减缓对资源和环境的压力。二是进一步提升生态环境。加快绿化、亮化和净化工程建设。抓好城区公共绿地建设，全面启动“美丽城乡行动计划”，重点改善空气环境质量，将PM2.5纳入广州空气质量评价体系，狠抓工业污染源治理、机动车污染防治、餐饮业和工地扬尘污染控制。同时，充分利用山、水、城、田、海的资源禀赋，构筑以“花城、绿城、水城”为特点的生态城市，营造更加优美、更加宜居宜业的城市环境。三是传承岭南文化，通过大力发展文化创意产业，推进国家文化产业示范区、广州文化产业城、广州国际媒体港等重大项目建设，以文化打造创新创意城市，以文化描绘华彩魅力都市，以文化营造体验休闲城市，提高广州的文化影响力和文化竞争力，确立广州在建设新型城市道路上以文化取胜的地位，使广州更富城市文化内涵，彰显岭南特色的城市魅力。

（审稿　彭诗升）

Comparative Analysis of Urban Development Level among Guangzhou, Shenzhen, Suzhou, and Key Cities in China

Research Group of Statistics Bureau of Guangzhou Municipality

Abstract: The papers adopts the New Urbanization Development

Level Index System from New Urbanization Report in China and measures the urbanization level among Guangzhou and other cities in the mainland from the perspective of urban development force, urban development quality, urban development fairness.

Key Words: Guangzhou; Key Cities; Shenzhen; Suzhou; New Urbanization Development Level

B.4

广州工业经济发展对策研究

吴永红　陈幸华　叶　峰

摘　要：

近年来广州市工业经济保持了平稳较快发展的势头，但由于受国内外诸多不利因素的影响，广州市工业经济运行中一些深层次矛盾和问题也逐渐显现。本文通过对比分析近几年广州工业经济的发展变化及存在的隐忧，揭示广州市工业发展中存在的问题，并提出针对性对策建议。

关键词：

广州　工业经济　对比分析

2012年以来，在欧债危机尚未结束、国际市场需求下降、内需持续疲弱、企业生产成本不断上升等诸多不利因素的影响下，广州市工业经济运行中一些深层次矛盾和问题逐步显现，生产增速下滑、利润持续下降。因此，按照目前的发展趋势来看，要完成广州市2012年的工业发展目标难度仍然相当大。

一　广州市工业经济发展概况

（一）广州市工业对GDP增长的贡献率逐步降低

2006～2011年，广州市GDP从6081.86亿元上升至12423.44亿

元，年均增长 13.1%；其中工业增加值从 2227.01 亿元上升至 4140.59 亿元，年均增长 13.0%，比 GDP 年均增速略低 0.1 个百分点；除 2006 年和 2011 年外，其他年份工业增加值增速均低于 GDP 的增速。

从三次产业对 GDP 增长的贡献率看，近几年广州市大力实施"退二进三"和"腾笼换鸟"战略，第三产业对 GDP 的贡献率逐步走高，第二产业对 GDP 的贡献率有所下降。虽然工业对 GDP 增长的贡献率呈逐步下滑趋势，但除 2009 年由于受金融危机的影响，工业增速回落至个位数（9.2%），对 GDP 的贡献率较低外，其余年份的贡献率均在 30% 以上。由此可见，虽然第三产业的发展对广州市经济发展起到稳定的作用，但要加快广州市经济发展，仍必须依靠工业的加速发展（见表 1）。

表 1　2006～2011 年 GDP 及工业增加值变化情况

单位：%，百分点

年份＼项目	地区生产总值（GDP）增速	工业增加值增速	工业增加值占 GDP 比重	工业对 GDP 的贡献率	工业对 GDP 增长的拉动
2006	14.9	17.8	36.6	42.7	6.4
2007	15.3	15.1	36.5	36.3	5.6
2008	12.5	11.8	35.9	34.5	4.3
2009	11.7	9.2	34.1	28.6	3.3
2010	13.2	12.7	33.9	34.0	4.5
2011	11.3	11.5	33.3	34.5	3.9

（二）工业生产增速呈逐步下滑趋势

2011 年，广州市完成工业总产值 15712.72 亿元，同比增长 10.1%。从 2006 年以来各年的增速来看，呈波浪式下滑趋势，2011

年为各年增速的最低点，与近年来增速最高的 2007 年相比大幅回落 10.0 个百分点，比受金融危机冲击的 2009 年增速还低 1.6 个百分点（见图 1）。进入 2012 年以来，广州市工业生产仍不理想，1～8 月累计，广州市规模以上工业同比增长 8.2%，与上年同期增速相比回落 1.9 个百分点。

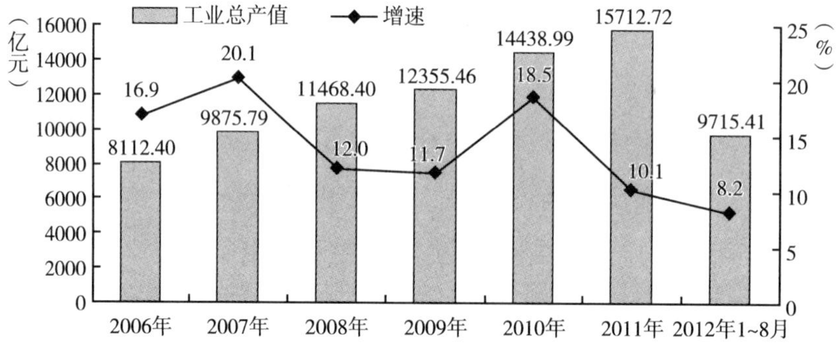

图 1　2006～2011 年及 2012 年 1～8 月工业总产值及增速

注：2012 年 1～8 月为规模以上工业口径。

（三）三大支柱产业规模逐步扩大，对全市工业生产的增速影响大

2006 年、2010 年和 2011 年广州市规模以上三大支柱产业占规模以上工业总产值的比重分别为 43.4%、48.0% 和 48.2%，比重逐步增大。2012 年1～8月累计，广州市规模以上三大支柱产业合计完成工业总产值 4827.03 亿元，占工业总产值的比重为 49.7%；同比增长 10.9%，虽然与上年同期增速相比回升 3.9 个百分点，但与正常年份比较增速仍然偏低。其中，汽车制造业同比增长 12.8%（上年同期汽车制造业增速 -2.4%），虽然与上年同期增速相比回升 15.2 个百分点，但比 1～7 月累计增速低 4.4 个百分点（见表 2）。今年以

来广州市汽车制造业增速呈逐步回落态势，受对比基数增大、“钓鱼岛”事件等因素影响，汽车制造业增速有可能继续回落，对全市工业增速影响大。

表2　2006年、2010年、2011年及2012年1~8月规模以上三大支柱产业工业总产值情况

单位：%

项目	2006年		2010年		2011年		2012年1~8月	
	增速	比重	增速	比重	增速	比重	增速	比重
规模以上工业	17.5	100	18.7	100	10.1	100	8.2	100
三大支柱产业	16.6	43.4	22.5	48.0	10.6	48.2	10.9	49.7
#汽车制造业	34.3	17.5	22.1	21.0	1.6	19.3	12.8	21.5
#汽车零部件制造业	72.6	4.1	35.6	5.5	5.9	5.3	11.9	5.9
石油化工制造业	4.4	9.8	26.6	12.7	12.5	13.0	10.4	15.7
电子产品制造业	10.4	16.1	19.8	14.3	22.1	15.9	8.0	12.4
其他行业	—	56.6	—	52.0	—	51.8	—	50.3

（四）生产成本上升，企业赢利水平持续下降

从2006~2011年广州市规模以上工业主要经济指标情况来看，2011年企业主营业务利润率为各年的最低点，仅为15.3%（见表3）。企业生产成本上升较快，2012年1~8月累计，广州市规模以上工业应付职工薪酬同比增长9.3%，利息支出同比增长20.1%，分别比主营业务收入增速（同比增长4.1%）高出5.2个和16.0个百分点；企业实现利润总额在上年下降的基础上继续下降（同比下降6.0%）。亏损企业户数达1130家，比上年同期增长24.2%；企业亏损面达25.4%，高于上年同期4.5个百分点；亏损企业亏损额同比增长68.3%。企业盈利水平的下降，直接导致企业扩大生产规模的意愿下降。

表 3　2006～2011 年规模以上工业主要经济指标情况

单位：%

项目＼年份	2006	2007	2008	2009	2010	2011
亏损面	19.9	17.8	23.2	20.0	15.2	15.5
主营业务收入增速	20.9	22.3	17.6	7.6	21.5	12.1
#主营业务成本增速	22.2	21.3	17.2	6.7	22.6	13.9
主营业务税金及附加增速	57.2	49.1	36.1	27.5	5.5	-6.2
主营业务利润率	16.1	16.4	16.4	16.6	16.2	15.3
盈亏相抵后的利润总额增速	33.1	39.8	-8.0	12.4	32.4	-7.1
产成品存货增速	6.5	19.4	26.7	0.3	24.8	11.1
工业生产者出厂价格指数	101.22	101.39	103.69	96.47	102.44	103.14

（五）工业产品销售不容乐观

2012 年 1～8 月累计，规模以上工业企业实现工业销售产值同比增长 7.1%，与上年同期增速相比回落 3.5 个百分点；实现出口交货值同比增长 2.7%，与上年同期增速相比大幅回落 10.1 个百分点；出口交货值占全市规模以上工业销售产值的 19.9%，比上年同期比重低 1.1 个百分点。8 月末，规模以上工业产成品存货同比下降 0.2%，与上年同期增速相比回落 16.0 个百分点，工业产成品面临的库存压力有所缓解。

（六）工业投资持续低迷，工业生产后继乏力

近年来，广州市工业投资占全社会固定资产的比重在逐年下降，工业投资增速呈逐步回落态势。工业投资增速与工业生产增速的比较结果表明，工业投资增速对下一年工业生产增长影响较大。2011 年广州市工业投资下降 9.9%，对 2012 年工业生产增速影响较大。

2012年1~8月累计，广州市工业投资仅增长1.8%，其中制造业投资同比下降9.1%（见表4）。

表4 2006~2011年及2012年1~8月工业投资及工业总产值情况

单位：%

项　目	工业投资增速	工业投资占全社会投资比重	工业总产值增速
2006年	22.7	26.9	16.9
2007年	-13.6	21.2	20.1
2008年	10.4	20.7	12.0
2009年	23.4	20.2	11.7
2010年	11.9	18.4	18.5
2011年	-9.9	15.2	12.7
2012年1~8月	1.8	14.7	8.2

注：2012年1~8月工业总产值和增速为规模以上工业口径。

从工业投资规模来看，2011年广州市工业仅完成投资516.96亿元，而天津市已超过3000亿元，重庆市也超过2500亿元，超千亿元的城市达到17个。从增长速度看，北京市（46.7%）、重庆市（33.4%）和天津市（31.6%）均远超广州市。而增速同比下降的城市较少，如深圳市（-2.0%）和广州市（-9.9%）。

（七）新增企业数量大幅减少

受工业用地紧张等因素的影响，广州市新增企业数量和新增企业完成的产值呈逐步减少趋势。2011年新增企业仅6家，远远少于前几年新增企业的数量；新增企业完成的产值与2007年、2008年相比，也仅有一成多（见表5、表6）。从今年工业新增企业的情况看，截止到8月底仅新增3家企业，对工业增长的推动作用极为有限。与此同时，市区中心的部分工业企业按照“退二进三”

的实施方案仍在逐步退出，导致天河、荔湾和海珠等区的工业增长动力减弱。

表5　2007～2011年广州市新增规模以上工业企业情况

单位：户，亿元

项目＼年份	2007	2008	2009	2010	2011
新增企业数量	143	71	41	97	6
其中:产值超10亿元企业数量	1	3	2	0	2
新增企业全年工业总产值	178.72	254.19	78.42	95.31	32.74
其中:产值超10亿元企业工业总产值	26.88	153.56	45.18	0.00	23.62

注：以上各年新增工业企业均为年主营业务收入2000万元以上的企业。

表6　2006～2011年广州工业企业单位变化情况

单位：户

项目＼年份	2006	2007	2008	2009	2010	2011
工业企业	46417	46217	66034	65615	65561	65647
#规模以上工业企业	2846	3052	3186	3574	4039	4437
规模以下工业企业	43571	43165	62848	62041	61522	61210
#市区	40019	39783	57422	57040	56882	56932
增城市	5025	5052	6967	6902	7029	7052
从化市	1371	1382	1645	1673	1650	1663

注：以上各年规模以上工业均为年主营业务收入2000万元以上的工业企业；规模以下工业指年主营业务收入2000万元以下的工业企业及个体工业单位。

（八）国内主要城市工业增加值情况比较

从2006～2010年国内七个主要大中城市工业增加值占GDP的比重情况来看，各市的比重均逐步下降（重庆市除外），五年来广州市工业增加值占GDP的比重均居第六位，仅高于北京市。从工业增加值增速的情况看，广州市工业增加值的增速在逐步回落，而且回落幅度较大，增速排位从2006年的第2位下滑至2010年的末位。从工业增加值增速与GDP增速的比较看，广州市除2006年工业增加值增速比GDP增速快2.9个百分点外，其余四年均比GDP增速低。值得注意的是，2010年七大城市中仅广州市工业增加值增速低于GDP增速（见表7）。

表7　2006～2010年国内主要大中城市工业增加值变化情况

单位：%，百分点

项　目	广州	北京	上海	天津	重庆	苏州	深圳	广州位次
工业增加值增速								
2006年	17.8	9.5	11.8	16.2	18.2	16.3	16.9	2
2007年	15.1	13.1	12.2	17.1	22.4	16.1	14.8	4
2008年	11.8	0.2	7.6	18.7	19.9	12.7	12.4	5
2009年	9.2	8.8	2.9	18.3	17.4	9.5	8.5	4
2010年	12.7	14.9	17.5	20.8	22.9	13.3	13.9	7
工业增加值占GDP比重								
2006年	36.6	22.4	43.3	50.7	40.1	60.8	49.8	6
2007年	36.5	21.2	41.3	50.7	42.9	58.8	47.7	6
2008年	35.9	19.2	39.6	50.9	45.0	56.9	47.0	6
2009年	34.1	19.0	35.9	48.2	44.7	55.1	43.8	6
2010年	33.9	19.6	38.1	47.8	46.7	53.3	44.2	6
工业增加值增速与GDP增速的比较								
2006年	2.9	-3.5	-0.9	1.5	5.8	0.5	0.3	2
2007年	-0.2	-1.4	-3.0	1.6	6.5	0.0	0.0	5
2008年	-0.7	-8.9	-2.1	2.2	5.4	-0.5	0.3	5
2009年	-2.5	-1.4	-5.3	1.8	2.5	-2.0	-2.2	6
2010年	-0.5	4.6	7.2	3.4	5.8	0.0	1.7	7

（九）各区、县级市工业发展不平衡，部分区、县级市预计难以完成全年工业预定发展目标

从各区、县级市工业生产情况看，2012 年 1 ~8 月累计，除荔湾区工业增加值负增长外，其他各区均有不同程度的增长，其中增长较快的区、县级市，包括从化市、增城市、南沙区和海珠区，增速均超过 10%。从各区、县级市规模以上工业增加值增速与全年预定发展目标的比较来看，有 5 个区、县级市超过了全年预定的目标，其余 7 个区与全年预定发展目标相比存在不同程度的差距，其中与目标相差 5 个百分点以上的包括番禺区和萝岗区（见表 8）。因此从目前的情况来看，要实现全年工业增加值增长 10.5% 的目标难度仍然很大。从 2012 年1 ~8月累计广州市规模以上工业增加值增速来看，从 9 月份起平均每个月工业增加值增速需达到 15.3% 以上才能完成全年预定的目标（如考虑规模以下工业增速较低，则需要达到 15.5% 左右）。

表 8　2012 年 1 ~8 月各区、县级市工业增加值增速情况分析

项目 地区	工业增加值（亿元）	比上年同期增长（%）	全年工业增加值增长目标（%）	与目标差距（百分点）
荔湾区	119. 13	-0. 8	3. 0	-3. 8
越秀区	3. 29	6. 6	2. 0	4. 6
海珠区	36. 51	11. 1	4. 0	7. 1
天河区	169. 85	6. 2	8. 0	-1. 8
白云区	111. 11	7. 2	8. 0	-0. 8
黄埔区	251. 14	5. 1	6. 0	-0. 9
番禺区	250. 54	5. 9	12. 0	-6. 1
花都区	314. 50	8. 4	11. 5	-3. 1
南沙区	254. 83	13. 6	13. 0	0. 6
萝岗区	721. 18	7. 5	13. 0	-5. 5
增城市	175. 84	14. 9	14. 0	0. 9
从化市	58. 85	18. 7	12. 0	6. 7

二 几点建议

（一）加强工业经济运行状况的监测分析，及时发现并努力化解企业生产中出现的各种矛盾

2012年以来，国内外经济环境依然十分复杂，广州市工业生产增速进一步回升的阻力加大。近期广州市积极开展“暖企行动”，对促进工业生产的回升产生了积极的效果。为进一步推动广州市工业生产回升，一是要加强对重点行业、重点企业运行趋势监测分析，采取分类指导等措施，促进企业扩大生产规模。近期要特别关注重大事件对工业生产的影响，及时采取有效措施，化解矛盾。二是要尽快扭转工业投资下降的局面，增强工业经济增长的内生动力，为工业发展培育后劲。

（二）增强工业发展后劲，推动全市经济稳步增长

由于工业对全市经济增长的推动作用大，尤其是按照目前的GDP核算方法，必须保持工业的稳定增长，才能确保GDP的稳定增长。因此，要从多方面考虑增强工业的增长动力：一是上海市的工业产业发展水平和第三产业对外辐射能力均高于广州市，但上海市的工业增加值占GDP的比重仍高于广州市。从增强经济竞争实力的需要来看，必须稳定工业的发展速度，使工业增加值占GDP的比重保持合理的水平。二是要想方设法增强广州市工业招商引资的吸引力，建立重大项目储备库，定期发布投资信息，引导社会各方面资金投向工业生产。三是在招商引资和项目建设上，要把人才智力引进和资本引进相结合，积极引进符合广州市产业导向、区域经济带动性强的大项目，从而实现工业转型升级和增强工业发展后劲的目标。

（三）努力扩大国内工业品消费市场，力保工业产品对外出口稳定增长

为打开工业产品销路，必须加大力度进一步拓宽国内市场。近期由广东省人民政府主办了以“广货网上行、促销稳增长”为主题，以“促消费、扩内需、调结构、稳增长”为目标的“广货网上行”活动，推动万家工商企业上网触电，促进产销对接，扩大网络交易，增强消费对经济增长的拉动力。企业必须抓住这一有利时机，大力做好扩大国内工业品消费市场的工作。在对外出口生产方面，为力保工业产品对外出口稳定增长，工业企业要大力优化出口产品结构，扩大有自主知识产权和自主品牌的机电和高新技术产品出口，逐步改变出口贸易中加工比例偏重的状况，积极拓展具有发展前景的国外新兴市场，培育对外出口的新增长点。

（四）制定科学的考核办法和奖惩措施，督促各区、县级市努力完成工业预定发展目标

为确保完成广州市2012年的工业发展目标，必须把落脚点放在大力推动各区、县级市全面完成工业预定发展目标上。第一要制定严格有效的科学考核办法和奖惩措施，着重要制定出行之有效的激励措施，对超额完成任务的区、县级市要予以重奖。调动各区、县级市大力发展工业生产的积极性，为完成工业发展目标奠定基础。第二要及时了解各区、县级市工业发展情况，对部分难以完成全年工业预定发展目标的区、县级市，要深入调查研究，查找原因，想办法扭转被动局面。

（审稿　刘秋得）

Research on Industrial Economy Development Strategies in Guangzhou

Wu Yonghong　Chen Xinghua　Ye Feng

Abstract: In recent years, the fast and stable development of Guangzhou industrial economy remains strong. However, under the influence of unfavorable domestic and overseas factors, some conflicts rooted in the industrial economic operation are looming. The paper compares the changes and the problems of industrial economy in recent years, and then explains the existing problems as well as its strategies.

Key Words: Guangzhou; Industrial Economy; Comparative Analysis

B.5
广州市住宅价格影响因素研究

任慧子

摘　要：

本文总结了2000年以来广州住宅价格变动的基本特征，并分析了市场供求关系、经济增长和居民收入提升、宏观调控政策等因素对广州住宅价格水平的实证影响。

关键词：

广州　住宅价格　影响因素

一　2000年以来广州住宅价格变动基本特征

1. 广州住宅市场交易价格稳步攀升

随着珠三角的制造业产业链布局基本成型，广州作为华南地区经济政治核心的国家中心城市地位逐渐确立，国民经济和居民收入实现了持续快速增长，城镇化进程加快，城市居住环境得到迅速改善。同时，住房供应的市场化程度逐步提高，住宅品质逐步改善，以“以房带路、以路养房”为特征的城镇基础设施建设力度逐渐加大，房价上涨的财富效应不断显现，2003年以来广州住宅市场交易价格呈现稳步攀升的态势。2011年广州10区住宅交易登记均价10111元/平方米，2003～2011年年均增长14.1%，扣除年均3%左右的物价变动因素，实际年均增长11%左右（见图1）。

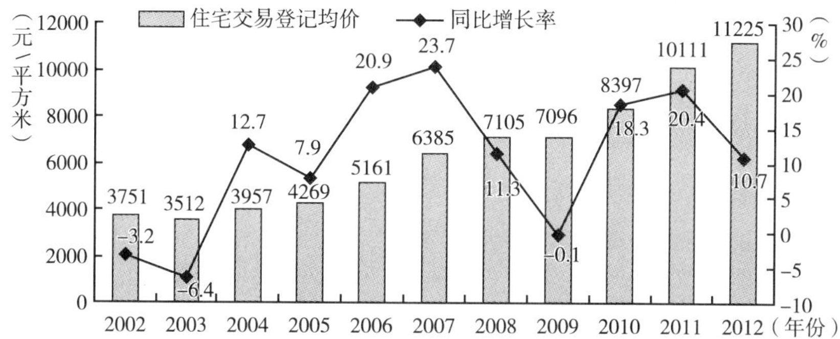

图 1　2002 年以来广州 10 区整体住宅市场交易登记均价情况

注：此价格为住宅整体市场价格，含一手市场和二手市场；2012 年为 1～11月数据，下同。

分年度看，2002 年以来广州房价增速波动较大。受房改政策后续效应影响，2002～2003 年交易登记价格稳中趋降，2003 年为价格最低点，但下降幅度不大。2004 年开始房价逐步回升，且 2005～2007 年增幅呈逐年扩大趋势，2006 年、2007 年房价同比增长率均超过 20%。2008 年、2009 年受全球经济危机及“二套房贷”政策影响，房地产市场出现调整，房价增速出现较大幅度的回落，2009 年房价与 2008 年基本持平。2010 年随着亚运会的成功举办，城市基础设施大为完善，城市品牌和知名度大幅提升，广州的物业价值有了较大幅度的提高，同时在通胀保值的强烈需求推动下，2010 年广州房价出现新一轮上涨，同比增长 18.3%。受限购限贷政策影响，2011 年以来一手住宅市场价格基本保持稳定，二手市场价格受交易网上签约制度的影响上涨较快，住宅市场交易登记均价仍出现一定程度的上涨，但此价格涨幅具有一定的不可比因素。

2. 一手住宅市场价格涨幅高于二手市场

从不同的市场看，2003 年以来一手、二手住宅市场价格均呈稳步攀升态势。2011 年广州 10 区一手、二手住宅交易登记均价分别 12725 元/平方米和 7142 元/平方米（见图 2），2003 ~2011 年年均增长 16.0% 和 13.3%，扣除年均 3% 左右的物价变动因素，实际年均增长 13% 和 10% 左右，一手住宅价格涨幅高于二手住宅市场。

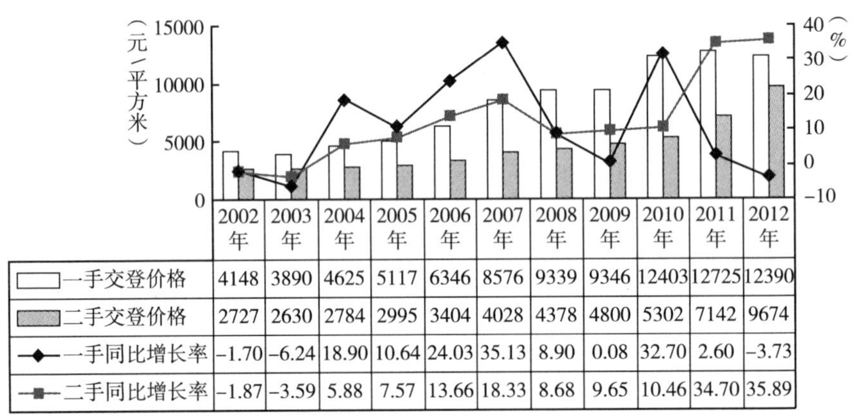

	2002年	2003年	2004年	2005年	2006年	2007年	2008年	2009年	2010年	2011年	2012年
一手交登价格	4148	3890	4625	5117	6346	8576	9339	9346	12403	12725	12390
二手交登价格	2727	2630	2784	2995	3404	4028	4378	4800	5302	7142	9674
一手同比增长率	-1.70	-6.24	18.90	10.64	24.03	35.13	8.90	0.08	32.70	2.60	-3.73
二手同比增长率	-1.87	-3.59	5.88	7.57	13.66	18.33	8.68	9.65	10.46	34.70	35.89

图 2　2002 年以来广州 10 区一、二手住宅市场交易登记均价情况

从年度波动情况看，2002 ~2010 年一手、二手市场价格走势基本保持一致，但一手市场波动幅度大于二手市场。受市场供求关系、房地产调控政策等一系列因素影响，2003 ~2010 年一手市场的交易登记价格同比增速出现较大波动，而二手住宅增速基本保持平稳上涨趋势。

2011 年以来，一手、二手市场价格走势出现分化。受“限购限贷”政策影响，一手住宅市场价格涨幅明显回落，2011 年交易登记均价 12725 元/平方米，同比上涨 2.6%，低于 2003 ~2010 年年均增长速度 15.4 个百分点，2012 年 1 ~11 月均价为 12390 元/平方米，同比下降 3.73%；而二手住宅交易登记价格出现较快增长，这主要是受制度性因素影响，2011 年下半年以来，广州 10 区全面实施存量房交易网上签约制度，同时规范了存量房购房信贷行为，压缩了存量房价格低报、瞒报空间，因此，此价格涨幅具有一定的不可比因素。

3. 中心 6 区一手住宅价格涨幅略高于外围 4 区

区位条件的好坏直接与城市的功能结构与形态结构相关，中心城区是广州政治、经济、文化和对外交往的中心，历史形成人口密度大且有良好的市内交通，完善的生活、文化服务设施及较好的周边环境，方便就业与休闲娱乐。因此，广州中心 6 区房价高于外围 4 区，2011 年一手住宅交易登记均价分别为 18997 元/平方米和 9695 元/平方米，中心城区价格接近外围区域价格的 2 倍（见图 3）。从房价增长的情况看，2005 ~2011 年中心 6 区和外围 4 区一手住宅交易登记价格年均增长 21. 8% 和 18. 0% ，中心 6 区价格涨幅高于外围 4 区 3. 8 个百分点。

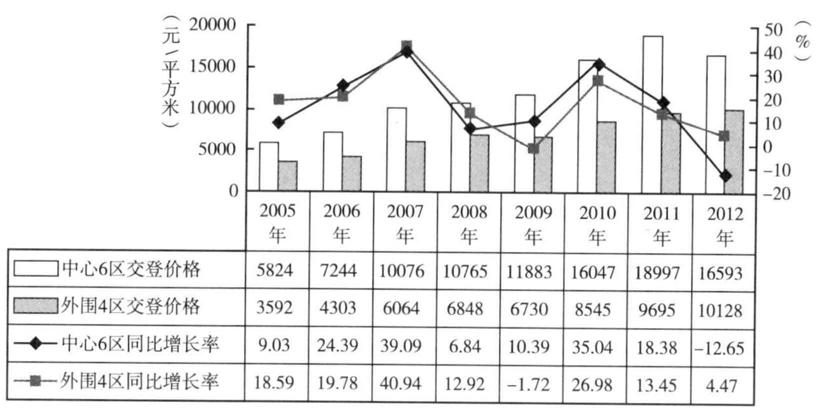

	2005年	2006年	2007年	2008年	2009年	2010年	2011年	2012年
中心6区交登价格	5824	7244	10076	10765	11883	16047	18997	16593
外围4区交登价格	3592	4303	6064	6848	6730	8545	9695	10128
中心6区同比增长率	9.03	24.39	39.09	6.84	10.39	35.04	18.38	-12.65
外围4区同比增长率	18.59	19.78	40.94	12.92	-1.72	26.98	13.45	4.47

图 3　中心 6 区和外围 4 区一手住宅市场交易登记均价情况

二　市场供求关系对广州住宅价格影响的实证分析

1. 住宅供求关系对住宅价格的影响分析

2000 年以来广州 10 区一手住宅市场需求旺盛，整体呈现供不应求的情况。2001～2012 年累计批准预售面积和交易登记面积分别为 8829.4 万平方米和 9453.2 万平方米，整体供求比为 0.93，新增供应未能满足日益增长的市场需求，累计缺口达 623.94 万平方米，接近 2010 年全年的交易量，住宅市场供不应求是近年来广州房价较快上涨的根本原因（见图4）。

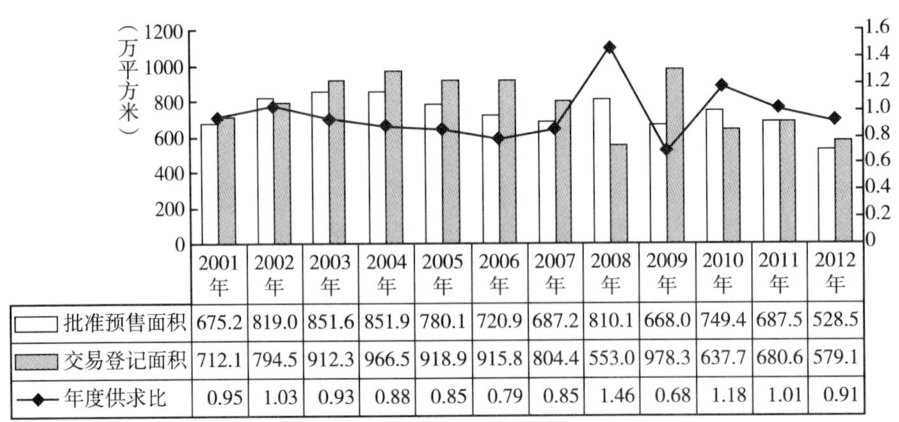

	2001年	2002年	2003年	2004年	2005年	2006年	2007年	2008年	2009年	2010年	2011年	2012年
批准预售面积	675.2	819.0	851.6	851.9	780.1	720.9	687.2	810.1	668.0	749.4	687.5	528.5
交易登记面积	712.1	794.5	912.3	966.5	918.9	915.8	804.4	553.0	978.3	637.7	680.6	579.1
年度供求比	0.95	1.03	0.93	0.88	0.85	0.79	0.85	1.46	0.68	1.18	1.01	0.91

图4　2001 年以来广州 10 区一手住宅市场供求关系情况

从年度情况看，市场供求关系紧张直接导致了房价的上涨。2003 年以来，除了受“二套房贷”政策和全球经济危机影响的 2008 年以及受“限购限贷”政策影响的 2010 年和 2011 年外，其余年份 10 区一手市场均出现不同程度的供不应求情况，年度供求比均小于 1，一手市场价格均出现增长。其中，2004～2007 年市场供求矛盾最为突出，各年的年度供求比均低于 0.9，供需缺口均超过 100 万平方米，其中 2006 年供求比仅为 0.79，供需缺口达 194.95 万平方米，为当年交易总量的 21.3%。受供求关系紧张的影响，2004～2007 年一手住宅市场价格出现较快上涨，年均增长率达到 21.9%，其中 2006 年、2007 年房价同比分别上涨 24% 和 35.1%（见图5）。

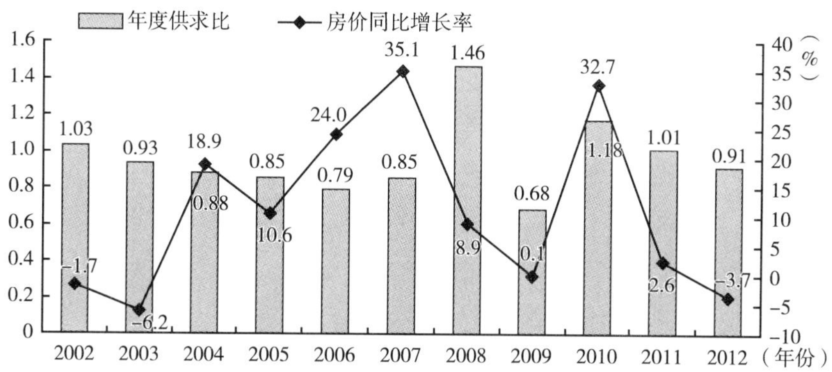

图 5　2001 年以来广州 10 区一手住宅市场供求关系对价格影响情况

从季度情况看，库存量的增减与房价的涨跌存在一定程度的负相关。通过计算可以发现，2009 以来广州 10 区 2 县一手住宅可售住宅面积季度环比波幅与网签均价季度环比波幅之间的相关系数为 -0.586，即市场库存量减少的季度，房价出现上涨；市场库存量增加的季度，房价保持稳定或出现下跌。从各季度具体的情况看，2009 年 2 季度至 2010 年 1 季度房价的节节攀升是市场供应不足造成的，期间 4 个季度 10 区 2 县可售住宅面积环比分别减少 14.7%、11.9%、33.4% 和 6.6%，导致一手住宅网签均价出环比增长率分别达 14.1%、5.3%、16.8% 和 2.3%；2010 年 1 季度 ~ 2011 年 3 季度可售面积基本保持在 500 万平方米的水平，一手住宅网签均价保持在 11000 元/平方米的水平，其中 2010 年 4 季度上涨较快是供求关系紧张造成的，当季批准预售面积和网上签约面积分别为 194.25 万平方米和 248.44 万平方米，季度供求比仅为 0.78，而 2011 年 2 季度房价的下降是结构性因素所致，当季县级市网签面积占全市总成交的比重达到 36.4%，环比提高 7.3 个百分点；2011 年 4 季度和 2012 年 1 季度受市场需求低迷影响，库存量不断提高，这两个季度房价出现下调；2012 年 2 ~ 4 季度市场库存和价格均保持基本稳定（见图 6）。

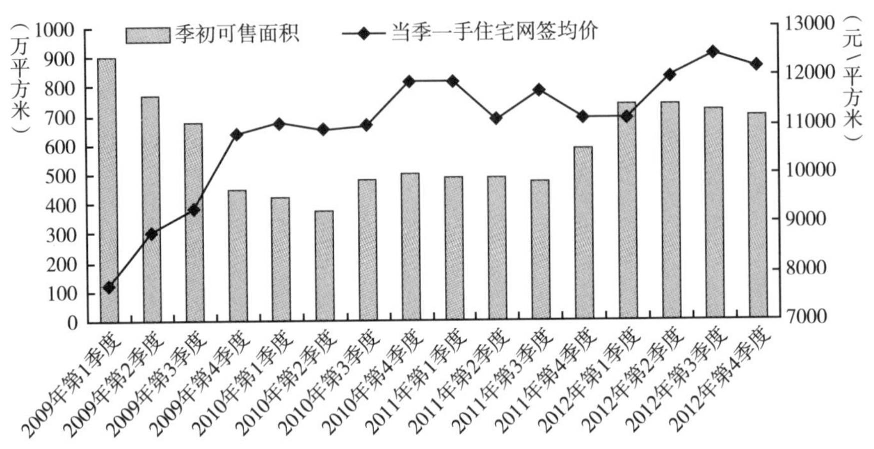

图6　2009 年以来广州 10 区 2 县一手住宅市场库存及价格情况

2. 土地供应及价格变化对住宅价格的影响分析

土地价格是房地产价格的重要组成部分，对房价起着至关重要的作用，是构成房价的主要生产要素。2004 年以来，国家在土地领域的调控进一步加强，居住用地供应大幅减少，土地价格不断提高。2004 年 3 月国土资源部、监察部联合下发《关于继续开展经营性土地使用权招标拍卖挂牌出让情况执法监察工作的通知》（国土资发〔2004〕71 号），规定 8 月 31 日后不得再以历史遗留问题为由采用协议方式出让经营性土地使用权，必须以“招拍挂”方式出让，即业内所谓的“8·31 大限”。“8·31 大限”前，广州居住用地出让面积保持较高水平，楼面地价保持基本稳定。“8·31 大限”后，广州居住用地供应大幅减少。“十一五”期间，广州共出让居住用地面积和规划可建面积分别仅为“十五”期间的 44.9%、58.7%。土地供应减少推动了地价的上涨，而近年来广州城市基础设施的改善也大幅提升了广州的土地价值，2010 年公开出让土地楼面地价达 6615 元/平方米，为 2005 年 2356 元/平方米的 2.8 倍，涨幅高于同期一手住宅均价涨幅（2.42 倍）（见表 1）。

表 1　2000 年以来广州 10 区居住用地出让情况

年份＼项目	宗数(宗)	用地面积(万平方米)	可建面积(万平方米)	公开出让土地楼面地价(元/平方米)
2000	372	866.96	647.39	
2001	375	835.19	673.41	
2002	182	572.54	763.18	2146
2003	223	592.72	1036.73	2244
2004	236	523.39	1076.81	2246
2005	40	101.09	219.60	2356
2006	27	147.36	279.84	2786
2007	58	293.43	516.34	4622
2008	19	90.91	193.33	2869
2009	32	458.43	801.27	5388
2010	31	189.00	421.00	6615
2011	30	215.48	489.21	4348

注：公开出让土地楼面地价已剔除限价房用地。

虽然土地的价格与房价之间不存在必然联系，但是受成本因素影响，地价高推动高房价是必然的。从通俗的角度理解，商人买的面粉越贵，就希望做出来的面包卖的价格越高。以近年来拍出的“地王”为例，2007 年保利地产以直逼该区域普通商品房价的价格拍下的 B3701A02 和 B3701A04 地块，楼面地价达到每平方米 8769 元和 8112 元，目前该地块上的保利西海岸均价在 1.6 万元左右，望江盘的价格则逼近 2 万元；保利地产于 2010 年拍下的 2 个白云新城地块，其楼面地价达到 19632 元/平方米和 20605 元/平方米，目前该地块上中海云麓公馆上市，均价接近 4 万元/平方米。可见，“地王”上的楼盘房价约为地价的 2 倍。

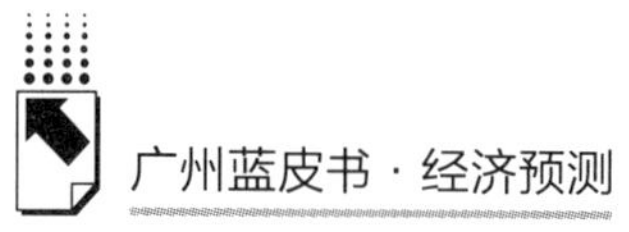

三　经济增长和居民收入提升对广州住宅价格影响的实证分析

（一）2000年以来广州GDP及城镇居民收入增长情况

地区生产总值和城镇居民人均可支配收入是影响房价的两大最重要的指标。与房价增速波动较大不同，2000年以来广州地区生产总值和人均可支配收入均保持平稳较快增长态势。其中，地区生产总值均实现了两位数增长，除了2008年、2009年、2011年受全球经济危机影响增速仅有12.5%、11.7%和11.3%，其他年份基本保持在13%左右的水平。虽然人均可支配收入增幅波动略大于GDP，但2003年以来增速均保持在8%以上，其中2003年、2004年、2007年、2008年、2010年和2011年实现了两位数增长。按可比价格计算，2001~2011年，广州地区生产总值年均增长13.5%，城镇居民人均可支配收入年均增长9.9%（见图7）。

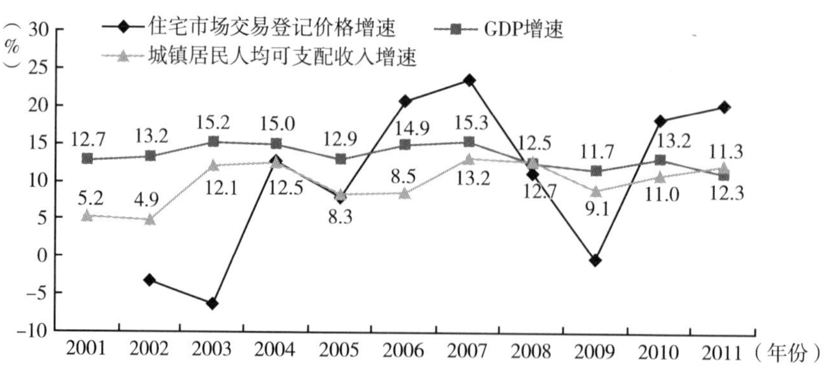

图7　2002年以来广州GDP、居民收入及房价增长情况

（二）房价相对GDP及城镇居民收入的变动弹性分析

1. 相关概念定义及计算方法

为了衡量广州经济社会发展水平对住房价格的影响，课题组采用

了房价 GDP 弹性这一指标进行研究，其计算方法如下：

$$房价收入弹性 = \frac{住房价格增速}{GDP\ 增速}$$

为了衡量城市居民收入水平对住房价格的影响，课题组采用了房价收入弹性这一指标进行监测，其计算方法如下：

$$房价收入弹性 = \frac{住房价格增速}{城市居民人均可支配收入增速}$$

其中，住房价格增速是指统计周期内住房（含一手房和二手房）交易登记价格同比增长速度，其统计范围为新 10 区。

2. 广州房价 GDP 弹性及房价收入弹性分析

随着 GDP 和居民收入的增长，房价应该相应增长，但房价的增长速度一般应低于 GDP 和人均可支配收入的增长速度。2002～2011 年，广州住宅市场房价年均增长 10.06%，房价 GDP 弹性为 0.745，房价收入弹性为 0.965（见表 2）。

表 2　广州房价相对于 GDP 的变动弹性

单位：%

项目＼年份		2002～2011	2002～2005	2006～2011
GDP 年均增速		13.51	14.07	13.14
人均可支配收入年均增速		10.43	9.41	11.12
住宅市场	房价年均增速	10.06	2.44	15.45
	房价 GDP 弹性	0.745	0.174	1.176
	房价收入弹性	0.965	0.260	1.390
一手住宅市场	房价年均增速	11.67	4.93	16.40
	房价 GDP 弹性	0.864	0.351	1.248
	房价收入弹性	1.119	0.524	1.475
二手住宅市场	房价年均增速	9.90	1.89	15.59
	房价 GDP 弹性	0.733	0.134	1.186
	房价收入弹性	0.949	0.201	1.402

分时段看，2002～2005年，广州住宅市场房价年均增长2.44%，远低于同期GDP和人均可支配收入的增长幅度，房价GDP弹性为0.174，房价收入弹性为0.260，房价的增幅落后于经济增长和居民收入增长的步伐。2006年以来，随着经济社会的发展和居民收入水平的提高，人们对居住的需求有了更高的要求，广州住宅市场发展迅速。与此同时，开发商也因应市场需求提供了高素质的房屋，如现在市场上的商品房基本是带装修的，并把这部分的费用加到房价中。同时，随着近年来广州不断加大力度进行基础设施建设，地铁线网、BRT等城市公共交通系统不断完善，城市环境有了较大幅度的改善，物业价值也不断提升。因此，2006年以来广州房价出现较快增长，2006～2011年年均增速达15.45%，高于同期GDP和人均可支配收入的增长幅度，房价GDP弹性达1.176，房价收入弹性达1.39。课题组认为，近年来房价的增长，一是对"十五"期间房价增长跟不上GDP和居民收入步伐的修正，二是对近年来广州基础设施及城市环境大幅改善的认可，三是由于开发商把房屋内部装修等费用加到房价中而引起的。此外，近年来建筑材料及人工费的上涨也是推动房价上涨的重要因素。

分市场看，2002～2011年一手住宅市场交易登记均价年均增长11.67%，低于同期GDP的增速，但高于同期居民收入的增长。房价GDP弹性为0.864，房价的增长基本与GDP增长同步；房价收入弹性为1.119，房价的增长高于居民收入水平的提高。值得注意的是，2006年以来一手住宅市场房价的增长已偏离GDP和居民收入增长的水平。2006～2011年一手住宅市场房价GDP弹性达1.248，房价收入弹性达1.475。2002年以来，二手住宅市场房价增速低于GDP和居民收入的增速，房价GDP弹性为0.733，房价收入弹性为0.949。

（三）房价相对于城市居民收入水平的匹配程度分析

1. 房价收入比的定义及相关研究情况

为了从社会角度对住房价格的合理性进行研究，考察城市居民的住房支付能力，衡量住房价格与城市居民收入水平的匹配程度，课题组引入了房价收入比这一指标。“房价收入比”定义和标准来自联合国和世界银行的相关报告（宏观经济研究院投资研究所课题组，2005 年）。1998 年联合国可持续发展委员会、联合国人居中心对 96 个国家和地区进行了房价收入比的统计调查，给出了“房价收入比”的详细的计算方法，即：房价收入比是居住单元的自由市场价格的中位数和家庭年收入的中位数之间的比值。

其中，居住单元的自由市场价格指一套住宅在市场上自由出售的价格。计算房价中位数时，应该包括所有的房屋类型，新建的和存量的，正式交易的和非正式交易的。家庭年收入是包括家庭所有收入来源的总收入，包括工资、奖金、业务活动或非正式行业活动的收入、投资收入，以及在能获得有关信息的情况下，还包括诸如消费本可以出售的农产品之类的隐含收入。

事实上，不同的国家和地区房价收入比的差异很大。从 1998 年世界各国房价收入比数据来看，各国房价收入比的数值是高度离散的。在纳入统计的 96 个国家和地区中，房价收入比的最大值和最小值分别为 30 和 0.8，平均数为 8.4，中位数为 6.4（见表 3）。大多数国家的房价收入比为 3 ~ 7，也就是说，中等收入家庭需要使用相当于 3 ~ 7 年的全部收入才能购买一套住房。

我国首次出现房价收入比的概念是在世界银行亚洲区中国局环境、人力资源和城市发展处编写的世界银行对中国经济考察研究丛书《中国：城镇住房改革的问题与方案》（1992 年 3 月第 1 版）中，该

表3　1998年世界96个国家与地区的房价收入比

项目	平均数	中位数	最大值	最小值
房价收入比	8.4	6.4	30	0.8

资料来源：World Development Indicators 2001。

书中提到："在发达国家，平均每套住宅的价格总额与平均家庭收入的比例在（1.8～5.5）：1之间，……，在发展中国家，该数一般在（4～6）：1之间。当然也有例外……"此后国内研究房价收入比的几乎所有文章，都引用了上述文献的结论，"4～6倍标准"也得到广泛的宣传，并被学术界、决策层和社会舆论普遍接受，成为评价房价高低的基石，虽然也有部分文献对此提出异议和修正。

1998年6月15～17日的全国城镇住房制度改革和住房建设工作会议上，国务院以国发〔1998〕23号文件下发了《国务院关于进一步深化城镇住房制度改革，加快住房建设的通知》，房价收入比的定义是：本地区一套建筑面积为60平方米的经济适用房的平均价格与双职工家庭年平均工资之比。此《通知》中提出在房价收入比小于4倍的地区，职工现有工资中的住房消费含量基本可以满足职工购房的要求。通知规定，房价收入比在4倍以上，且财政、单位原有住房建设资金可转化为住房补贴的地区，可以对无房和住房面积未达到规定标准的职工实行住房补贴。有条件的可以直接增加职工工资。很显然，23号文对"房价收入比"的定义及相应标准与国际定义及标准有一定差异，从具体实施来看，也存在一定争议，没有得到广泛的认同。

以联合国和世界银行的标准为基准，国内部分学者对我国的房价收入比进行了测算，测算的结果一般都大于6倍。陈颖等（2006年）对我国的房价收入比影响因素进行了深入分析，认为与国外相比，我国存在住房自有率高、区域不平衡、隐形收入高、储蓄倾向强、亲情援助力量

多等特点，因此，适合西方国家的判断房价合理性的“4～6倍标准”应调整为“4～9倍标准”，这样才能正确判断我国房地产市场形势。

2. 房价收入比的计算方法

在本课题研究中，房价收入比采用以下公式进行计算：

$$房价收入比 = \frac{全市平均每户家庭房屋总价}{全市平均每户家庭总收入}$$

计算房价时，以广州市平均每户家庭住房的建筑面积为基础，再分别乘以每年新10区住宅成交均价、新10区一手住宅成交均价、新10区二手住宅成交均价。其中，户均建筑面积是根据《广州统计年鉴》每年发布的入户调查结果，获得每年的人均居住面积和户均人口数，两者相乘得到户均居住面积。然后，根据经验数据，居住面积与建筑面积之比，高层住宅一般为0.75左右，多层住宅一般为0.85，课题组取平均值0.8，对户均建筑面积进行折算。因此，户均建筑面积通过以下方法得到：

$$户均居住面积 = 人均居住面积 \times 户均人口数$$
$$户均建筑面积 = 户均居住面积 / 0.8$$

经过测算，2000～2011年广州家庭平均每户建筑面积如表4所示。

表4　2000～2011年广州市家庭平均每户建筑面积

单位：人/户，平方米

年份	人均居住面积	户均人口数	户均居住面积	经折算的户均建筑面积
2000	13.13	3.13	41.10	51.37
2001	13.87	3.12	43.27	54.09
2002	15.67	3.15	49.36	61.70
2003	17.23	3.08	53.07	66.34
2004	18.19	3.08	56.03	70.03
2005	18.87	3.12	58.87	73.59

续表

年份	人均居住面积	户均人口数	户均居住面积	经折算的户均建筑面积
2006	19.45	3.10	60.30	75.37
2007	20.00	3.14	62.80	78.50
2008	20.54	3.12	64.08	80.11
2009	21.01	3.16	66.39	82.99
2010	21.40	3.17	67.84	84.80
2011	21.89	3.14	68.73	85.92

注：人均居住面积、户均人口数来源于《广州统计年鉴》（2001～2012年）。

计算收入时，采用户均总收入的概念，根据人均可支配收入、人均家庭总收入和户均人口数来推算。把人均可支配收入乘以户均人口数，可得到户均可支配收入，把人均家庭总收入乘以户均人口数，可得到户均总收入。

经过测算，2000～2011年广州家庭平均每户收入如表5所示。

表5　2000～2011年广州市家庭平均每户家庭总收入

单位：元，人

项目 / 年份	人均可支配收入	人均家庭总收入	户均人口数	户均可支配收入
2000	13966.53	18429.86	3.13	43715.24
2001	14694.00	19034.19	3.12	45845.28
2002	13380.47	15332.68	3.15	42148.48
2003	15002.59	17294.16	3.08	46207.98
2004	16884.16	19595.07	3.08	52003.21
2005	18287.24	21299.61	3.12	57056.19
2006	19850.66	23408.87	3.10	61537.05
2007	22469.22	26670.99	3.14	70553.35
2008	25316.72	29407.01	3.12	78988.17
2009	27609.59	32681.01	3.16	87246.30
2010	30658.49	36295.59	3.17	97187.41
2011	34438.08	40167.05	3.14	108135.57

注：人均可支配收入、户均人口数来源于《广州统计年鉴》（2001～2012年）。

3. 2001 年以来广州房价收入比情况

根据2001～2011年广州10区住宅交易登记均价数据、广州家庭平均每户建筑面积数据以及广州家庭平均每户家庭总收入数据，可以计算出2001年以来广州房价收入比的数据，其结果如表6所示。

表6　2001～2011年广州房价收入比情况

年份	住宅市场		一手市场		二手市场	
	房价/总收入	房价/可支配收入	房价/总收入	房价/可支配收入	房价/总收入	房价/可支配收入
2001	3. 635	4. 797	3. 957	5. 222	2. 606	3. 439
2002	3. 897	5. 048	4. 310	5. 583	2. 834	3. 671
2003	4. 824	5. 527	5. 342	6. 122	3. 612	4. 139
2004	5. 202	5. 997	6. 080	7. 009	3. 660	4. 220
2005	5. 206	6. 042	6. 239	7. 241	3. 652	4. 238
2006	5. 853	6. 817	7. 198	8. 383	3. 861	4. 497
2007	6. 907	8. 146	9. 277	10. 940	4. 357	5. 138
2008	6. 796	8. 067	8. 933	10. 603	4. 187	4. 970
2009	6. 419	7. 456	8. 454	9. 820	4. 342	5. 043
2010	6. 895	8. 161	10. 184	12. 055	4. 354	5. 153
2011	7. 550	8. 938	9. 502	11. 249	5. 333	6. 314

从表6的数据可以看到，2001～2005年广州房价与可支配收入之比约在6以下，房价与总收入之比低于6，表明广州当时的房价收入比在联合国和世界银行的标准范围内。2006年以来，随着房价的进一步上涨，广州房价的绝对价位逐步走高，但房价与总收入之比在7左右，既没有超过1998年世界96个国家与地区的房价收入比平均数（8. 4），也没有像大多数国家的房价收入比在3～7之间的范围，仅在2011年广州房价收入比达到7. 55，略超这一范围。

广州一手住宅市场的房价相对其消费群体的实际购买力而言，虽然近几年来广州一手住宅市场价格上涨较快，2011 年房价与城市居民家庭总收入之比已达到9.502，超过联合国和世界银行的标准范围，但相对其主要消费群体（中高收入家庭）而言还算可以接受。从表7的数据可以看到，2006~2011 年广州一手住宅市场房价与中等偏上收入户总收入之比低于8，与高收入户总收入之比低于6（见表7）。

表7 2006~2011 年广州中高收入家庭房价收入比情况

年份	中等偏上收入户		高收入户	
	房价/总收入	房价/可支配收入	房价/总收入	房价/可支配收入
2006	5.72	6.65	3.94	4.67
2007	6.75	7.86	4.58	5.35
2008	6.66	7.66	5.04	5.79
2009	6.23	7.23	4.56	5.39
2010	7.65	8.90	5.40	6.38
2011	7.31	8.37	5.24	6.10

四 宏观调控政策对广州住宅价格影响的实证分析

1. 我国房地产市场发展及调控历程

中国房地产市场化进程起步于 20 世纪 80 年代，其后由南至北、由沿海至内陆不断发展壮大。到目前为止，大致完成了三个波动周期，目前正在进行第四个波动周期：1992 年南方讲话之后，房地产市场有如火山爆发，促成了 1993 年、1994 年的第一次高潮，随后的 1995 年、1996 年、1997 年进入调整，完成了第一个波动周期；1998 年开始实施的货币分房政策，极大地推进了房地产市场化步伐，1998 年、1999

年、2000 年房地产市场高位运行，2001 年、2002 年则有所调整、走低，完成了第二个波动周期；2003 年开始房地产市场进入新一轮景气周期，2003 年、2004 年、2005 年、2006 年总体表现出成交价和成交量齐升的局面，随着 2007 年 9 月出台的最严厉的“房贷新政”后，市场快速走低，并延续至 2008 年全年，完成了第三个波动周期；2008 年第 4 季度，由美国次贷危机引发的全球经济危机爆发，国家为了应对危机而出台了一系列鼓励居民住房消费、活跃房地产市场的宽松刺激政策，从 2009 年开始房地产市场量价齐升，市场进入第四个波动周期，目前仍在持续。

与房地产市场化进程相对应，我国房地产市场也大致完成了四轮调控，目前正在进行第五轮调控。1993 ~ 1996 年为第一轮调控，表现为紧缩调控，主要采取“双紧”政策，即收紧财政支出、收紧银根、提高利率、减少贷款、提前收贷，甚至强调国有银行一律不能对房地产开发进行贷款；1997 ~ 2002 年为第二轮调控，表现为宽松调控，主要采取的措施有：宽松的住房金融，推动住宅需求；减免税金，降低购房负担；配套实施货币化分房政策，鼓励存量住房进入市场等；2003 ~ 2008 年为第三轮调控，表现为紧缩调控，各种金融、财税、土地及行政政策不断推出并持续加重；2009 年为第四轮调控，表现为宽松调控，在全球金融和经济危机爆发的大背景下，调控部门迅速出台了一系列宽松政策；2010 年开始进入第五轮调控，表现为紧缩调控，这次调控突出使用了行政手段，如“限购”、“限贷”政策等，目前仍在持续（见图 8）。

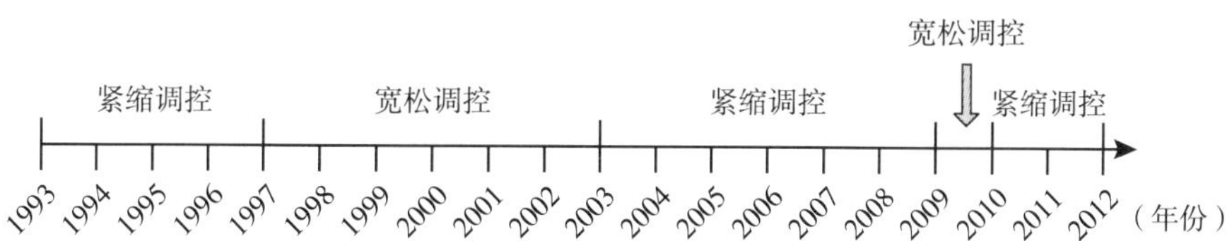

图 8　我国房地产调控进程

2. 宏观调控政策没有改变广州住宅市场房价运行的基本态势

房地产调控政策往往不会改变房地产市场发展的长期基本趋势，但对短期市场运行会产生抑制或激化作用。总体来看，由于广州房地产市场启动较早、发展已比较成熟，总体呈现稳步发展的趋势，2010年以前的调控政策没有改变广州住宅市场价格稳步提高的基本发展规律。2003～2010年广州10区住宅市场交易价格稳步攀升，10区一手、二手住宅价格年均增长18.0%和10.5%，扣除年均3%左右的物价变动因素，实际年均增长15%和7%左右，同时商铺、写字楼的成交量和成交价基本保持了与住宅市场同步变动的趋势（见图9）。可以看到，2007年9月以前，国家调控政策对广州市场价格的影响是间接的、温和的，市场仍按照其自身规律运行；2007年9月国家发布“房贷新政”，提高第二套房贷款门槛，对短期市场造成一定冲击，促使市场阶段性调整，并延续至2008年，但这主要体现为短期波动，中长期的市场运行轨迹并未受到明显破坏。

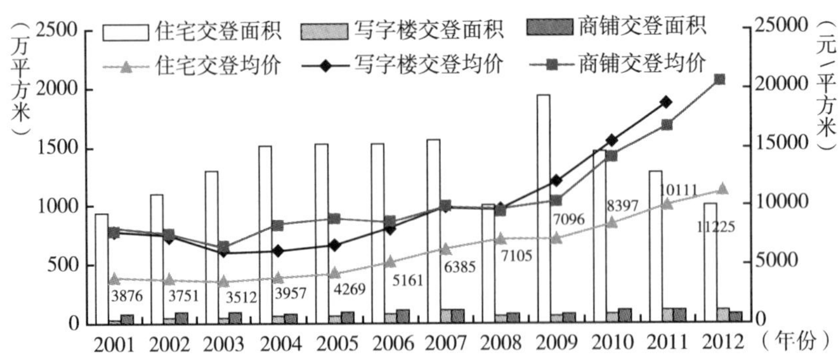

图9　2001～2012年广州10区房地产市场总体情况

2011年以来的限购限贷政策使市场需求减少并减缓了房价上涨的趋势。2011年一手住宅市场交易登记均价12725元/平方米，同比上涨2.6%，低于2003～2010年年均增长速度15.4个百分点，2012

年1～11月均价为12390元/平方米，同比下降3.7%。同时，受限购政策影响，部分投资者转向商铺和写字楼市场，2011年以来这两个市场成交价格均保持了稳步提升态势。

3. 不同的调控政策对广州住宅市场的影响存在较大差异

具体来看，紧缩的调控政策对广州住宅市场有一定的抑制作用，如2003～2008年及2010～2011年的市场表现；宽松的调控政策对广州住宅市场有明显的促进作用，如2009年的市场表现。这表明当前的房地产市场存在巨大的客观发展动力，是一个容易激化但不易压制的市场。从不同类型的紧缩调控政策效果来看，也存在较大差异，2003～2011年市场主要感受到两次比较明显的冲击：第一次是2007年9月开始实施的“房贷新政”，限制多套住宅的银行贷款，导致成交量急剧萎缩，并持续到2009年1季度，期间房价出现一定程度的下调；第二次是2011年3月开始实施的“限购限贷”政策，限制拥有两套住宅的买家入市，同时限制多套住宅的银行贷款，导致市场成交量逐渐盘跌，交易价格有所下降，延续至2012年1季度。

五　结论

1. 2000年以来广州住宅价格呈现稳步攀升的态势

2011年广州10区一手、二手住宅交易登记均价分别为12725元/平方米和7142元/平方米，2003～2011年年均增长16.0%和13.3%，扣除年均3%左右的物价变动因素，实际年均增长13%和10%左右，一手住宅价格涨幅高于二手市场。从不同区域的情况看，2011年中心6区和外围4区一手住宅交易登记均价分别为18997元/平方米和9695元/平方米，2005～2011年年均分别增长21.8%和18.0%，中心6区价格绝对值为外围4区的1.96倍，价格涨幅高于外围4区3.8

个百分点。

2. 市场供求关系是影响广州住宅价格的根本原因

从广州10区商品住宅年度供求情况看，市场供求关系紧张直接导致了房价的上涨。2003年以来，除了受“二套房贷”政策和全球经济危机影响的2008年以及受“限购限贷”政策影响的2010年和2011年外，其余年份10区一手市场均出现不同程度的供不应求情况，年度供求比均小于1，一手市场价格均出现增长。其中，2004～2007年市场供求矛盾最为突出，供需缺口均超过100万平方米，导致2004～2007年年均增长率达到21.9%。从季度供求情况看，商品住宅库存量的增或减与房价的跌或涨的相关系数为0.586，二者存在较强的相关关系。

3. 2001年以来广州住宅价格增长相对于经济社会发展水平来说处在基本合理范围之内

2002～2011年，广州住宅市场价格年均增长10.06%，房价GDP弹性为0.745，房价收入弹性为0.965，这表明住宅价格增长幅度没有超过同期经济增长和人均居民收入增长的水平。按照联合国关于“房价收入比”的定义进行测算，2011年广州房价收入比为7.77，基本处于公认的合理区间。同时，住宅价格的波动明显大于经济增长和收入变动的幅度。2002～2005年，广州房价年均增速为2.44%，房价GDP弹性为0.174，房价收入弹性为0.260，房价上涨幅度明显低于同期GDP和人均可支配收入的增长幅度；2006～2011年，广州房价年均增速达到15.45%，房价GDP弹性为1.176，房价收入弹性为1.390，房价上涨幅度明显高于同期GDP和人均可支配收入的增长幅度。

4. 不同的调控政策对广州住宅市场的影响存在较大差异

房地产调控政策往往不会改变房地产市场发展的长期基本趋势，

但对短期市场运行会产生抑制或激化作用。从总体上看，由于广州房地产市场启动较早、发展已比较成熟，总体呈现稳步发展的趋势，2010年以前的调控政策没有改变广州住宅市场价格稳步提高的基本发展规律，而2011年以来的“限购限贷”政策使市场需求减少并减缓了广州房价上涨的趋势。具体来看，不同的调控政策对广州住宅市场的影响存在较大差异，紧缩的调控政策对广州住宅市场有一定的抑制作用，如2003～2008年及2010～2011年的市场表现；宽松的调控政策对广州住宅市场有明显的促进作用，如2009年的市场表现。

（审稿　陈小璋）

Research on the Factors Influencing Housing Price in Guangzhou

Ren Huizi

Abstract: The paper summarizes the basic characters of housing price changes since 2000 and analyzes factors such as market demand and supply, economic growth, rise in residents' income, macro-control policy and their empirical influence on the housing price in Guangzhou.

Key Words: Guangzhou; Housing Price; Influence Factors

财政税收篇

Finance and Tax Revenue

B.6

广州市结构性减税政策效应分析与对策研究

广州市税务学会课题组*

摘　要：

本文从总体影响、拉动固定资产投资、降低中小企业税负、鼓励高新技术发展、刺激出口、调节消费等六个方面，运用计量经济方法分析广州市实施结构性减税政策的效应，并指出在实施中存在的宏观调控作用不强、减税空间受到制约、重复征税尚未消除、中小企业扶持力度不够、征管难度风险加大等问题，最后从深化税制改革、完善政府间财权配置、加大中小企业税收优惠

* 课题组成员：俞富霖、陈忠文、谭江滔、黎建生、罗海。

力度、优化减免税收管理模式、与其他调控手段相互配合等方面提出了相关建议。

关键词：

结构性减税　效应分析　政策完善

一　广州市结构性减税政策效应分析

广州市作为全国经济第三大城市、税收第四大城市，产业组成丰富，纳税人数量众多，结构性减税政策效应发挥得较为显著。本文以广州市数据为样本，从总体影响、拉动固定资产投资、降低中小企业税负、鼓励高新技术发展、刺激出口、调节消费等六个方面，分析主要减税政策在广州市的实施效应。

（一）对税收收入直接影响不明显，总体税负相对平稳

从减税规模看，减税额占税收总收入比例不大。2008～2011年减免税总额分别为：69.87亿元、165.04亿元，200.55亿元、174.19亿元，占当年国内税收的比例分别为3.86%、8.65%、8.77%、6.76%（见表1）。2009年所占比例突然增加是因为从2009年开始实施固定资产进项税额抵扣政策。但2009年后所占比重保持稳定甚至下降，主要是由于税收收入增速快于减免税额增速。

从宏观税负看，结构性减税政策密集实施前后广州市宏观税负保持稳定。由表2数据可知，2006～2011年广州市国内税收宏观税负水平整体稳定在21%左右，结构性减税政策对宏观税负影响不明显。

表1　2008～2011年广州市税收减免情况

单位：亿元，%

年份	减免税额	国内税收收入	占比
2008	69.87	1811.75	3.86
2009	165.04	1908.26	8.65
2010	200.55	2287.69	8.77
2011	174.19	2578.13	6.76

注：减免税额含直接减免和固定资产抵扣，不含加计扣除、抵免所得税额、减免所得额、减计收入、免税收入等优惠。

表2　2006～2011年广州市宏观税收负担情况

单位：亿元，%

年份	合计	地区生产总值(GDP)	全市宏观税收负担
2006	1251.72	6081.86	20.58
2007	1520.43	7140.32	21.29
2008	1811.75	8287.38	21.86
2009	1908.26	9138.21	20.88
2010	2287.69	10748.28	21.28
2011	2578.13	12303.12	20.96

注：GDP来自《广州统计年鉴》。

结构性不是一个总量概念。由于影响税收收入的因素较多，实施结构性减税政策不一定必然导致税收总量减少。可能在其他增税措施、经济增长、通货膨胀等因素作用下，税收收入仍可能出现较快的增长速度。因此，结构性减税在整体财政承受能力上存在较大的实施空间。

（二）固定资产投资快速增长，资本密集行业受益明显

1. 固定资产抵扣政策对宏观经济的拉动作用

增值税由生产型逐步转为消费型，允许企业抵扣当年新增固定资

产中机器设备投资部分所含的增值税进项税金，不仅可以避免重复征税，使增值税各链条环节的税负公平，还将在一定程度上刺激企业的投资。下面以2009～2011年固定资产进项税抵扣数据（见表3）来分析其对经济发展的促进作用。2009年广州市固定资产抵扣税额为61.63亿元，这相当于为企业增加了61.63亿元投资资金，按照2009年29.11%的投资率计算，可新增固定资产投资17.94亿元，占当年固定资产投资总量的比例为0.67%，而2009年GDP对固定资产投资的弹性系数为0.46，所以固定资产进项税抵扣对GDP的拉动率为0.31%。同理可计算出2010年、2011年固定资产进项税抵扣对GDP的拉动率分别为0.55%，0.80%。这表明固定资产进项税抵扣额在一定程度上促进了固定资产投资，其对GDP的拉动率也呈逐年上升的趋势。

表3　2008～2011年广州市固定资产抵扣与经济发展关系情况

单位：亿元，%

年份	固定资产进项税抵扣	固定资产投资		GDP		投资率	GDP对固定资产投资的弹性系数	固定资产抵扣占固定资产投资比重	固定资产进项税抵扣对GDP的拉动率
		总量	增长率	总量	增长率				
2009	61.63	2659.85	22.32	9138.21	10.27	29.11	0.46	0.67	0.31
2010	75.63	3263.57	22.7	10748.28	17.62	30.36	0.78	0.70	0.55
2011	67.93	3413.58	10	12303.12	14.47	27.75	1.45	0.55	0.80

注：数据来源于《广州统计年鉴》；投资率＝固定资产投资/GDP×100%；GDP对固定资产投资的弹性系数＝GDP增长率/固定资产投资增长率；固定资产进项税抵扣对GDP的拉动率＝GDP对固定资产投资的弹性系数%×固定资产抵扣占固定资产投资比重。

2. 固定资产抵扣政策对促进资本密集型企业发展的效应

增值税从生产型转型为消费型对不同的资本构成和技术构成的行

业会产生不同程度的积极影响。一般地说，转型受益较大的是资本密集程度较高、固定资产投资较大的行业。因为在生产型增值税政策下，资本密集型和技术密集型企业的重复征税程度要高于劳动密集型企业；从各产业特点看，基础产业和高科技产业往往属于资本和技术密集型企业。因此从对行业投资的刺激上看，消费型增值税特别能促进资本密集型行业的发展，有利于促进投资增长和科技进步。

广州市固定资产抵扣税额排在前四位的行业分别是：电力、热力生产和供应业，汽车制造业，计算机、通信和其他电子设备制造业，金属制品业（见表4），它们同属于资本密集型行业。从抵扣户数看，三年年均增长21.11%，总户数和前四位行业户数均每年保持增长。这表明随着政策实施时间的推移，越来越多的企业享受到固定资产进项抵扣优惠。从抵扣金额看，2010年达到抵扣高峰75.62亿元之后2011年同比下降10.17%。主要原因是受经济减速影响社会固定资产投资增速放缓。从行业分布看，2009~2011年前四位行业抵扣税额占总额比重分别为80.79%、71.08%、63.8%，其中电力、热力生产和供应业所占总额比重高达71.18%、55.17%、44.37%，可见固定资产抵扣行业集中度非常高，但逐年趋于下降。

表4　2009~2011年广州市固定资产抵扣重点行业情况

单位：亿元，户

项目	2009年		2010年		2011年	
	抵扣户数	抵扣税额	抵扣户数	抵扣税额	抵扣户数	抵扣税额
所有行业	48903	61.63	60399	75.62	71733	67.93
其中：电力、热力生产和供应业	86	43.87	97	41.72	103	30.14
汽车制造业	368	3.68	413	5	450	7.84
计算机、通信和其他电子设备制造业	1584	1.11	1891	3.4	2182	3.05
金属制品业	2002	1.13	2367	3.63	2724	2.31

增值税转型改革进一步降低了企业的税收负担，减轻了资本密集型企业的资金压力，从而促进产业结构向资本技术密集型转变。如2011年电力、热力的生产和供应业税负降低0.92%，交通运输设备制造业税负降低0.22%，计算机、通信和其他电子设备制造业降低0.69%，金属制品业税负降低0.62%（见表5）。在各项政策支持下，以上4个行业2011年规模以上企业工业增加值比2009年分别增长47.36%、35.89%、30.53%、50.97%。

表5　2009～2011年广州市固定资产抵扣重点行业税负下降情况

单位：%

项目＼年份	2009	2010	2011
电力、热力生产和供应业	1.68	1.39	0.92
交通运输设备制造业	0.13	0.15	0.22
计算机、通信和其他电子设备制造业	0.34	0.78	0.69
金属制品业	0.48	1.07	0.62

注：行业税负下降程度＝固定资产抵扣额/行业应税销售额×100%。

（三）中小企业税负逐步减轻，经营压力有所缓解

1. 小型微利企业所得税优惠政策效应

从2008年起小型微利企业（以下称“小小微企业”）所得税按20%征收，2010年、2011年对应纳税所得额在3万元以下的减半后按20%征收。据广州市国税局数据显示，2008～2011年小型微利企业共享受企业所得税减免优惠1.56亿元，其中减半征收的小小微企业0.14亿元（见表6）。从减免户数看，享受小微企业所得税优惠的企业数量逐年减少，从2008年1.44万户降至2011年的1.06万户，小微企业占全部企业所得税纳税人的比重也从2008年13.3%降至

2011 年的 6.98%；从减免规模看，由于 2010 年开始对小小微企业减半征收，减免税额从 2009 年的 0.35 亿元迅速增至 2010 年的 0.45 亿元，同比增长 28.57%；从税收负担看，实施税收优惠政策后小型微利企业实际税负整体呈下降趋势，从 2008 年的 34.55% 降至 2011 年的 27.97%，实际税负仍然高于名义税率的原因是纳税调整金额较大。

表 6　2008～2011 年广州市小型微利企业减免情况表

年份	减免户数（万户）	其中：小小微（万户）	减免金额（亿元）	其中：小小微（亿元）	利润总额（亿元）	其中：小小微（亿元）	应交税额（亿元）	其中：小小微（亿元）	实际税负（%）
2008	1.44	—	0.36	—	4.11	—	1.42	—	34.55
2009	1.35	—	0.35	—	4.65	—	1.39	—	29.89
2010	1.27	0.36	0.45	0.07	5.58	-0.02	1.55	0.05	27.78
2011	1.06	0.34	0.4	0.07	4.79	-0.07	1.34	0.05	27.97
合　计	5.12	0.7	1.56	0.14	19.13	-0.09	5.7	0.1	29.80

注：数据为国税部分。

年应纳税所得额小于 3 万元的小小微企业减税效应则更加不容乐观：减免户数从 2010 年的 0.36 万户降至 2011 年的 0.34 万户，占全部小微企业户数三成左右，减免金额保持在 0.07 万元，亏损额从 2010 年 0.02 万元扩大至 2011 年 0.07 万元。小小微企业减税优惠政策效应较弱的主要原因一是年应纳税所得额 3 万元标准过低，如此微薄的赢利水平很难维持正常经营，因此符合该标准的纳税人较少；二是 2010 年下半年以来经济下行趋势明显，中小企业经营压力增大。

2. 降低小规模纳税人增值税税负政策效应

从 2009 年起小规模纳税人征收率统一降为 3%，其中工业纳税人税负降低 3 个百分点，商业纳税人税负降低 1 个百分点。政策实施 3 年来，享受优惠的纳税人户数以每年平均 14.73% 的速度增长，共

减收 19.47 亿元，减幅达 16.63 %（见表 7）。2009 年是实施政策第一年，小规模纳税人增值税比重占国内增值税比重从 2008 年的 8.44% 降至 4.89%，下降 3.55 个百分点，降低征收率是金融危机以外的重要因素。之后比重逐年上升至 5%、5.29%，政策减收幅度则逐年下降至 16.18%、15.32%，显示政策逐渐发挥出涵养税源的调控作用。

表 7　2009～2011 年广州市降低增值税小规模纳税人征收率减税情况

年份	涉及户数（万户）(1)	占全部小规模户数比重(%)(2)	减少税收(亿元)(3)	小规模纳税人入库税额(亿元)(4)	减幅(%)(5)=(3)/[(3)+(4)]×100%	国内增值税(亿元)(6)	小规模入库比重(%)(7)=(4)/(6)×100%
2008	25.03	95.67	—	48.23	—	571.66	8.44
2009	27.07	95.36	6.64	28.88	18.69	590.07	4.89
2010	31.43	94.68	6.39	33.11	16.18	661.57	5.00
2011	35.64	96.74	6.44	35.6	15.32	673.45	5.29
2009～2011 年合计	—	—	19.47	97.59	16.63	1925.09	5.07

从 2011 年 11 月起，个体工商户增值税起征点从 5000 元提高至 20000 元。根据测算，全市约 14.57 万户个体工商户由此免征增值税，占全部正常经营个体工商户的 56%，每年减收 4.62 亿元，占 2011 年个体工商户缴纳增值税的 40.74%。个体工商户的特点是规模小、利润薄，抗市场风险能力差，如此大范围的免税政策为其提供了实实在在的资金支持，社会效应十分显著。

（四）产业转型升级有序推进，自主创新能力不断增强

新《企业所得税法》沿袭了高新技术企业减按 15% 税率征收企

业所得税的税收优惠。此项政策持续实施有效地将高新技术企业税负保持在较低水平，促进了高新技术产业的发展。

以广州市国税局数据为例（见表8），2008～2011年高新技术企业所得税税负降幅分别为11.35%、10.72%、10.33%、9.61%，4年平均降低税负10.22%，与名义降低税负10%的理论值接近。享受税收优惠的高新技术企业数由2008年的185户增至2011年的446户，增长了1.4倍。在减税政策的大力扶持下，4年来高新技术企业营业收入年均增长19.6%、利润总额年均增长28.83%，充分显示了良好的高成长性。

表8　2008～2011年广州市高新技术企业所得税减免情况

年份	户数（户）	营业收入（亿元）	利润总额（亿元）	所得税减免（亿元）	降低税负（%）
2008	185	455.64	45.14	5.12	11.35
2009	292	995.04	78.46	8.41	10.72
2010	400	1510.37	123.45	12.75	10.33
2011	446	1702.44	167.77	16.12	9.61

注：数据为国税部分。

本文以1994～2011年的相关数据为例，研究高新技术企业税收优惠政策对高新技术产业的促进作用。从表9可看出享受的减免税收和高新技术产品产值都呈逐年上升的趋势，两者间存在一定的线性关系。先把减免税收和高新技术产品产值用GDP平减指数进行消涨转化为1994不变价再取对数，然后对它们进行单位根检验，以判断其是否为非平稳性序列，检验结果表明，两者都是一阶单整变量，它们之间存在协整的可能，以减免税收为自变量，高新技术产品实际产值为因变量，用普通最小二乘法进行回归，得到如下回归方程：

$$\text{Ln 高新技术产品实际产值} = 1.37 \times \text{Ln 减免税收} + 1.81 + ecm$$

$$s.e. = \quad (0.13) \qquad (0.11)$$

$$t = \quad (10.65) \qquad (16.68)$$

$R^2 = 0.88$　Adjusted $R^2 = 0.87$　D. W. = 2.03　Prob(F - statistic) = 0.00

表 9　1994 ~ 2011 年广州市高新技术产品产值与享受减免税收情况

单位：亿元，%

年份	GDP 平减指数(1994 年 = 100)	高新技术产品		GDP		高新技术产品产值占 GDP 的比重	享受减免税收(1994 年不变价)
		实际产值(1994 年不变价)	增长率	实际值(1994 年不变价)	增长率		
1994	100	43.54	—	985.31	—	4.42	0.48
1995	110	78.73	80.8	1144.73	16.2	6.88	1.98
1996	114	116.99	48.6	1287.77	12.5	9.08	1.36
1997	115	133.00	13.7	1459.23	13.3	9.11	4.66
1998	114	158.64	19.3	1660.98	13.8	9.55	1.95
1999	114	298.36	88.1	1876.47	13.0	15.90	2.91
2000	117	416.51	39.6	2130.55	13.5	19.55	3.33
2001	119	520.87	25.1	2387.94	12.1	21.81	4.71
2002	118	696.36	33.7	2715.22	13.7	25.65	8.10
2003	120	934.83	34.2	3132.18	15.4	29.85	9.36
2004	124	1198.43	28.2	3589.15	14.6	33.39	7.46
2005	127	1470.76	22.7	4058.45	13.1	36.24	12.35
2006	130	1757.56	19.5	4678.35	15.3	37.57	10.48
2007	132	2329.80	32.6	5409.33	15.6	43.07	11.75
2008	137	2746.57	17.9	6049.18	11.8	45.40	13.31
2009	137	3074.22	11.9	6670.23	10.3	46.09	10.11
2010	141	3882.46	26.3	7622.89	14.3	50.93	17.65
2011	145	4362.23	12.4	8461.41	11.0	51.55	15.57

注：根据《广州统计年鉴》整理计算。

对残差序列 ecm 进行平稳性检验、正态分布、自相关和异方差检验，都通过检验。该回归方程表明高新技术产品享受的减免税收增加 1%，高新技术产品实际产值将增加 1.37%。据广州市统计局资料计算，2008~2011 年工业高新技术产品产值占工业总产值比重逐年提高，分别为 31.5%、32.8%、38.52%、40.26%，4 年增加了 8.76 个百分点。

新《企业所得税法》对研究开发费用加计扣除的政策，则普惠所有从事研究开发活动的企业，鼓励开展技术革新和自主创新。在税收优惠政策的刺激下，广州市规模以上工业企业研究开发（R&D）经费内部支出额从 2009 年的 103.05 亿元增至 2011 年的 140.67 亿元，年均增长 16.83%。以广州市国税局数据为例（见表 10），2008~2011 年企业所得税研究开发费用加计扣除额逐年增长，4 年共扣除 57.06 亿元，少征企业所得税款 14.27 亿元。享受研究开发费用加计扣除优惠企业的税负降幅分别为 15.29%、3.01%、2.91%、3.09%。除了 2008 年由于亏损企业较多导致税负降幅异常外，之后 3 年税负降幅稳定在 3% 左右。享受税收优惠的企业数由 2008 年的 249 户增至 2011 年的 444 户，增长了 78.31%。受此项政策影响，享受该项政策优惠的企业经营发展势头较好，营业收入和利润总额不断增长。

表 10　2008~2011 年广州市企业研究开发费用加计扣除情况

年份	户数（户）	营业收入（亿元）	利润总额（亿元）	研发费用加计扣除（亿元）	降低税负（%）
2008	249	2845.62	50.75	7.76	15.29
2009	347	3607.62	444.22	13.37	3.01
2010	411	6578.25	563.8	16.4	2.91
2011	444	7101.95	631.73	19.53	3.09

注：数据为国税部分。

（五）出口企业得到大力扶持，退税政策刺激拉动有限

为应对世界经济下滑对我国出口的冲击，缓解出口企业经营压力，2008 年下半年以来我国多次提高出口商品退税率。2009～2011 年共办理出口退税 726.44 亿元，相当于为出口企业提供了 726.44 亿元的经营资金，平均每年出口退税额为 242.15 亿元，比政策实施前三年（2006～2008）年均多 67.07 亿元。在 2009 年金融危机最严重的时候，广州市出口滑至低谷，出口总值同比下降 12.9%，而当年出口退税额首次突破 200 亿元，同比增长 16%（见表 11），有力地支持了出口企业渡过难关。2010 年外贸形势有所转暖，出口总值实现了恢复性增长，同比增长 29.3%，当年出口退税额增长率回落至 9%。

为了研究出口退税政策对广州市出口企业的扶持拉动作用，本文采用“灰色关联度”工具尝试研究两者关系。关联度是对一个发展变化着的系统进行发展态势的量化比较分析。其中灰色相对关联度的含义是指：设序列 X_i，X_j 长度相同且初值不等于零，X_i'，X_j' 分别为 X_i，X_j 的初值像，则称 X_i' 与 X_j' 的灰色绝对关联度为 X_i 与 X_j 的灰色相对关联度。它反映了序列 X_i 与 X_j 相对于始点的变化速率的关联程度，X_i 与 X_j 的变化速率越接近，其相对关联度越大，反之越小。本文以表 11 数据为例，计算序列的灰色相对关联度。除了 2009 年出口总值同比下降，其他年份都同比增加。因此本文以 2009 年为分割点，将 2006～2011 年的数据分成两个时段：2006～2008 年，代表金融危机前的时期，其出口退税额与出口总值的灰色相对关联度为 0.85。2009～2011 年，代表金融危机后的时期，其出口退税额与出口总值的灰色相对关联度为 0.79。从两时段的计算结果可以看出，出口退税额与出口总值两者间存在较高的关联度，关联系数都超过

0.5。这表明两时段出口退税对出口总值增长的促进作用都较为显著。但2009～2011年时段出口退税对出口总值增长的促进作用与2006～2008年相比有所减弱。因为影响出口的因素主要是国际市场需求。受金融危机影响，国际市场需求总体疲软，购买力下降。尽管提高部分产品出口退税率以补贴形式增强了部分出口产品价格优势，但对整体出口的刺激作用相对有限。

表11　2006～2011年广州市出口总值和出口退税情况

项目＼年份	2006	2007	2008	2009	2010	2011
出口总值(亿美元)	323.77	379.03	429.26	374.03	483.79	564.73
出口总值增长率(%)	17.1	17.1	13.3	-12.9	29.3	16.7
出口退税额(亿元)	160.26	183.14	181.82	210.97	230.02	285.45
出口退税额增长率(%)	42.3	14.3	-0.7	16.0	9.0	24.1

（六）引导消费行为效果不佳，节能减排任重道远

1. 提高成品油和卷烟税率增税效应

为了促进节能减排和产业结构调整，体现“多用多负担”的公平原则，从2009年1月起我国实施成品油税费改革，大幅上调了汽油、柴油等应税油品的消费税税率。2009～2011年，成品油制造业共实现消费税205.16亿元，比原税率计算增收173.34亿元，增长了4.45倍，极大地缓解了其他减税政策给财政收入带来的压力。同时，该政策对促进节能减排也取得了较为明显的成效。从表12可以看出，实施改革第一年广州市成品油制造业销售总量下降了16.2%，第二年继续下降0.13%，只有第三年出现反弹增长了4.06%，也比改革前的2008年少111.73万吨。若折算成原税率，实施改革3年来每年的成品油消费税额均小于改革前。

表 12　2008～2011 年广州市成品油消费税改革前后情况对比

单位：万吨，亿元

年份	销量	新税率计算	原税率计算	增收额
2008	866.17	11.16	11.16	—
2009	725.93	65.74	10.1	55.64
2010	724.99	68.43	10.65	57.77
2011	754.44	70.99	11.06	59.93
2009～2011 年合计	2205.36	205.16	31.81	173.34

注：销量剔除免税的航空煤油。

为了引导降低吸烟人群比例，增加财政收入，从 2009 年 5 月起我国提高卷烟产品消费税率。从表 13 可以看出，2009～2011 年广州市卷烟制造业实现增值税和消费税收入共 234.44 亿元，比按旧价格旧税率计算增收 52.61 亿元，增长 28.94%。

表 13　2009～2011 年广州市提高卷烟产品税率政策增收情况

单位：亿元

税种	2009 年		2010 年		2011 年		合计	
	税额	比税改前增加	税额	比税改前增加	税额	比税改前增加	税额	比税改前增加
增值税	15.4	2.26	17.18	3.18	20.84	3.25	53.41	8.68
消费税	50.2	9.95	60.04	15.8	70.79	18.18	181.03	43.93
合　计	65.6	12.21	77.22	18.97	91.62	21.43	234.44	52.61

从表 14 可以看出，销售定位高端的甲类卷烟从 2009 年税率提高后销量出现大幅增长，2009～2011 年增幅分别高达 125%、140.3%、87.6%，占全部卷烟的比重也从 2008 年的 1.6% 跃升至 2011 年的 14.8%。相比之下，价格较低的乙类卷烟销量逐年下滑，2010 年和

2011 年分别下降 3.8%、3.6%。可见，由于卷烟产品需求价格弹性较低，增税价格上升并未抑制日益增长的消费需求，量价齐升必然继续推高税收收入，此项政策有关引导消费行为的预期目标并未充分实现。

表 14　2008～2011 年广州市税改前后卷烟产品销量变化情况

单位：万箱，%

类别	2008 年		2009 年		增幅	2010 年		增幅	2011 年		增幅
	销量	占比	销量	占比		销量	占比		销量	占比	
甲类卷烟	1.9	1.6	4.2	3.4	125	10.1	8.2	140.3	18.9	14.8	87.6
乙类卷烟	114.2	98.4	117.5	96.6	3.0	113	91.8	-3.8	109	85.2	-3.6

2. 降低车辆购置税税率政策效应

为鼓励购买小排量汽车、促进节能减排，2009 年对 1.6L 以下小排量机动车减按 5% 征收车辆购置税，减免税收 3.32 亿元，占车辆购置税总量的 10.58%（见表 15）；2010 年对 1.6L 以下小排量机动车减按 7.5% 征收车辆购置税，减免税收 2.28 亿元，占车辆购置税总量的 4.89%，比重下降 5.69 个百分点。

表 15　2008～2011 年车辆购置税优惠政策实施前后情况

单位：亿元，万台

年份	车购税征收总量		其中:小排量	
	机动车数	实际征收税款	机动车数	减免税收
2008	17.86	24.8	6.99	0
2009	23.19	31.36	9.06	3.32
2010	32.53	46.67	12.91	2.28
2011	31.09	48.84	12.56	0
合　计	104.67	151.67	41.52	5.6

2009年小排量机动车征收台数同比增长29.7%，非小排量机动车也实现29.87%的增速，减半征收政策刺激效果不明显。2010年优惠幅度缩减为25%，但小排量机动车征收台数同比增长42.52%，比非小排量机动车增幅高出3.69个百分点，表明优惠政策对消费者具备一定吸引力。2011年优惠政策结束，非小排量机动车征收台数同比下降5.52%，比小排量降幅多2.78个百分点，说明优惠政策退出对小排量机动车销量不敏感。经历了几年的高速增长后，汽车消费需求有所减弱，车辆征税上牌数量与汽车消费市场需求紧密相关。汽车属于大宗耐用消费品，与汽车品质功能、消费者心理满足度等因素相比，相对减税金额较少的车辆购置税优惠不足以影响购车决策。

二　结构性减税政策实施中存在的问题

综上所述，一系列的结构性减税举措切实为纳税人减轻了税收负担，取得了良好的经济社会效应，但是税收引导消费与促进经济转型升级的效果不太理想。结构性减税政策仍存在一些深层次的问题，影响其效应的充分发挥。

（一）结构性减税的宏观调控作用有待加强

我国现行流转税是以增值税为主体，而增值税却是一个中性税种，并不能充分体现政府对各个产业鼓励或限制的调控意图，先征后退、即征即退的优惠项目较少。能够对消费起引导作用的消费税征税范围仅限于烟、酒、成品油等几种特殊商品，调控范围过窄，而且目前对烟、酒等具有一定刚性的消费行为调控效果不佳。目前税收优惠政策以所得税为主体，但所得税收入占税收总额的比重较低，使所得税的总量调控作用大打折扣，新兴战略产业从优惠政策中得到的实际收益并不多。现行激励自主创新的优惠政策主要针对已形成科技实力、享有科研成果的企业，而正在进行技术革新或研发失败的企业享受到的优惠非常少。资源税税负较低，没有充分转变成价格信号影响市场需求。此外，现行税制中欠缺运用税收优惠政策促进节能环保的有效措施，调控能力比较弱。

（二）重复征税问题尚未完全消除

1. 营业税与增值税并存

两者最大的不同在于营业税是按销售额全值征税，而增值税只对销售额全值中增值部分征税。两者并存的结果是，政府在对服务行业的生产投入征收了一次增值税后，又对其销售收入征收了一次营业税。当前在上海、北京、天津、广东等9个省市开展“营改增”试点工作，试图消除重复征税问题，但试点也仅限于交通运输业和部分现代服务业，而且在这些行业中进项抵扣范围仍受到较大限制。

2. 增值税抵扣链条仍不完善

从2009年起，我国开始从生产型增值税转型为消费型增值税，但增值税转型改革并不彻底。因对外购的固定资产只许抵扣其中设备的已纳税额，外购的厂房等固定资产已纳税额不允许扣除，因而仍存在对部分价值重复课税；同时，对货物征收增值税，而对与货物相关的服务征收营业税，导致增值税纳税人外购的这部分劳务所负担的营业税不能抵扣。这既影响增值税抵扣链条的完整性，也不利于公平税负。

（三）中小企业税收优惠扶持力度不够

中小企业数量多，分布广，赢利能力弱，税收收入占比小。对中小企业实施减税政策，对财政收入影响较小，但对中小企业的扶持效

果非常明显。但是总体而言，当前我国对中小企业税收优惠扶持力度还不够，主要表现在以下几个方面。

第一，直接减免优惠门槛过于严格。2010～2011 年年应纳税所得额低于 3 万元（含）的，所得减按 50% 计入应纳税所得额，这样的标准近于苛刻，因为年利润水平低于一个普通职工年均收入的企业为数不多。虽然 2012～2015 年将享受优惠范围扩大至 6 万元，但我们认为门槛可以进一步降低。

第二，培养中小企业可持续发展能力的政策较少。相对于发达国家的加速折旧、税收抵免、加计扣除、再投资退税、延期纳税等多重优惠手段并下，我国的税收优惠大多局限于税额减免和税率优惠。目前针对中小企业投资融资、研发创新的减税优惠政策，或者依照一般企业办理，或者形式较为单一、力度不够。

第三，纳税服务体系尚不完善。良好的纳税服务可以降低纳税人税收遵从成本，但当前仍有部分符合条件的中小企业未能享受税收优惠。分析原因如下：税收宣传不到位，纳税人不清楚减税政策；征管软件未能提供简洁明了的减免税申报途径；纳税服务中介推高了享受优惠政策的成本。

（四）地方财政收支矛盾制约减税空间

分税制改革以后，政府间收入和财力的层层向上集中，事权的层层向下转移，导致地方政府尤其是市县级政府的财力难以满足所承担的事权责任需要。目前一系列结构性减税改革的累积影响，加上经济下行等因素，税收收入增收前景严峻，难以支持如此庞大的财政支出。大规模减税可能加剧财政收支的不平衡，引致更大的财政风险。扩张财政收入冲动与税收增收乏力之间的矛盾使得结构性减税政策缺乏较为宽松的空间。一方面中央考虑到地方财政承受能力，可能放缓税制改革进度；另一方面在各级政府“保增长”的政治压力下，结构性减税政策落实效果可能受到不利影响，难以达到预期调控目标。

即便是属于经济发达地区的广州市，财政收支矛盾也较为突出。一方面，2012 年以来随着经济下行压力增大，税收增速大幅放缓，广州市财政收入低于预期。上半年全市财政一般预算收入 479.62 亿元，同比增收 23.8 亿元，增长 5.22%，完成年度预算 44.99%，比序时进度慢 5.01 个百分点，是近 5 年来的最低水平。另一方面，随着广州市统筹城乡一体化进程的不断推进，公共服务质量的提高，民生保障投入的加大，以及为落实中央“扩内需稳增长”决策配套项目纷纷上马，广州市财政支出需求呈现不断增长的态势。2012 年上半年广州市全市财政一般预算支出 540.33 亿元，同比增支 83.29 亿元，增长 18.22%。

（五）税收征管的难度与风险加大

随着结构性减税的深化，减免项目不断增加，涉及纳税人数量逐渐增多，税收管理问题日趋复杂，税收风险持续加大。

1. 增值税一般纳税人认定标准降低加大了税收管理风险

新增值税条例实施后一般纳税人认定门槛降低，超过认定标准的小规模纳税人必须认定为一般纳税人，由此导致一般纳税人占增值税纳税人的比例上升，2011 年末正常经营的一般纳税人户数为 7.03 万户，比 2008 年末增加了 2.74 万户，占增值税纳税人的 16.07%，比 2008 年末提高了 1.97 个百分点。人均管理一般纳税人数量增加，给精细化管理提出了更高的要求。同时存在部分小规模纳税人由于自身经营原因，如经营模式简单，无法从上游企业取得增值税专用发票或者下游企业不需要专用发票等因素，不愿意成为一般纳税人，

进而采取各种措施对政策进行规避。例如，采取“同一套人员，多个牌照”，或者不断注销再重新开业，或者隐瞒不开票收入等方式，导致税务机关对小规模纳税人的管理难度加大，而且存在极大的管理风险。

2. 起征点提高增加了税收管理压力

起征点提高至2万元以后，由于月营业额在2万元临界点的纳税人数量比原起征点0.5元时更多，是否核定在起征点之上成为税务机关与纳税人争议的焦点，基层税务部门在核定营业额时面临巨大压力。如何调查取证纳税人生产经营资料，让纳税人接受合理的核定营业额，维护征纳关系和谐，给一线税收管理人员带来越来越多的挑战。

三　完善结构性减税政策的建议

为了充分发挥税收的宏观调控作用，促进经济结构调整和产业转型升级，实现“保增长”的总体政策目标，进一步减轻纳税人负担，政府应坚定不移地继续实施并不断完善结构性减税政策。既要从财政税收制度改革的战略层面通盘考虑，也要在具体减税政策上扩大优惠范围加大实施力度。

（一）继续深化税制改革

结构性减税应符合我国中长期税制改革的目标，其中一个重要内容就是实现税制结构的优化，充分发挥宏观调控作用。

1. 全面推进增值税改革

一是将增值税全面取代营业税。要充分发挥增值税“中性”的优点，要求税基尽可能宽广，包含所有商品和服务。增值税和营业税并存，严重影响了增值税作用的发挥。为了进一步消除重复征税、完善增值税抵扣链条、促进服务业发展，在目前9省市“营改增”试点的基础上，将实施范围扩展到全国，或者将试点行业从交通运输业和现代服务业扩展到所有服务业。二是降低增值税基本税率。由于增值税在调解收入的作用上具有累退性，从税收负担率看中低收入阶层要高于富人阶层，实质上会扩大收入差距。另外由于增值税属于初次分配，全部由消费者负担，税负过高会助推通货膨胀，抑制内需。与周边国家和地区相比，我国17%的基本税率偏高，建议降至11%左右。

2. 扩大战略性新兴产业税收优惠范围

《“十二五”国家战略性新兴产业发展规划》提出了将重点发展节能环保、新一代信息技术、生物、高端装备制造、新能源、新材料以及新能源汽车等七大战略性新兴产业。目前《企业所得税法》仅对节能环保产业实施直接明确的税收优惠，其他产业需经高新技术企业认定或适用研究开发费用加计扣除等政策方能享受。为了贯彻落实国务院《关于加快培育和发展战略性新兴产业的决定》，建议专门出台鼓励战略性新兴产业发展的配套税收优惠政策，实现推动我国产业结构优化的目标。例如，对符合条件的战略性新兴产业企业实行“三免三减半”所得税优惠；对尚未赢利的创新企业，其研究开发费用允许向后一定年限结转扣除；对产生赢利后因研发失败、市场风险等导致亏损的，允许其本年亏损可从过去3年的应税所得中扣除等。

3. 适当增税强化宏观调控作用

提高高耗能、高污染的消费品及奢侈品的消费税税率，充分发挥消费税促进节能减排和调节收入分配的作用；总结新疆试点经验，全面改革资源税制度，增加从价定率的计征办法，提高资源开采使用成本，促进资源节约利用和环境保护；在上海和重庆试点的基础上，在

全国范围内推进房产税改革，对房产保有环节征税，调节贫富差距，稳定房地产市场发展。除了发挥宏观调控作用，增税政策的另一重要作用是防止财政收入因大规模减税过快下滑。

（二）加大中小企业税收政策扶持力度

2002 年我国已出台《中小企业促进法》，但税收政策配套办法仍未形成体系，政策文件数量少，法律层次较低。建议有关部门借鉴发达国家经验并结合我国实际，以法律的形式制定一套完整的促进中小企业发展的税收政策体系，营造稳定的法律环境。

第一，扩大直接减免的范围。如年应纳税所得额低于 10 万元，可实行免税或按 5% 税率缴税，年纳税所得额在 10 万 ~30 万元的，按 10% 税率缴税。

第二，加大中小企业投资税收扶持力度。如允许中小企业实行加速折旧政策；对固定资产投资准予部分税前扣除；对用中小企业用税后利润转增资本的，对再投资部门缴纳的税款给予退还。

第三，增加鼓励中小企业研发的税收扶持政策。如在目前研发费用抵扣 150% 的基础上，如果本纳税年度研发费用超过前三年的平均发生额，超过部分可以冲减当年税额。

第四，增加鼓励中小企业进入新兴产业的税收政策。对从事节能环保、文化创意、现代服务等新兴产业的中小企业实施专门的税收鼓励政策。

（三）完善各级政府间财权配置

从财政体制改革入手，完善从中央到地方各级政府间财政收入分配制度，降低地方政府强烈的扩张收入冲动，消除财政赤字风险，能够为实施新一轮结构性减税政策提供财政保障。

1. 统筹协调各级政府财权与事权的关系

事权的合理划分是进行财权划分的前提，财权与事权相匹配是制度安排的基础。一般来说，地方政府在提供公共服务上具有信息优势，因此大量的民生支出主要由地方政府承担将比中央政府更具效率。因此，在确保中央宏观调控所必需的财力的基础上，逐步提高地方政府收入占政府总收入的比重，为地方政府提供公共服务给予充足的财力支持。因此，在财权配置上应适度向地方政府倾斜。比如，提高增值税的地方分享比例，出口退税完全由中央负担等。

2. 加快培育地方主体税种

目前省以下政府主体税种是营业税，但随着增值税扩围改革的推进，营业税将逐渐缩减乃至取消。因此必须考虑可接替的主体税种，保障地方财政收入稳定。从省级主体税种来看，可开征社会保障税，有利于加强全省社会保障统筹。从市县级主体税种来看，可选择地域特征明显的房地产税和资源税。建议改革财产税体系，合并房产税和土地使用税，设立房地产税，逐步将其培育成地方主体税种；改革资源税，扩大资源税覆盖范围，提高资源税税负。

3. 改革各级政府间税收共享方式

目前我国各级政府间税收共享主要是采取按比例分享的方式。建议借鉴国外发达国家经验，对企业所得税收入实行税基分享的方式，即各级政府针对同一税基分别按不同税率取得各自税收。与比例分享制相比，税基分享制赋予了地方政府对分税制中税收基本要素的控制权，有助于构建不同政府间相互独立的税收制度和税收征管体系，也有助于平衡和稳定各级政府间的财政关系。

（四）促进减免税管理模式的优化

随着税收法制的逐步完善，税务部门减免税管理的趋势是从审批

制向备案制转变。为了适应这种转变，我们必须进一步加强减免税后续管理，创新管理模式。

1. 落实减免税备案制度

税务部门要改变重审批轻管理的惯性思维，避免将原审批过程中的要求掺杂到备案管理当中。纳税人按照规定递交备案资料后可自行享受减免税政策，由纳税人承担提供虚假信息的法律责任。

2. 加强后续管理

要不定期地对已享受优惠企业的经营状况、财务核算情况、申报纳税情况进行检查和分析，运用风险管理工具查找并控制潜在的税收管理风险。要勤于实地监督，确定纳税人是否继续符合减免税条件。对不再符合减免税条件的企业，应立即终止其税收优惠，并追回已享受减免税优惠的税款。对未达起征点的纳税人，要建立日常机制，不可放任自流。

3. 降低纳税人申请减免税成本

要加强税法宣传，送政策上门，使纳税人充分理解税收优惠政策，熟悉申请手续；要尽量简化纳税人申请流程，减少重复报送资料；若非必要，不应“一刀切”强制要求提供中介鉴证报告，以降低纳税成本。

4. 做好减免税数据统计和效应评估

要统一规范减免税数据统计口径和标准，及时维护征管软件减免税信息。建立政策绩效评估机制和跟踪监督分析机制，定期对减免税政策效应进行评估，测算纳税人减负效果，分析对经济产业的影响，为提高税收优惠政策绩效提供可靠的决策依据。

（五）与其他调控手段相互配合

税收不是无所不能的调控工具，在稳定经济、调整结构、调节分配方面，各税种所起的作用亦不尽相同。在实践中，运用预算和货币政策等调控工具可能会对减税政策的实施产生挤出效应。例如政府通过向企业、居民和商业银行借款来实行扩张性财政政策，会引起利率上升，或引起对有限信贷资金的竞争，导致民间部门投资减少、消费支出和净出口的减少，它将使政府扩张性财政支出的效应部分地甚至全部地被抵消。它也将直接影响到减税政策的实施效果。因此，在减税政策的制定及实施过程中，要格外注意各项调控政策的关联度和交叉影响。减税政策应与财政体制改革、产业发展规划、就业扶持、低收入人群补贴、中小企业信贷支持等调控手段相互配合、相互补充，打出灵活多样的政策组合拳，形成多管齐下的一揽子调控计划，才能更加充分地实现政策预定目标。

（审稿　陈婉清）

参考文献

杜薇：《论结构性减税的措施及效果》，《山西高等学校社会科学学报》2010 年第 4 期。

刘成龙：《多元目标约束下的结构性减税政策评析》，《税务研究》2009 年第 12 期。

张瑛、韩霖：《部分国家应对金融危机的主要税收政策》，《涉外税务》2009 年第 4 期。

张念明：《基于税制优化的结构性减税政策研究》，《中南财经政法大学学报》2012 年第 3 期。

陈科：《重庆市房地产投融资的灰色关联度分析》，《重庆交通大学学报》2007 年第 2 期。

安体富：《论结构性减税的几个问题》，《税务研究》2012 年第 5 期。

李俊英：《地方税制改革主体税种的选择》，《税务研究》2011 年第

11 期。

肖捷:《继续实施结构性减税，促进经济可持续发展》，《求是》2012 年第 6 期。

Effects Analysis and Policy Research on the Structural Tax Deduction Policy of Guangzhou

Research Group of Guangzhou Tax Institute

Abstract: Based on the following six aspects as general influence; capital assets investment boost; medium-small enterprises tax burden reduction; High-Tech development encouraging; export stimulating and consumption regulating, this paper analyzes the effects of structural tax reduction policy implemented by Guangzhou municipal government with econometrics means, and points out the actual problems such as less of macro-regulation, restriction of tax-reduction, existing of reduplicated taxing, less support for medium-small enterprises and increasing of management risks. In the end we present the relative solutions from the aspects of deepening tax reform; improving the distribution of property rights in government; increasing tax preferential policies to medium-small enterprises, optimizing tax-reduction management model and interacting with other regulation means.

Key Words: Structural Tax Reduction; Effects Analysis; Policies Perfection

B.7
广州地税费金征收工作中的问题与对策研究

广州市地税局课题组*

摘　要：

本文在分析广州地税费金征收工作现状和特征趋势的基础上，指出目前地税费金征收工作中存在的问题与风险。并从确立费金征管与税收征管并重的理念，健全费金征收体系；优化科学征费与规范用费并重的格局，提高社会缴费遵从度；创新费金管理与社会维稳并重的机制，提升费金征收综合效益三个方面提出了解决问题的对策建议。

关键词：

广州地税　费金征收　创新改革

近年来，地方税务局不仅肩负着组织税收收入的职责，还逐步承担起越来越多的规费和基金征收任务。以广州市地税局为例，征收和代征的费金种类从2000年的5种增加到目前的11种，费金收入规模增长了4.6倍，目前费金收入占税费总量近四成。费金征收已成为地税部门一项重要工作职能。

* 课题组组长：罗与洪；副组长：孙洪、杨凡；成员：龙志勇、周艺华、陈杰辉、龚志坚、刘春成、陈少华、杨文涛、蔡小佳、邹敏、张俊、梁津津、夏铮。

目前广州地税局负责征收和代征的费金种类包含社会保险费5个险种（基本养老保险、基本医疗保险、工伤保险、失业保险、生育保险）、教育费附加、地方教育附加、文化事业建设费、堤围防护费、残疾人就业保障金、价格调节基金。根据计征依据的不同，本文将费金分为“类税”和“非类税”两种。“类税”费金计征依据与税相似或相关，主要以经营状况、财产状况或流转税为主，如教育费附加、地方教育附加、文化事业建设费、堤围防护费、价格调节基金；“非类税”费金计征依据与税差别较大，主要以社会平均工资、劳务人数等劳动关系为主，如社保费、残疾人就业保障金等。根据征收模式的不同，可分为代征模式和征收模式，其中社保费、教育费附加、文化事业建设费实行征收模式，其余费金实行代征模式。为简化表述，本文统称“费金征收”。

一　现状与特点

从收入规模、费金结构和税费对比等方面看，广州地税费金征收工作现状和特征趋势可归纳如下。

（一）费金征收的现状

从收入变化看，费金收入实现持续快速增长。广州地税组织的费金收入连年攀升，从2000年的84.5亿元增长到2010年的475.8亿元（见图1），目前占全省费金收入总量的35.3%，位列全省地税第一、全国大城市地税部门前列。一是增长速度快。费金收入年均增幅达到18.9%，分别快于同期地方税收（15.3%）和广州GDP增幅（13.6%）3.6个和5.3个百分点。二是收入占比高。费金收入占税费总量的比重不断上升，2010年达到36%，税费结构呈现“六四分成”态势。三是人均征收量多。2010年广州地税人均征收费金收入近1500万元，是全国地税系统人均征税额的1.9倍。四是地方财力贡献大。2000～2010年累计征收费金收入2956亿元，其中市区库收入占76.3%，为地方专项事业发展提供了坚实财力保障。

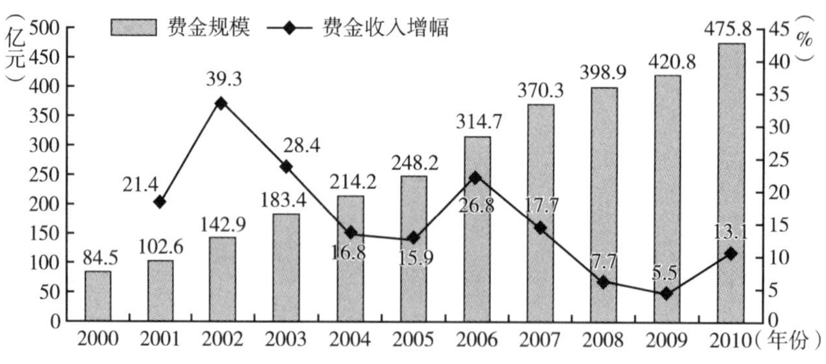

图1 广州地税2000～2010年费金收入规模

从费金结构看，社保费是各类费金的主体费种。主要体现在：费种收入上社保费“一费独大”。2010年社保费收入419.2亿元，占费金收入总量475.8亿元的88.1%。费种增幅上社保费增幅最快。2000～2010年社保费年均增幅20%，高于其他费种平均增幅。征收对象上社保费范围最广。截至2011年9月，全市社保费缴费单位50.3万户、参保灵活就业人员49.6万人，参保总人数536万人，征收对象远多于其他费金。

从全国地税征收费金情况看，广州费金收入规模较大、费负水平较高。课题组选取了广州、北京、天津、重庆、杭州、南京、沈阳、厦门、深圳9个城市地税局的费金征收情况进行比较分析。数据资料显示（见表1），征收费金种类上，广州仅少于南京和重庆，多于其他6市；费金收入规模上，广州费金收入总量最大，高出第二位的重庆46.9%；税费比重结构上，广州费金收入占税费总量比重（36%）

仅次于重庆（36.9%），高于全省（29%）和全国21个征收社保费的正省级地税部门的平均水平（31.6%）；宏观费负（地税征收）上，广州（4.5%）分别比全省（3%）和全国（2.4%）平均费负高出1.5个和2.1个百分点，仅低于杭州、厦门。

表1 全国部分城市地税局2010年费金征收情况对比

单位：亿元，%，个

地税部门	费种	费金规模		税费规模	费金占税费总量比	GDP	地税征收宏观费负
		总量	社保费				
全国总量	—	9366.3	6975.5	35257.9	26.6	397983	2.4
全省总量	—	1346.9	1167.6	4636.8	29.0	45472.8	3.0
广州	11	475.8	419.2	1321.7	36.0	10604.5	4.5
重庆	12	324.0	302.6	878.7	36.9	7894.2	4.1
杭州	10	279.8	223.8	880.6	31.8	5945.8	4.7
南京	15	207.0	182.0	625.4	33.1	5010.4	4.1
沈阳	11	154.6	134.8	494.8	31.2	5017.0	3.1
厦门	9	94.9	86.5	298.2	31.8	2053.7	4.6
北京	4	77.3	—	2147.2	3.6	13777.9	0.6
深圳	9	40.0	8.5	1106.3	3.6	9510.9	0.4
天津	4	30.8	—	685.5	4.5	9108.8	0.3

（二）特征和趋势分析

费金与税是两种性质不同的收入。费金征收工作有其自身的特征。从广州地税情况看，呈现六个方面的特征和趋势：一是征收种类多。广州地税征收费金种类目前达到11种，与征收的地方税种相当，并呈逐年加速趋势，仅近两年就新增残疾人就业保障金、地方教育附加和价格调节基金3种费金，并对外资企业和外籍个人征收教育费附加。二是主体多元化。税的政策制定、政策解释、征收、责任主体主要是税务部门；而费金的政策制定、政策解释、征收、责任主体往往不一致，地税部门主要负责费金的征收或者代征。三是缴费对象广。税的征收对象主要是企业法人和个体工商户，公民个人的税收大多由单位代扣代缴；而费金征收对象除缴费单位外，还直接面向众多缴费个人，对象类型更多、层次范围更广、情况更为复杂。四是计征依据杂。税的计税依据主要是纳税人的经营或财产状况；而费金的计征依据既有与经营收入关联的文化事业建设费、堤围防护费，也有流转税额，如教育费附加、地方教育附加，还有与职工工资或社会平均工资关联的社保费、残疾人就业保障金。五是利益关联高。税的使用主要以公共产品的形式出现，纳税人无论纳税多少，享受的公共产品基本相同，不存在必然的对等关系；费金一般实行专款专用，缴费数额与受益程度有较为直接的关系，如社保费作为老百姓的“养命钱”，缴费越多保障程度越高，与缴费人利益密切相关。六是地区差异大。税收立法层次较高，政策制定权高度集中在中央，政策执行全国“一刀切”，地区差异小；而费金立法级次普遍较低，一般以部门规章、地方性法规及地方规范性文件的形式存在，费金种类、政策“地方味”较浓、差异较大。

二　问题与风险

多年的实践表明，费金由地税部门征收，能有效发挥地税部门征管、人员、技术、信息、执法刚性等优势，提高费金征收效益，但同时也给地税部门带来了不少问题和风险。

（一）费金征收工作给地税部门带来的压力和风险日益增大

近年来，广州市地税局在征收费金日益增多、人员基本没有增加的情况下，较好地完成了费金征收任务，但面临的压力和风险也日益增大：一是费金征收法规不完善增大执法压力。主要体现在：费金多以部门规章或规范性文件形式明确由地税部门征收，法律级次和效力较低；现行法律法规与费金征收模式存在部分冲突，如目前广州市地税部门负责社保费的登记、核定、征收等职能，不符合《社会保险法》有关“社保登记和未登记核定的职能由社保部门负责”的规定；费金征收职能移交广州市地税局后配套的政策权限不明确，如《社会保险法》未明确统一征收主体。二是费金管理职责增加增大工作压力。随着广州市地税局承担的费金征收职责越来越多，特别是社保费由地税部门全责征收后，税收管理员要担负费率核定、咨询辅导、补缴稽核、催报催缴等工作。基层干部普遍反映工作量大增，前台业务受理量增加了50%～60%，12366接受社保咨询量最多时超过咨询总量的50%；同时，由于各类费金政策规定复杂、变动频繁，干部把握政策的难度加大。三是费金征收风险转移增大了防范压力。在费金征收职责移交广州市地税局的同时，相关社会风险也随之转移，比如大量社保费投诉举报问题集中转移到广州市地税局，由过去占投诉总量不到3%增至目前的2/3；有的社保缴费人在起诉缴费单位欠费时，认为广州市地税局作为征收主体也负有连带责任提起诉讼；费金政策复杂，易被新闻媒体或缴费人误读、误解，引发不实报道或负面评价等。

（二）政府牵头、部门协作的综合治费机制尚未建立健全

费金主体的多元化决定了费金征收更需要政策主体、征收主体等多个部门协调配合。近年来，广州地税局积极沟通相关涉费部门，加强数据共享和工作联动，推动了涉费部门之间的协作，但全市综合治费机制仍未建立健全，主要体现在以下三个方面。一是协作机制缺乏统筹性。广州市尚未出台综合治费管理制度，也没有形成政府牵头的统

筹协调机构，政策制定、征收管理、稽核追缴、信息共享等协作机制尚未建立健全，相关涉费部门的协作职责不明晰，容易出现费金管理的真空地带或多头管理，相互之间缺乏统筹协作，难以达成共识、形成合力。二是协作内容缺乏系统性。目前，部门协作内容局限于涉费数据的交换共享、特定疑难问题的协商处理等，日常协作的频次少、范围窄、层次低。比如地税部门作为费金政策执行部门，难以反馈政策执行问题和参与政策调整制定，不利于政策落实。三是协作形式缺乏长效性。目前部门协作形式主要是领导召集、专题协商、专项合作、紧急事项处理等，数据交换共享平台尚未建立，存在临时合作多定期协调少、被动沟通多主动协作少、单向交流多互动反馈少等问题。

（三）费金整体负担有所加重，社会缴费遵从度有待提高

税收“拉弗曲线”表明，税率过高、税负过重会制约税收增长。同样，费金负担过重对缴费人和经济社会发展也不利。按照国际经济合作与发展组织的“金字塔遵从模型”，愿意遵从的缴费人应该占大多数，但当前宏观费负高、缴费遵从度低的“一高一低”现象制约了费金的可持续增长。主要原因有三个：一是政策调增频次多，促使“费感”增强。2011 年，新开征的地方教育附加、价格调节基金，教育费附加的征收范围扩大至外资企业和外籍个人，直接加重了企业负担；部分费金如社保费缴费基数一般每年上调一次，2011 年上半年广州市社保缴费基数相继上调 3 次，灵活就业人员人均费负增加了 28%，不少缴费人反映不堪重负，致使上半年市内七个区灵活就业人员停保人数同比上升 35.4%。二是欠费违法成本低，主动缴费意愿不高。部分费金委托地税部门征收或代征时，相关法规没有赋予类似税收的检查权、处罚权、代位权、撤销权、税收保全和强制措施，地税部门对拖延、拒缴、抗缴费金的行为没有

强有力的执法手段，企业欠费违法成本低，加上缴费增加了经营成本，企业缴费意愿不高，导致欠缴行为日益增多，许多新欠逐渐变成赖欠、死欠。三是费金支出不透明，缴费人认同感偏弱。费金一般实行专款专用，遵循“谁受益、谁支付”原则，因而缴费人更关注费金使用情况。除社保费让缴费个人直接受益外，大部分费金属于间接受益甚至滞后受益。由于费金支出情况没有及时公开，缴费人往往体会不到从中受益，产生“高支付低受益”、“只支付不受益”的心理感知，从而不愿意甚至逃避缴费。

（四）随税同征、同管、同查、同服务模式难以完全适应费金征管需要

近年来，广州市地税局费金征收工作通过实行随税同征、同管、同查、同服务，依托税收优势资源，在组织收入、强化征管、提升效能等方面取得了较好成效，但随着费金征收形势发展和税费存在较大差异，费金征收难以完全做到随税“四同”。一是税费政策规定不同，难以同征同管。主要体现在以下三个方面：申报缴纳方式不一致，税一般实行纳税人自行申报纳税，而有些费金如残疾人就业保障金、价格调节基金等则先核定再缴费；计征依据不一致，税的计征依据主要是经营收入或财产状况，有些费金计征依据主要与劳务用人关系相关；缴纳年度不一致，纳税年度一般为每年1月1日~12月31日，有些费金如社保费的缴费年度为每年7月1日至次年6月30日；申报所属期不一致，税款一般为当月申报上月税额，有些费金如社保费则是当月申报本月费额。二是税费执法依据不同，难以同查。税务稽查有较高层级的法律依据，稽查方式、流程、文书等都有明确标准和规定，而部分费金执法缺乏法律依据、流程标准和文书规范，大部分费金规定没有明确赋予地税部门执法检查权，

地税部门参照税收执法程序开展费金检查、使用税务文书催报催缴等，有违法违规嫌疑，得不到缴费人认可。同时，费金检查涉及许多超出地税部门权责范围的因素，地税部门难以直接执行，需要多个部门配合。三是税费服务侧重点不同，难以同服务。地税部门一般沿用纳税服务方法服务缴费人，过去往往侧重于服务纳税人（缴费人）履行义务，权益保障方面服务较少，尚未建立完善的义务与权益对等的服务体系。与纳税服务主要面向专业财务人员相比，费金服务特别是社保费服务主要面向数百万的个人，包括流动人口、老年人、残疾人、低收入者等。因服务对象不同而带来缴费人对权益服务的需求更为强烈，如缴费后待遇的及时享受、跨地区社会保障的连续性等。

（五）费金征缴矛盾防范和化解面临困局，难以有效突破

费金征收与缴费人利益直接相关，特别是社保费作为老百姓的“养命钱”，容易引发社会矛盾，影响和谐稳定。社保费实行全责征收后，近两年因社保问题引起信访案件177宗，是全责征收前10年总和的3.2倍，引发群访突发事件20多宗、300多人次，集体上访、越级上访、重访缠访等现象时有发生。面对巨大的社会维稳压力，广州地税局耗费大量的精力应对化解，但难以从根本上破解这一难题。主要原因有三个。一是参保意识不强加大问题解决难度。对个人来说，社保费缴费周期长、时间跨度大，而且尚未实现全国统筹，部分人员不愿缴纳社保费，特别是广州人口有一半是流动人员，其就业和居住时间不稳定，主动参保意识不强；对参保单位来说，承担的社保费名义费负超过工资成本的30%，参保积极性不高，应缴未缴或未足额缴纳社保费的情况较为普遍，“欠费雪球”越滚越大，历史遗留问题越来越多，成为社会稳定的一大隐患。二是社保管理机制不健全

容易引发突发事件。在社保费实行缴费单位和个人捆绑征收制度下，如果单位不愿缴或无法清缴欠费，即使参保个人足额补缴个人部分欠费，也无法享受社保待遇，造成许多欠费问题陷入僵局或引发突发事件；目前社会矛盾化解机制尚未健全，部门协作化解中容易出现多头化解或无人化解情况，加上缺乏专业权益维护组织，化解成效不明显；当参保人切身利益得不到保障时，更倾向于采取偏激方式维权，给政府的社会维稳带来极大压力。三是管理权限不足难以根治欠费问题。据统计，2000 年以来广州市社保欠费企业累计达 7.4 万户，欠费总额达 30.8 亿元。广州市地税局专门组织力量调研解决历史欠费问题，采取银行强制划缴、申请法院强制执行等方式大力追欠，但由于执法依据不足、执法手段有限，仅靠自身力量难以从根本上解决。

三　思考与对策

面对新时期费金征收工作的新问题、新挑战，必须适应形势要求，创新管理思路，创新工作方法，推动费金征收工作可持续发展。具体来说，就是要做到“三个并重”。

第一，确立费金征管与税收征管并重的理念，健全费金征收体系。随着地税部门征收费金种类和规模的不断扩大，费金征管已成为地税部门的重要职责。社保费征收更是一项民生工程，因此必须树立费金征管与税收征管并重的理念，着力从制度、职责、平台入手健全费金征收机制。一是强化法律制度保障。梳理现行费金法律制度，按照成熟一项制定一项的思路，逐步推进费金规章制度提升到地方性法规或法律层面，建立与费金征收实际相适应的法律制度，减少地税部门征收费金的制度风险。对于拟委托地税部门代征的新费种，建议由地方人大立法授权地税部门代征。二是理顺涉费部门权责。建议上级根据现行法律法规合理界定涉费部门的职责和权限，特别是尽快完善《社会保险法》相关配套制度，如按法律规定将登记、应保未保等权限划归社保部门，使各涉费部门能各司其职。三是搭建综合治费平台。建议成立由市政府牵头、部门参与的综合治费领导统筹机构，形成多部门协作的综合治费网络；积极探索费金宣传、清理欠费、涉费事项审批等方面的联动协作，吸收地税部门参与费金政策的制定和调整；通过联席会议、联动执法、定期通报、经验交流等强化部门协作，建立涉费信息共享平台，解决费金征收信息不对称问题。

第二，优化科学征费与规范用费并重的格局，提高社会缴费遵从度。费金征收应遵循科学合理原则，在征费时必须符合公共利益，与缴费人承受能力相适应，不片面追求费金收入规模和增长速度，做到取之有度；在用费时必须公开透明，增强缴费人认同感，做到用之有节。为此，建议建立三种制度：一是费金开征听证协商制度。建议借鉴美国、加拿大、澳大利亚等国经验，在费金开征或政策调整时召开听证会，实施费金开征或调整的风险评估，在合理评估和充分吸收民意的基础上制定或调整政策。如可借鉴苏州、青岛经验设定若干档次社保费缴费基数，供缴费人根据自身经济能力灵活选择。降低堤围防护费等费金的费率或设立缴费上限（如东莞设定堤围防护费上限为50万元），避免企业做大做强后负担更重等。二是费金征收动态调整制度。借助广州建设国家中心城市契机，争取上级将部分费金的减免、缓缴等权限下放广州市，建立与经济社会发展挂钩的费金征收浮动调整机制，避免只升不降，比如在经济不景气或物价水平上涨较快期间对部分群体、部分费种实行缓征、减征或免征。三是费金使用阳光用费制度。在条件成熟的情况下推行阳光用费，对费金收支情况实行预决算管理，建立费金使用第三方监督审查机制，定期向社会公布费金收支和使用情况，便于缴费人了解和监督费金使用情况，提高社会缴费遵从度。

第三，创新费金管理与社会维稳并重的机制，提升费金征收综合效益。围绕社会管理创新大局，结合广州市缴费人员流动性强、历史欠费问题多、社会维稳压力大的实际，将费金管理融入社会管理大局，推动费金经济效益和社会效益的双赢。为此建议：一是探索推进费金管理专业化。根据费金特点实行分类管理，对“类税”费金继续依托地税部门征管优势实行随税“四同”管理；对“非类税”费金，特别是社会保险费，在条件成熟情况下探索实施专业化管理，建立专门管理体系，配备专人专职管理。二是探索推进费金管理服务社会化。广州地税局出租房屋委托代征实践证明，将税费管理融入社会管理大局，既促进税费堵漏增收，又实现“以屋管税”、“以屋管人”，是推动税费科学管理的有效途径。建议进一步引入社会力量参与费金管理服务，如拓展国税、街道（镇）代征费金范围（如随增值税和消费税附征的费金、灵活就业人员社保费等），延伸管理服务阵地；委托中介机构等社会力量参与缴费辅导，提供多渠道、个性化的服务方式，推行纳税缴费“一站式”服务等；引导民间力量成立社保费权益维护组织或协会，帮助缴费人合法、合理维权。三是探索推进费金应急维稳长效化。注重从源头上化解社会稳定隐患，变刚性维稳为柔性维稳，变被动“维稳”为主动“创稳”，建立应急维稳长效机制。加大社保费参保宣传力度，推进社保费全国统筹，并依法曝光不诚信缴费企业，加重企业违法成本，增强单位和个人的参保意识；加大社会矛盾化解统筹力度，建议市政府牵头成立由社保、地税、司法、法院等部门组成的解决社保费历史遗留问题专职机构，统筹处理社保费难题；加大社保欠费追缴力度，调整现行捆绑征收制度，将单位缴费与个人缴费分离，对确因企业原因造成的社保欠费，允许个人补缴即可享受待遇，单位应缴未缴部分先行挂账处理，由征收部门追缴，对确实已无能力补缴的"死欠"企业，由财政救济兜底或设立社保欠费风险准备金予以弥补。

（审稿　王朋）

Policy Research on Local Tax Collection in Guangzhou

Research Group of Guangzhou Municipal Local Taxation Bureau

Abstract: On the basis of analysis of the current state of local tax collecting situation and trend in Guangzhou, this paper points out the present problems and risks in the collection process of local tax, and gives certain suggestions on solutions to these problems and risks. The suggestions contain the following aspects: to confirm the concepts of balancing the importance of fee payment and tax collection to perfect the collection system; to optimize the pattern of reasonable tax collection and regular tax consumption to increase society abidance in the collection system; to innovate the system of fee management and the management of social safeguard stability as well as increasing the comprehensive benefits of tax collection system.

Key Words: Guangzhou Local Tax; Collection of Fee Payment; Innovation and Reform

B.8

发挥税收职能　助推中新广州知识城经济发展研究报告

黄智明　梁碧华　卢华宇　殷苏芬

摘　要：

本文从知识城产业发展的战略意义及总体情况出发，重点分析产业税收优惠政策、区域税收优惠政策、良好税收产出效益及税收服务环境对知识城知识经济发展的影响，结合实际从四方面构建良好的税收发展环境，为促进知识城知识产业发展提供参考。

关键词：

中新广州知识城　税收优惠　经济发展

2010年6月30日，“中新广州知识城”（以下简称“广州知识城”）举行奠基仪式。该项目是时任中共中央政治局委员、广东省委书记汪洋同志与新加坡前国务资政吴作栋先生共同倡导和推动的中新战略合作标志性项目，是中新合作继苏州工业园、天津生态城后的第三代新型综合性园区。本文从广州知识城产业发展的战略意义及总体情况出发，重点分析产业税收优惠政策、区域税收优惠政策、良好的税收产出效益以及税收服务环境对广州知识城知识经济发展的影响，结合实际从四方面构建良好的税收发展环境，为促进广州知识城知识产业发展提供参考。

一　广州知识城发展的战略意义与总体情况

（一）战略意义

广州知识城项目发展已列入了由国务院发布的《珠江三角洲地区改革发展规划纲要》，其总体目标是打造成为广东扩大开放的新平台、创新发展的新标杆、粤新合作的新典范，在全球发展知识经济、国家实施创新型国家战略布局、珠三角经济转型升级、广州经济技术开发区面临产业结构调整的关键时期，具有重要战略意义。

1. 建设具有全球影响力的知识经济高地的良好平台

知识经济亦称智能经济，是指建立在知识和信息的生产、分配和使用基础上的经济，其产业结构主要包括知识密集型制造业和知识密集型服务业。在全球发展知识经济的关键时期，广州知识城的建设有助于培育一批具有国际竞争力的世界级知识型企业和品牌，推进核心技术的创新和转型，将成为具有全球影响力的知识经济高地。

2. 实施创新型国家战略布局的重要试点

胡锦涛总书记在十七大报告中提出“提高自主创新能力，建设创新型国家”的论述。创新型国家建设，其战略核心是提高自主创新能力，这是提高综合国力，实现中华民族伟大复兴的关键。广州知识城承担改革“试验田”的作用，将大力推进金融创新、股权激励、政府采购等改革，在关键环节率先取得突破，在探索中国特色的开放型创新道路中起到先行先试的作用，是中国自主创新的先行区。

3. 推动珠三角产业转型升级的强大引擎

在广州知识城发展知识经济，有利于解决珠三角产业转型升级中面临的经济结构不够合理、自主创新能力不强、能源资源约束趋紧、环境保护压力增大、发展成本持续上升等问题。广州知识城通过知识经济、创意经济与制造业的结合，推动产业转型升级，提升制造业的附加值和核心竞争力；结合珠三角产业转型升级的需求，着力突破一批关键技术和核心技术；着眼长远发展，加强战略型技术的研发，培育战略性新兴产业，引领珠三角未来经济社会发展。

4. 优化广州开发区产业结构的战略需求

从广州开发区2011年的税收收入情况来看，第二产业产生的国税税收为225.26亿元，占国内税收收入总量的81.48%；六大重点行业产生的税收占全区国内税收总量的79.89%，其中食品制造业和化学原料及化学制品业两个行业税收占全区国税收入比重的54.90%；排名前20家重点税源企业占广州开发区国税局税收比重的59.37%。由此可见，目前该局税源对第二产业、重点行业、重点企业收入依赖度偏高，税源大户集中于第二产业重点行业中的重点企业，税收结构有待进一步优化。税源高度集中，一旦其中一些企业出现波动，将直接引发该局税收大幅度波动，且产业、行业、企业之间差距幅度较大，给税收平稳发展带来潜在风险。广州知识城大力发展高端制造业及高端服务业，将成为优化广州开发区产业结构的重要战略需求。

（二）总体情况

广州知识城按照汇聚高端产业、聚集高端人才、提供高端服务的理念，在产业发展上突出知识经济特点，重点聚焦在研发服务、创意产业、生命健康、教育培训、信息技术、生物技术、新能源与节能环保、先进制造等八大支柱产业，积极对接国家战略性新兴产业。

截至目前，广州知识城已引进项目76个，总投资340亿元；其中已入驻项目37个，注册资本超过90亿元，八大产业均有代表企业入驻。主要包括：新加坡腾飞科技园、日立研发中心、迪士尼全国销售总部、海航国际商贸中心、京东商城物联网基地及华南总部、勤上光电研发中心及总部项目等。这些签约项目发展潜力大，既有可以带来行业革命性重大突破，实现超高回报的新材料、新能源项目，又有综合效益好、成长潜力大的“微笑曲线”两端的创意设计、总部经济等，必将为建设智慧广州、低碳广州、幸福广州作出新的贡献。2012 年，广州知识城项目总产值预计可达 100 亿元，预计税收目标为 1.5 亿元。

二 广州知识城发展的税收优惠效应分析

（一）产业税收优惠政策是促进广州知识城支柱产业发展的重要途径

税收优惠政策的存在，必然引起不同产业、不同产品的差别税负，这将改变有关产业或产品的原始收益率，从而影响资本对不同产业和产品的偏好，改变资本投向，从而对产业结构产生重要影响。以研发费加计扣除相关税收优惠政策对广州开发区的影响为例：2008 年国家税务总局下发《关于印发〈企业研究开发费用税前扣除管理办法（试行）〉的通知》中规定，“允许对企业从事《国家重点支持的高新技术领域》和《当前优先发展的高技术产业化重点领域指南》规定项目的新产品设计费等研发费用进行加计扣除”。2008 ~ 2011 年，广州开发区辖区企业研发费用加计扣除受益户数由 63 户增长至 186 户，增长幅度达 195.24%，加计扣除额由 26058.54 万元增至 60275.67 万元，增长幅度达 131.31%；高新技术企业受益户数由 33 户增至 97 户，增长幅度达 193.94%，受益税额由 6612.01 万元增至 50827.25 万元，增长了 6.69 倍。以上论述充分体现了税收优惠政策的产业导向作用。因此，为了助推广州知识城八大产业的发展，应在

用足用好及完善八大产业相关税收优惠政策上下功夫，营造广州知识城重点产业发展优势。

（二）区域税收优惠政策是打造广州知识城经济发展优势的重要手段

研究表明，影响区域经济增长的因素主要有投资、劳动力和技术进步。由于税收政策在影响经济发展诸因素中都扮演着十分重要的角色，通过区别对待的税收政策，不仅可以影响投资方向，还可以引导劳动力和技术的流向。尤其是在引导投资方向方面，税收政策作用显著，能够通过对资本预期收益和资本成本的影响来影响投资决策。在资本成本一定的条件下，税收优惠程度与投资收益成反比关系，优惠力度越大，投资收益率越高；反之越低。通过在特定区域制定不同的税收优惠政策，影响投资者的税后收益，从而引导资金流向，促进区域经济发展。可见，税收政策是促进区域经济发展的一个重要因素。以广州开发区和苏州工业园区为例，建立之初享受特殊税收优惠政策——设在经济技术开发区的生产性外商投资企业，减按15%的税率征收企业所得税，通过实行倾斜的税收政策，两大经济园区利用国际直接投资的规模实现了迅速平稳的发展，其中苏州工业园区实现地区生产总值从1994年的11亿元发展到2011年的1589.6亿元；广州开发区实现地区生产总值从1999年的105.55亿元到2011年的1872亿元，国内国税税收收入规模从1999年的23.34亿元增加到2011年的276.43亿元，对促进经济的发展发挥了重大作用。因此，为做好招商引资工作，促进广州知识城快速膨胀，使其在全国各经济园区中处于优越态势，应致力于营造投资优惠政策洼地，始终保持税收优惠政策领先的位次。

（三）良好税收产出效益是优化广州知识城产业空间布局的重要导向

税收是财政收入的主要来源，是经济的“晴雨表”和“内在稳定器”。政府在招商引资中，通常重点考察项目的“七个率”，即投资率、产出率、利润率、财政贡献率、科技贡献率、节能减排率及人才结构率。可见，税收效益的好坏是考量区域产业布局是否合理的重要标尺。广州知识城要围绕战略性新兴产业和知识密集型服务业，努力建设成为知识经济先行区、创新产业栖息地，成为区域税收重要增长极。为了提升知识城的税收产出效益，应优先布局“含税率”高、附加值高、地方留成比例高的制造业和现代服务业，将知识城逐步打造成为具有国际影响力的国内外企业总部聚集区。

（四）良好税收服务环境是广州知识城吸引优质投资项目的重要因素

广州知识城的快速发展，关键在于发展环境的综合建设。良好的环境和创新功能是广州知识城发展的原动力，其主要包括硬环境和软环境两个方面。硬环境主要指广州知识城能源是否充足，交通是否便利，基础设施是否配套，等等；而软环境是对应硬环境而言的，主要指政府形象、政策法规、优质服务、科技成果孵化功能等方面。《财富》曾向3000名外资企业的高级行政人员进行了问卷调查，在营业环境最令人不满意的因素中，应答者列于最前面的三项是：贪污（64%）、规章制度（46%）和环境卫生（45%）；而认为发展业务的制约因素中，最严重的是人力资源问题；其他问题依次是：法律的透明度和一致性，市场准入问题，税务、知识产权和外汇问题。由此可见，要提升广州知识城的综合吸引力，在建设好硬环境的同时，必须切实把软环境建设好。对于税务部门而言，应在税收服务体制创新、依法行政、清正廉洁等方面下功夫，给广州知识城发展注入强大动力。

三　发挥税收职能助推广州知识城发展的建议

（一）充分运用产业税收优惠政策，促进广州知识城知识经济发展

1. 用足现有税收优惠政策

在目前的税收优惠政策中，有很多政策与广州知识城重点发展的八大产业相关。如在增值税方面，有鼓励软件产业和集成电路产业发展的有关税收政策、扶持动漫产业发展的有关税收政策、支持文化企业发展的有关税收政策等；在企业所得税方面，有技术先进型服务企业有关税收政策、清洁发展机制项目实施企业有关税收政策、研发费用加计扣除有关税收政策等。应把各项税收政策的实质掌握深、领会透，最大限度地发挥现有税收优惠政策对广州知识城八大产业发展的促进作用，加速广州知识城重点产业发展。

2. 用活各税种税收优惠政策

在现行税收政策体系中，往往会对某一产业分别从不同税种给予优惠。以广州知识城八大产业之一的“新能源和节能环保产业”为例，现有《关于促进节能服务产业发展增值税、营业税和企业所得税政策问题的通知》（财税〔2010〕110 号）对符合条件的节能服务公司实施能源管理项目，给予暂免征收营业税、暂免征收增值税以及企业所得税“三免三减半”的税收优惠政策。这些跨税种优惠政策对该产业发展具有重要促进作用，其他产业也有类似设计多税种的税收优惠政策。应统筹用活各个税种的税收优惠政策扶持广州知识城支柱产业的发展，为广州知识城提供强大政策支持。

3. 完善产业税收优惠政策

从实践来看，目前的产业税收优惠政策仍存在许多不足之处，如税收优惠政策重结果、轻过程，对高新技术产业的设备折旧激励不足等。应进一步改进不足，完善高端产业税收优惠政策，以促进形成知识密集型服务业为主导、高附加值制造业和宜居配套产业为支撑的产业结构。加大对正在进行研究开发与成果转化阶段企业的税收激励措施，允许高新技术企业据实税前扣除科技开发准备金、新产品试制准备金等，以弥补技术开发可能造成的风险损失；对科技企业将税后利润用于生产规模的扩大或再投资于高新技术项目，按照投资总额对其已缴纳的企业所得税给予部分或全部退还；推行与科技有关的加速折旧制度，鼓励企业采用先进节能技术设备，减轻高新技术企业税收负担，鼓励企业技术创新；实施鼓励高新技术企业对人力资本投入的税收优惠政策；对于将80%以上资产投资于高新技术项目的企业可给予免税待遇，鼓励高科技风险投资等。

（二）争取更多区域税收优惠政策，提升广州知识城总体竞争能力

1. 取消地域性税费项目

从2011年起，广东省对外资企业实行城建税及教育费附加，使得部分企业对产业布局进行调整，转移部分高税收产出率的项目，可能导致广州知识城项目虽大，但税收产出率低。我们建议对广州知识城内税收产出率、科技贡献率、节能减排率高的企业，实行城建税及教育费附加的减免优惠；同时，对广州知识城企业统一扎口收费，实行税外无费或低费制。

2. 争取同等税收优惠政策

自2008年实行新《企业所得税法》以来，广州开发区税收方面

招商引资的优越态势已经不在，广州知识城也没有出台特殊的优惠政策。而重庆两江地区、天津滨海新区、上海浦东新区、珠海横琴新区等同类经济园区拥有具有竞争力的特殊财税优惠政策，明显优于广州知识城的税收优惠政策（见表1）。

表1　我国主要经济园区税收优惠政策举要

名称	税收优惠主要政策	税收优惠政策执行依据
重庆两江地区	2020年以前按15%税率征收企业所得税	重庆两江新区管委会官方网站
	高新技术产业,产值加技术性收入达到年产值60%以上,可按10%税率征收企业所得税	
	区内高新技术企业,或者战略性新兴产业领域的企业,获利年度起三年内按有关规定提取风险补偿金,可税前扣除	
天津滨海新区	企业的固定资产(房屋、建筑物除外),可在先行规定折旧年限的基础上,按不高于40%的比例缩短折旧年限	《财政部、国家税务总局关于支持天津滨海新区开发开放有关企业所得税税收优惠政策的通知》财税〔2006〕130号;《天津滨海新区鼓励支持企业发展的指导意见》
	企业受让或投资的无形资产,可在现行规定摊销年限的基础上,按不高于40%的比例缩短摊销年限	
	对后备上市公司给予50%的所得税补贴,支持其上市融资	
上海浦东新区	对经济特区和上海浦东新区内在2008年1月1日之后完成登记注册的国家需要重点扶持的高新技术企业在经济特区和上海浦东新区内取得的所得,自取得第一笔生产经营收入所属纳税年度起,第一年至第二年免征企业所得税,第三年至第五年按照25%的法定税率简版征收企业所得税	《关于经济特区和上海浦东新区新设立高新技术企业实行过渡性税收优惠的通知》(国发〔2007〕40号)
珠海横琴新区	对从境外进入横琴与生产有关的货物实行备案管理,给予免税或保税	《国务院有关横琴开发有关政策的批复》(国函〔2011〕85号)
	对横琴企业之间货物交易免征增值税和消费税	

由此可见，各经济区域除了享受现有各项优惠政策，有的还享有一些特殊的优惠政策。以重庆两江新区为例，该经济园区成立于2010年6月，其“2020年以前按15%税率征收企业所得税”的优惠政策，引起全球投资者广泛关注，日均协议引资10亿元左右，宏碁电脑、韩泰轮胎、霍尼韦尔、TPG、福特等企业纷纷落户，2010年实现国内生产总值1054.95亿元，增速高于全国12.7个百分点；以天津滨海新区为例，在税收优惠政策的推动下，该区近三年平均每年增加国家高新技术企业100家以上。截至2011年，该区拥有总部企业达188家、科技型中小企业达6799家、1亿元以上规模小巨人企业269家，促进社会经济迅猛发展。因此，为了让广州知识城具有同等竞争力，应赋予广州知识城“不特有特，特中有特”的优惠政策，让广州知识城的发展赢在政策起跑线上。

3. 发挥财税合力作用

优惠的财政扶持政策是税收优惠政策的有效补充。上述所列重庆两江地区、上海浦东新区、珠海横琴新区都以优越的财政扶持政策这一隐形税收优惠的方法对区域建设予以支持。广州知识城可参照上海浦东新区的做法，对新引进的跨国公司地区总部经济实现的增加值、营业收入、利润总额、个人所得形成地方财力部分，三年内给予100%补贴，其后三年给予50%补贴。依此类推，加大对总部经济、金融业、物流业、信息服务、商贸服务、会展旅游、中介服务、文化传媒等现代服务业的财政扶持力度。可参照重庆两江新区对引进企业总部高管人员、金融人才给予安家资助和财政扶持，并给予激励机制，促进人才引进；对重点支持的产业用地实行双优政策，对从事技术开发的高等院校安排区内补助等。

（三）发挥税务部门参谋助手作用，提升广州知识城税收产出效益

1. 协助政府把好招商引资准入关

项目是税收的源泉，引进项目质量的好坏直接影响税收增长的快慢。建议政府建立引入项目创税能力评估机制，国税部门参与重大项目的评估，重点评估项目的利润率和税收贡献率等，根据企业每一年度税收情况分析报告，研究制定重点领域项目招商财政贡献率的评估指标；统筹考虑制造业和服务业的合理布局，加快发展总部经济，对税收地方留成比例高于平均水平的食品制造业，交通运输制造业，通信设备制造业，文化、体育和娱乐业等服务业项目预留发展空间，重视发展第三产业，协助政府把好招商引资关，提升税收产出效益。

2. 加强税收情况的研究分析

税收分析既是组织收入工作的重要内容，也是加强征管、监控税源变化、评估税收与经济发展是否协调的重要方式。国税部门应对广州知识城税源状况进行持续、深入的跟踪分析，定期发布区域产业、行业税收情况分析报告，对重点企业和新投产项目的税收产出进行预测评估，为区域产业发展、项目引进提供决策数据支撑；要通过对经济税收数据的汇总比对，对知识城税收总体情况、行业税收情况和重大政策对经济税收的影响进行分析，切实反映知识城经济发展状况，为地方政府掌握经济税源动态和发展经济提供数据支持和决策参考。

3. 大力培育重点税源企业

按照“既要抓大，也要扶中，更要促小”的原则，有针对性地培养广州知识城的重点税源企业，对税收增长速度超过知识城平均增长速度的企业，纳入重点税源培养名单，形成大中小梯次分配，增强税收后劲；对年度税收贡献名列前茅的重点税源企业，要采取一企一策的方式实行税源稳固工程，指定专人负责跟踪掌握联系企业的生产经营情况，帮助企业分析面临的政策难题，协助解决企业生产经营中突出的税收问题，鼓励企业转型升级，促进企业做大做强，实现重点税源企业税收的持续稳定增长。

（四）营造良好税收发展环境，提升广州知识城发展“软实力”

1. 加强税收政策宣传

加强税收优惠政策的宣传，在政府招商引资工作中增加税收政策宣传的部分；定期对广州知识城企业涉税问题给予现场指导，主动发挥专业优势，运用各项税收政策为企业排忧解难；围绕加快转变经济增长方式、支持区域经济协调发展，进一步做好税法宣传实施工作，帮助企业解读税收优惠政策，做好纳税人辅导工作。

2. 优化升级服务机制

理顺广州知识城纳税服务工作机制，建议由政府牵头成立广州知识城纳税服务工作领导小组，国地税共同参与，由分管局领导任组长，从业务处室、办税大厅、税务分局抽调精干力量充实到广州知识城税收管理团队，发挥统筹、协调和服务的作用；制定高端服务团队配套工作方案，从创业税收服务、创新税收服务、税收政策服务等方面提出具体服务措施；提供“走出去”服务、“小分队”服务，根据广州知识城企业需求，有针对性地开展个性化纳税服务。

3. 加强部门协作配合

加强与海关、工商、地税及广州知识城相关管理部门协作配合，强化对广州知识城企业税源的全面监管，切实掌握广州知识城税源发展趋势，把握组织收入的主动性；设立创新服务基地，开展纳服培训，开辟办税绿色通道，简化行政审批流程，为广州知识城企业提供全方位一站式服务。

4. 完善信息反馈机制

建立税务部门与纳税人的互动机制，进一步完善信息反馈机制，通过税企交流会、局长接待日等途径，及时倾听纳税人的呼声，不断改进工作，提高服务质效；加大政务公开力度，广泛接受纳税人监督，努力建设成为政务公开、公共信息透明和可问责的税务机关。

5. 强化税源风险管理

针对广州知识城企业内部管理水平较高，依法纳税意识和维权意识较强等特点，以专业化税源管理提升税收征管质效；充分利用征管信息系统，梳理广州知识城企业的相关资料和征管信息，分户建立数据信息库，加强对企业资金流、生产经营规律等情况的分析，全面掌握企业经营变化动态；将纳税服务和税收管理的环节适当前移，帮助企业建立和完善涉税风险内控机制，防范税收风险，不断降低征纳成本。

（审稿　栾俪云）

参考文献

孙园：《我国高新技术产业税收激励政策探讨》，《税收改革》2006年第4期。

李宗卉、鲁明泓：《中国外商投资企业税收优惠政策的有效性分析》，《世界经济》2004年第10期。

钱宝荣：《促进制造业转型升级的税收政策思考》，《税务研究》2010年第6期。

顾学锋：《节能服务产业新的税收优惠政策》，《税收征纳》2011年第11期。

伍晶：《借鉴新加坡经验加快中新广州知识城知识产业发展》，《国际经济观察》2012 年第 2 期。

Research on Boosting Economic Development of Sino-singapore Guangzhou Knowledge City by Exerting Tax Function

Huang Zhiming　Liang Bihua　Lu Huayu　Yin Sufen

Abstract: This article begins with the strategic significance and general situation of Sino-Singapore Guangzhou knowledge city, and emphasizes the industry preferential tax policy, regional preferential tax policy, favorable tax output and influence of tax environment on development of knowledge economy. Also this article acts with reality, and provides references from the referred four aspects to build a good tax collection environment and boost industry development in Sino-Singapore Guangzhou knowledge city.

Key Words: Sino-singapore Guangzhou Knowledge City; Tax Collection Preferences; Economic Development

B.9

南沙新区国际临港经济发展中的税收问题与对策研究

广州市税务学会课题组*

摘　要：

广州市南沙新区具有深水良港、毗邻港澳和珠三角经济腹地等资源优势，可打造成为世界性的临港经济示范区作为战略发展的突破口。税收是经济调控的重要手段和商业环境的重要指标，如何充分发挥税收的作用进一步促进南沙新区战略发展是一个很有意义的课题。本文围绕南沙新区发展国际临港经济面临的税收问题，借鉴相关国际经验，结合《广州南沙新区发展规划》，以税收效应的视角对南沙新区的战略发展提出相应建议。

关键词：

南沙新区　临港经济　税收问题

一　广州南沙新区发展国际临港经济的机遇与挑战

（一）广州南沙新区发展国际临港经济的主要优势

1. 得天独厚的港口资源，可作为新区开发的突破口

广州港是国际知名港口，2011 年全球港口集装箱吞吐量排名第

* 课题组成员：俞富霖、唐铁建、朱丹、黄信安、何卫红、杨小颖。

七，2011年全球港口货物吞吐量排名第四。[①] 南沙港是广州港的重要组成部分，凭借得天独厚的深水资源，在全球港口中知名度较高。加上深圳港口的相互配合，广东省将成为世界上拥有举足轻重领先港口的地区之一。全球港口发展历程显示，港口促进临港工业发展，临港工业进一步支撑相关物流及服务产业的发展，辐射整个临港经济，实现与周边区域的优势互补和共同发展。韩国釜山港工业区、仁川港工业区占全国工业总产值的80%。[②] 日本东京湾则集中了全国40%的经济生产总量。[③] 南沙新区可以港口码头为中心发展国际性临港经济示范区作为开发的突破口。

2. 毗邻港澳和珠三角经济腹地，地理优势明显

广州南沙新区地处珠江出海口，距香港、澳门仅38海里和41海里，方圆100公里范围内囊括了广东经济最发达的珠三角城市群。瑞士洛桑国际管理发展学院（IMD）近期发表《2012年世界竞争力年报》，香港连续第二年以满分100分，获评为全球最具竞争力经济体。该报告显示香港在国际贸易、公共财政、商业法规、金融、态度及价值观和科技基础设施方面都名列第1位。[④] 充分利用港澳地区经济的辐射力，分享经验、深化合作，才能使广州南沙新区较快地实现产业升级和软实力的提升。随着全球经济一体化发展加快，珠江三角洲地区乃至广东省成为世界制造业的生产中心，众多跨国大型企业均在此设立了生产基地，众多出口加工服务与生产资料的供应商也集中于

① 资料来源：上海国际航运研究中心于2012年2月发布的《全球港口发展报告（2011）》。

② 该数据出自《探寻舟山海洋经济发展路径》一文，来源于决策参考专题数据库，http://www.wzlib.cn/ztsjk/wsqk/200704/t20070406_29884.htm。

③ 该数据出自《南沙港区一期工程投产 广州港张臂拥抱世界巨轮》，来源于搜狐新闻中心 http://news.sohu.com/20040929/n222288655.shtml。

④ 该数据出自《全球最具竞争力经济体排名：香港满分蝉联第一》一文，来源于人民网，http://hm.people.com.cn/GB/42273/18049143.html。

此，而且部分行业（如服装、皮具、电子产品）已经发展成为全国最大的“批发”中转市场。珠三角经济腹地为南沙新区临港经济的发展提供充裕的客源；反之，南沙新区临港经济的发展也能为珠三角地区提供高效的物流服务，拓展更广阔的市场。广州市自古即为中国南方商都，其作为对外经济开放改革的首批沿海省会城市之一，积累了30多年的对外贸易的丰富经验和营造了良好的商业环境，也成为南沙新区吸引投资的重要优势。

3. 配套设施相对齐全，提升临港产业的全面发展

广州市拥有国际机场、高铁、港口、高速公路网、客货铁路网络，连接国际和国内各大城市，形成一个庞大高效的交通网络，为南沙新区企业大大降低了运输仓储的时间和成本。南沙港广阔的后方用地，发展潜力大。南沙新区除可以优先发展港口、码头等对占地面积需求较大的行业，还可以引进物流、临港工业等配套的产业形成产业链聚集效应，更可以同时建设智慧滨海新城。当“海陆空”一体化集疏运体系贯通后，将大大提升货物吞吐量并成为物流运输的华南区基地，大大促进南沙新区现代物流业的发展，吸引商流、物流和人力流，达到招商引资、发展经济的目的。临港工业的发展将支撑港口物流及服务产业的发展，对区域经济起积极的推动作用。保险、咨询、展览等现代服务业的发展不仅能够辅助南沙新区临港工业的发展，同时也有助于珠三角地区实现产业结构升级，吸引高附加值的企业和人才前来投资，也吸引高素质高技能的劳动力促进区域与企业发展。此外，现代服务业的发展可为南沙创造更多的就业机会，生活型的服务业更能创造需求引导消费，使南沙新区发展成为宜居宜业的海滨城市。经济的发展离不开教育水平的提高。南沙新区可以通过创新国际教育合作模式，引入国际一流高校开展合作办学，推进与教育部合作共建基础教育国际化示范实验区。充分发挥港澳国际化专业人才培训资源优势，学习和借鉴国际临港经济发展相关经验和技能，吸引国内外学子到广东南沙，为港口物流及临港工业的发展输出人力资源。

4. 国家“十二五”规划和国务院批准的《广州南沙新区发展规划》，为临港产业发展创造了新机遇

国家“十二五”规划明确要将南沙新区打造成为“服务内地、连接港澳的商业服务中心、科技创新中心和教育培训基地，建设临港产业配套服务合作区”。《广州南沙新区发展规划》明确在南沙新区南部，依托港口和保税港区，重点发展船舶制造、海洋工程等临港产业。《广州南沙新区发展规划》是继《横琴总体发展规划》、《前海深港现代服务业合作区总体发展规划》之后，国家为推动广东经济社会发展作出的又一重大战略部署。南沙新区发展上升为国家战略，为南沙新区临港产业发展创造了新机遇，对于深化粤港澳全面合作、引领珠三角乃至广东转型升级，构建开放型经济新格局，都具有重要的战略意义。

（二）影响南沙新区国际临港经济发展的因素

1. 全球经济降温影响国内经济增速

2008 年的环球金融风暴对全球经济的影响尚未完全消散，近年来欧洲债务危机更使全球经济陷入低迷，很多发达国家出现了零增长甚至负增长的情况。外围经济环境的不景气致使金融行业贷款风险加大，生产企业融资困难，大额投资的步伐放缓，进而影响了下游的消费行业。金融、生产、消费等众多唇齿相依的行业的不景气，对港口码头、物流、工业等行业产生连锁性影响，可能会限制南沙新区的经济发展。

2. 国内生产成本上升可能造成竞争力减弱

近年来，国内的众多原材料的成本激增，导致企业的生产成本快速上涨，企业赢利空间狭窄，使得很多新生产中心转向亚太其他国家和地区。而劳动力成本与人力资源素质的矛盾也成为制约珠三角地区发展的因素。一方面，珠三角地区目前以简单加工为主的出口型生产企业为主，与内地消费水平较低的二三线城市相比，工资优势逐渐消失，导致该类企业的赢利空间不大；另一方面，高素质的人才对工作的期望越来越高，除了工资要求提高外，更希望从工作中获得长远的发展。珠三角地区的劳动力逐渐向长江三角洲、滨海新区等新兴经济区域转移，珠江三角洲的企业普遍遭遇到“招工难”的问题。而高素质人才的不足又影响珠三角地区产业升级。

3. 国内的“软环境”与发达港口相比仍有差距

首先，和一些贸易自由化程度高的国家和地区相比，国内的投资、财税法规和管理机制相对复杂，让部分跨国企业对投资和自由流动有顾虑。其次，目前国内含南沙地区的投资和财税优惠政策未能追上其他港口国家和地区的优势，而且现有的大部分投资和财税优惠设置了较多限制，未能从根本上帮助企业解决成本上升的难题，因此难以满足南沙新区吸引高端投资者和国际性经济发展的需求。再者，国内部分行业经营的便利性有待提高：如部分行业外商投资只准合营，导致外商在直接投资时可能有所顾虑；一些对用地的需求较大的行业希望有更方便的土地供应方式；设立部分重点行业时要向不同部门申请相关经营许可，申请和审批过程较复杂；对一些资金密集行业而言，目前的贷款渠道仍然不足；目前南沙新区的发展仍处于初步阶段，配套设施尚未完善，可能会造成投资者有所担心和顾虑。

4. 面临国内其他港口竞争

国内华东及华北地区成熟的港口城市（如上海、青岛、宁波、天津）已经颇具规模，产业链基本形成，专业人才也相对集中，相对发展中的南沙新区，这些成熟港口对企业具有更大的吸引力。国内其他新兴的港口城市（如深圳前海、珠海横琴）同样毗邻香港、澳门，已经制定出行业针对性强并且十分优惠的投资和财税措施，对投资者而言具有非常大的吸引力。

5. 广州在税收政策制定、财政收入分成方面不具优势

广州是副省级城市，与北京、上海、天津等直辖市以及深圳等计划单列市相比，在税收政策制定、财政收入上缴比例等方面有很大不同，如广州市没有税收政策的制定权、解释权，财政收入必须按规定上缴国家、省两级财政，在一定程度上，影响了地方财力对南沙新区临港产业发展的支持力度，从而制约了南沙新区临港产业的发展，不利于其带动、辐射、示范作用的发挥。

二　南沙新区发展国际临港经济面临的税收问题分析

南沙新区打造世界性的临港经济示范区，要大力发展港口码头、现代物流业、临港工业、现代服务业和培育人才（以下简称重点发展的企业）。国内现行财税政策不足以支撑《广州南沙新区发展规划》的有效落实以及吸引上述重点发展的企业，目前南沙新区尚未制定明确的财税优惠政策扶持企业，未能向企业发出有效降低成本、帮助以上重点企业突破发展瓶颈的政策信息，对企业的吸引力度不足。

（一）上述重点企业面临的主要经营压力

只有深入了解上述重点企业的投资和经营特点，分析企业面临的主要经营压力，才能有的放矢地制定行之有效的财税优惠政策，降低投资、经营成本和费用，吸引相关企业进驻南沙新区。上述重点企业普遍面临技术创新和人力资源成本费用等经营压力，但对于港口码头和海上运输物流企业这种高投入、高成本的行业，其主要经营压力有以下特殊性。

1. 港口码头企业的经营压力

港口码头属于高投入、高成本的行业。根据对行内知名港口码头公司的了解，港口码头运营商的主要成本及开支占收入的比例高达60%，成本的构成主要包括土地、物业租金、机器设备的折旧费用及维修费用、工资和税费等。在实际操作中，土地通常由中资合作方提供，一定程度上可以降低外资的投资成本。但港口码头企业由于固定资产比重较大，器械设备的管理、维修费用以及运输成本构成港口运营商日常的主要运营成本。再者，港口属于技术密集型行业，需要熟练的技术人才支撑企业的运营，因此人力成本的支出比重也较大。高成本运营为港口码头企业带来巨大的生产发展压力。港口码头的投资具有投资大、周期长、收益慢的特点。如果无法降低港口运营商的成本，则运营商只能通过提高港口费、停泊费维持日常的经营，对于港口的发展造成较大的障碍。

2. 海上运输物流企业的经营压力

根据对行内大型公司的了解，物流邮轮、集装箱等海上运输物流企业的成本构成主要包括运输工具、燃料、港口费、停泊费、装卸费、维修费、工资和税费。其中，随着燃油价格的攀升，燃料费用的支出大大制约了港口物流企业的发展。此外，高昂的港口费、停泊费也是海上运输企业发展的一大障碍。港口运营商若无法降低其运营成本，则通常会将高成本通过高港口费、高停泊费转移至海上运输物流企业。

（二）现行财税政策支持和吸引力不足

1. 增值税方面

全国营业税改征增值税正在紧锣密鼓地试行中，广东省作为第二批营业税改增值税的试点城市，已于2012年11月1日启动营业税改增值税改革试点。在南沙新区重点发展的行业中，交通运输业、物流辅助行业（包括港口码头服务、货物运输代理服务、仓储服务及装卸搬运服务业）均属于试点改革行业。对于交通运输业，改征增值税后，流转税的税率将从营业税税率的3%提高到增值税税率的11%，同时可以抵扣进项税额。但这些企业在试点改革前已经进行的固定资产投资，不可作为增值税进项税额进行抵扣。此外，在全国完成“营改增”前，试点地区企业接受非试点地区企业提供的服务也将无法获得增值税专用发票而没有相应的增值税进项税可以进行抵扣或抵减销售额，导致试点地区企业的税负可能不降反升。

2. 营业税方面

一是目前营业税差额征收的规定仅适用于个别行业及公布的全国试点物流企业，适用范围比较狭窄，优惠未能在南沙新区普及。同时，由于下游企业未能提供发票等原因，使差额征收营业税的有关企业申请差额征税的难度加大，造成重复征税的现象较严重，税负较重。二是根据《财政部 国家税务总局关于教育税收政策的通知》（财税〔2004〕39号）的规定，对非学历教育取得的收入征收营业税，教育培训业发展压力较大。

3. 企业所得税方面

一是目前企业所得税对上述重点企业没有设置太多的税收优惠。除了负担流转税外，我国的企业所得税税率一般为25%。但目前新加坡、香港作为吞吐量排名前列的世界大港，其所得税（利得税）税率分别仅为17%和16.5%，均比我国低。南沙新区目前未制定特别的企业所得税优惠政策，大大降低了对国际知名企业的吸引力。二是现行促进现代服务业发展的企业所得税优惠政策偏重于生产销售型企业，技术先进型服务企业和高新技术企业的认定范围和领域多与生

产环节密切相关，不利于生产性服务型企业发展。三是现行的企业所得税法对港口、码头等国家重点扶持和鼓励发展的产业和项目制定了税收优惠政策，但是并没有系统地出台鼓励与港口码头等临港产业相关的现代服务业（如现代物流业等）发展的税收优惠政策，制约了现代服务业的发展。

4. 关税和其他进出口环节税方面

相对于港澳地区，中国内地进口货物的税负较重，特别是进口自用的机器设备和电脑系统，一般情况下进口环节除了需要征收关税外，还要征收进口环节的增值税和消费税。即使部分海关特殊监管区域有保税进口的政策，但享受优惠待遇的条件限制较多，申请程序较为烦琐，制约了港口码头和物流业的发展。目前，出口和国际转口贸易未豁免关税和流转税。出口和国际转口贸易增值税一般只能通过出口退税的方式进行操作，除了手续繁杂、对企业的现金流产生影响外，由于征税率与退税率一般存在差异，还为企业带来了额外的增值税成本。转口贸易在非常严格的情况下，例如通过海关特殊区域，才能够获保税待遇。相比之下，新加坡和香港作为自由贸易港口，并未对转口贸易征流转税。额外的税负成本降低了各地贸易商以南沙新区作为贸易中转站的吸引力。

5. 个人所得税方面

一是工资、薪金所得个人所得税税率偏高。目前《个人所得税法》规定有来源于中国境内收入的个人（包括中国内地居民和外籍个人）有缴纳个人所得税的义务，其中工资、薪金的税率为3%～45%。香港薪俸税一般采用15%的标准税率或2%～17%的四级超额累进税率。澳门职业税一般采用10%～15%的六级超额累进税率。二是劳务报酬所得的减除费用标准偏低。按照《中华人民共和国个人所得税法》规定劳务报酬所得，每次收入不超过4000元的，减除费用800元；4000元以上的，减除20%的费用，其余额为应纳税所得额，该标准自1980年以来一直没有变化，但工资、薪金所得减除费用标准已经从800元调整到目前的3500元，但劳务报酬所得减除费用标准一直没有改变，有悖于经济发展规律，也不利于南沙新区吸引国内外各类专家、学者前来开展学术交流等活动。三是激励高层次人才的个人所得税政策较少。除《中华人民共和国个人所得税法》及其实施条例中“省级人民政府、国务院部委和中国人民解放军军以上单位，以及外国组织、国家组织颁发的科学、教育、技术、文化、卫生、体育、环境保护等方面的奖金免征个人所得税”以及“按照国务院规定发给的政府特殊津贴和国务院规定免纳个人所得税的补贴、津贴免征个人所得税”规定外，鲜有针对高层次人才的税收优惠政策，不利于南沙新区吸引和留住人才。

6. 其他税费方面

一是现行城镇土地使用税政策对港口的码头（即泊位，包括岸边码头、伸入水中的浮码头、堤岸、堤坝、栈桥等）用地，免征土地使用税；对物流企业大宗商品仓储设施用地符合条件的在一定期限内减按所属土地等级适用税额标准的50%计征城镇土地使用税，但对除此以外的重点企业鲜有扶持政策。

二是会展业是现代服务业的重要组成部分，涉及工业、农业、商贸等诸多产业，对南沙新区临港产业的发展也起着至关重要的作用，但现行会展业的房产税既从值又从租计征（在租赁期间从租、未租赁期间从值计征），从长期看会加重企业税负，不利于企业的长远发展。

三是个人和企业还需要负担各种类型的社会保险金，造成个人及企业的综合负担较重，降低了南沙新区对于人才和企业的吸引力，也一定程度上降低了进驻企业的竞争力。

三　从税收效应视角提出促进南沙新区战略发展的建议

为了提高南沙新区的整体竞争力，加强与港澳地区的合作，吸引重点发展企业，拟围绕南沙新区国际临港经济战略发展面临的税收问题，尝试对南沙新区的战略发展提出相应财税扶持政策建议。

（一）增值税方面

“营改增”后，可在一定过渡期内，地方财政对南沙新区内注册经营的重点企业给予超税负返还资助。营业税改征增值税后，南沙新区内部分重点企业的流转税税负由于种种原因可能有所增加。目前，广东省级财政专项资金对月平均税负增加一万元以上的“营改增”试点纳税人给予过渡性财政补贴。为体现公平，对月平均税负增加一万元以下的“营改增”试点纳税人也可给予过渡性财政补贴，帮助企业平稳过渡“营改增”，促进企业稳定发展。

（二）营业税方面

一是可简化对出口外包服务收入的营业税免税认定和申请手续。目前申请出口外包服务收入的营业税免税需要经过烦琐的认定和备案或审批手续，使企业未能及时完成申请享受优惠。可针对区内企业对外提供出口外包服务（包括为区内重点企业提供服务），一律简化免税认定和备案审批手续，先行先试。而在“营改增”全面实施以后，一并过渡到增值税免税政策。此举将有利于吸引现代服务型企业进驻区内，鼓励服务型企业对外以及对区内提供服务，促进港口经济共同发展。

二是按照先行先试的构想，对在中国境外注册的企业（导管企业除外）在南沙保税港区提供的服务，可视作在境外提供的劳务，按照规定不征营业税。

三是针对在南沙新区内的从事学历教育的机构，其学历只要属于国内或国外承认的，可统一适用现行免征营业税的政策。对于非学历教育，如是从事获得国内或国外教育部门认可的有关特定技能、资质培训的，可给予减半征收营业税的优惠，以鼓励区内教育事业的发展和人员素质的提高，提升新区可持续发展能力，把南沙新区建设成为服务内地、连接港澳的教育培训基地。

四是对南沙新区内注册的保险企业，针对其收入中属于为南沙新区内的企业提供保险服务的部分，可享受免征营业税的优惠。

五是按照国家的统一部署和南沙新区的发展进程，在试点的基础上先行先试，适时全面开展“营改增”改革，彻底解决重复征税的严重问题，减轻企业的负担。

（三）企业所得税方面

一是南沙新区内注册的企业均可享受15%的企业所得税优惠税率。对南沙新区内注册的现代服务业、科技创新产业、环保产业、教育培训产业、临港配套服务产业的企业，减按10%的税率征收企业所得税。另外，除全国适用的优惠政策外，对于重点企业，特别是港口码头业、造船业等建设周期比较长的企业，可进一步给予从获利年度起5免5减半的优惠。通过降低这部分企业的建设经营成本，从而降低港口费、停泊费等费用，促进更多邮轮停靠以及促进区内贸易和转口贸易的发展。

二是南沙新区内注册经营的重点企业自用的机器设备可加快折旧。南沙新区重点发展的企业，如港口码头、物流业、造船业等对于

固定资产投入较大，固定资产的损耗性高，因此允许其直接采用加速折旧政策使其真正反映企业的成本费用状况。

三是允许外商投资企业的外方提前获取税后红利，鼓励在经营期末无偿留下固定资产帮助新区持续发展。中外合营的港口、码头、其他基建企业、造船业和重点物流企业的外方愿意在经营期末将固定资产无偿留给中方或当地政府（外商独资情况适用）的，外方可按折旧金额提前分红利。这不但没有减少政府财税收入，反而提前了对红利的预提所得税的申报时期，同时也可减轻投资者现金压力，减低对外借款的困难和高成本，也能促进资金循环流动，推动经济发展。

四是重点企业留利增资部分，可获相关部分退税或补贴。该政策鼓励企业降低融资成本进行再投资，促进企业扩大资本规模。

五是企业获取的南沙新区的任何退税或补贴用于企业经营、企业员工等指定用途的不征税。若对于相关退税及补贴仍纳入企业所得税的征税范围，未能将税收优惠真正给予纳税人。通过对退税用途的指定，对企业的发展进行适当引导。如鼓励企业将政府退税或补贴用于企业的研发，促进产业升级；或提升员工的福利，吸引人才的引进等，从而推动整个区域经济的进一步发展。

六是国际运输邮轮和集装箱租赁企业的国际业务收入不征企业所得税。通过降低企业税负降低港口码头的相关费用，促进更多邮轮停靠，提高港口的知名度，也能一定程度上促进区内服务业的发展。

七是有针对性地制定法律层次更高的促进生产性服务业和现代服务业发展的税收法律法规，改善目前税收政策重生产轻服务的局面，为《广州南沙新区发展规划》的有效落实和区域经济的发展提供制度保障。

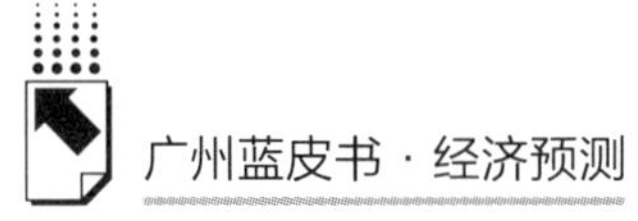

（四）关税和其他进出口环节税方面

南沙新区部分或整个区域可建设成海关特殊监管区，该区域与境外的口岸设为“一线”，该区域与内地口岸设为“二线”，实施分线管理的前提下，争取实行以下税收政策。

一是对从境外进入南沙新区的货物给予免税或保税，法律、行政法规和相关规定明确不予保税或免税的货物除外。货物从南沙新区进入内地按有关规定办理进口报关手续，按实际报验状态征税，在“一线”已完税的货物除外。内地销往南沙新区视同出口，按规定实行退税，生活消费类、商业性房地产开发项目以及法律、行政法规和相关规定明确不予退税的货物除外。

二是对设在南沙新区的企业生产、加工并经“二线”销往内地的货物照章征收进口环节增值税、消费税；采用部分境外料件加工的产品内销时，只缴纳境外料件的关税及进口环节增值税、消费税。

三是对南沙新区的企业之间货物交易免征增值税和消费税。

四是在南沙新区按现行有关规定设立口岸离境免税店；条件具备时，对境外旅客在南沙新区购物实行“离境退税”政策。

五是从境外进入南沙新区储存的货物不征收关税及进口环节增值税、消费税。

六是南沙新区内企业使用境外的机器设备、基建物资、办公用品以及为出口加工所需的原材料、零配件不征收关税及进口环节增值税、消费税。

七是对南沙新区内企业、机构设立的研发中心接受港澳、国外捐赠或从港澳、国外购入的科研设备、仪器、用材等，免征关税及进口环节增值税、消费税。

八是在“一线”区域内设置“粤港澳优质生活圈”，为鼓励港澳

和外籍人士到南沙新区工作、居住，减低其额外的生活成本，鼓励港澳投资的医院、诊所、学校、餐厅等优质生活配套服务企业到圈内设立并提供优质服务，比照香港情况，圈内交易免征关税、增值税、营业税和消费税。这也可以减少广东居民赴港就医、生产和上学，真正实现建设共同家园。

（五）个人所得税方面

一是鼓励港澳及海外专才在南沙新区内工作，参照前海新区的税收优惠原则，以其所在国或地区的个人所得税税率为税负上限提供补贴。由于目前国内的个人所得税税率较香港、澳门高，不利于吸引人才。为鼓励港澳和国外专才到南沙新区工作，对超出其所在国或地区的个人所得税税负的部分可以考虑采用特定免税或者财政支持的形式进行补贴。对于针对此部分给予补贴，若是由于个人所得税由企业负担而补贴给予企业的，可免征企业所得税；若是个人所得税由个人负担给予个人的，免个人所得税。

二是在南沙新区先行先试，适当调整劳务报酬所得的减除费用标准，切实降低纳税人的税负，吸引国内外各类专家、学者前来南沙新区开展学术交流等活动，提升南沙新区的发展品位。

三是对在南沙新区任职的入选中央“千人计划”、各省（市）高层次人才以及海外归来的高层次人才取得的住房补贴、伙食补贴、搬迁收入、境内外出差补贴、探亲费、子女教育费补贴收入，参照《国家税务总局关于外籍个人取得有关补贴征免个人所得税执行问题的通知》（国税发〔1997〕54 号）的规定免征个人所得税；对于各级政府给予的科研经费等，符合条件的，免征个人所得税，以减轻高层次人才的税收负担，吸引人才来南沙就业。

四是对在中国境内无住所的外籍高层次人才，如其所在国家

（或地区）与中国签订了避免双重征税和防止偷漏税的协定或安排（以下简称“协定”）的，其在中国任职、受雇取得的收入，在税收协定规定的期间在中国境内连续或累计居住不超过一定期限（备注：该期限应大于183天）的个人，由中国境外雇主支付并且不是由该雇主的中国境内机构负担的工资薪金，免予申报缴纳个人所得税，其个人应仅就其实际在中国境内工作期间由中国境内企业或个人雇主支付或者由中国境内机构负担的工资、薪金所得申报纳税。

五是对注册南沙新区内科技创新创业企业转化科技成果，以股份或出资比例等股权形式给予本企业相关技术人员的奖励，技术人员一次缴纳税款有困难的，经主管税务机关审核，可分期缴纳个人所得税，但最长不得超过5年。

六是允许注册南沙新区内企业实行个人税收递延型养老保险试点政策。

（六）其他税费方面

一是除了现行政策外，对重点扶持的企业给予一定的土地使用税（或房产税）优惠，如针对新建的房产可给予一定期限（譬如5年）的免税优惠、对物流企业大宗商品仓储设施用地减半征收城镇土地使用税的政策不受时间限制等，扶持南沙新区临港产业的发展。

二是对会展业的房产按照其固定资产原值计征房产税，而且结合新会计准则的推行，明确土地价值不纳入房产税计算原值计算范围。

三是南沙区内注册经营的重点企业的印花税按50%征收或给予财政补贴，配合其他税收优惠政策减少重点扶持企业税收负担。

四是对企业按规定缴纳的社会保险费给予一定的财政补助，所取得的补助款可以按规定免征企业所得税。

综上所述，南沙新区独有优越的地理资源，发展前景广阔。只有

立足实际，探索南沙新区的科学发展模式，发挥其先行先试的作用，才能更好地实现国家“十二五”规划和区域总体发展战略。本文从税收效应的视角尝试提出南沙新区发展国际临港经济的相关建议，希望通过发挥税收的作用，营造良好的商业环境，吸引大批优秀的企业和人才聚集南沙，为南沙新区的开发建设共同努力。期待南沙新区立足新起点，形成新优势，创造新辉煌。

（审稿　王朋）

Tax Collection Problems and Policy Research on Economic Development in Nansha New Zone International Port

Research Group of Guangzhou Tax Institute

Abstract: Nansha New Zone has unique resources advantages such as deepwater port, next to Hong Kong, Macau and deep land of Pearl river delta, which enable it to be a global port economy zone and a breakthrough for strategic development. Tax is an important method of economy control and a significant indicator of business environment; therefore it is a meaningful subject to analyze how to promote the economic development by giving tax a full play. This article deals with the tax collection issues in Nansha New Zone International Port, and refers relevant international experience with Nansha New Zone Development Plans, and then gives proper advice for the strategic development of Nansha New Zone from the tax collection effects Point of view.

Key Words: Nansha New Zone; Port Economy; Tax Collection Issues

商业贸易篇

Commerce and Trade

B.10 2012年广州市外经贸形势分析与2013年展望

广州大学广州发展研究院课题组*

摘　要：

2012年，面对国内外正、负面因素交织，挑战与机遇并存的局面，广州以新型城市化发展总体要求为统领，积极贯彻落实“12338”战略部署，秉持“谋发展、稳增长”信念，在现实困境中不断开拓创新，寻求突破，实现外经贸的稳中有进。2013年，广州要以建设国际商贸中心为中心任务，积极培育以技术、品牌、质量、服务为核心的外贸新优势，塑造营商环境的现代化、国际化。预计全年外贸进出口增长8%，实际利用外资增长

* 执笔：艾尚乐。

7%，对外投资增长 15%。

关键词：

广州市外经贸　形势分析　展望

一　2012 年广州市外经贸发展形势分析

2012 年，是广州“十二五”规划实施的第二年。从国际上看，美国财政危机的加剧、欧洲主权债务危机的深化、日本经济陷入负增长的停滞局面，使得广州面临的进出口压力进一步增大；全球范围内贸易摩擦、贸易保护主义抬头的现象日益增多，中东及非洲部分国家政局动荡频繁，中国与日本的钓鱼岛问题引发的贸易“冷战”等给广州外经贸发展带来诸多不确定性和风险性。从国内看，首先，虽然受到外部市场疲软、贸易摩擦加剧等不利影响，中国经济发展增速趋缓，但是中国宏观经济的基本面良好，依然保持着持续发展的深厚潜力和强劲动力；其次，国家层面和广州市出台了一系列有利于外经贸发展的政策措施：国务院出台了促进外贸稳定增长的若干意见，在出口退税和金融服务、提高贸易便利化水平、改优化贸易结构等方面提出一揽子具体政策措施；广州则通过推进新型城市化发展，致力于打造全球辐射力的商贸中心。这些都对广州实现外经贸的持续、健康、稳步发展起到了积极的支持和推动作用。2012 年，广州面临的外经贸形势特点有以下几方面。

（一）外贸进出口增长放缓势头明显，全年出口预期目标有所下调

2012 年，受到国外市场疲软，国内转型调整的影响，广州进出

口增长幅度大幅度减少。从额度上看，前11个月，广州市进出口总额为10609653元，同比仅增长0.43%，相比2011年的12.81%减少了12.38%，其中出口总额5294835元，同比仅增长2.81%；进口总额5314817元，同比出现了1.83%的负增长。从贸易伙伴上看，欧洲国家，出口额和进口额分别出现了0.2%和8.2%的负增长；美国，出口额和进口额分别增长了12.1%和9.3%；东亚地区的日本，出口额增长了3.1%，进口额出现了10.1%的负增长。[①] 鉴于此，政府相关部门将全年的出口增长预期目标由10%下调为5%。

（二）一般贸易与加工贸易增速下降，技术贸易和服务贸易保持平稳增长

2012年，广州一般贸易和加工贸易增速明显下降。其中，一般贸易和加工贸易的出口额同比仅增长5.4%和3.4%，而两者的进口额同比出现了8.1%和1.4%的负增长。[②] 这与欧美国家实行量化宽松政策和日益扩大化的贸易保护倾向增强有所关联。技术贸易方面，2012年，广州技术引进合同个数和总额分别同比增长40.22%和35.96%。[③] 从引进国别看，亚洲、北美和大洋洲的增长份额逐步上升；从行业类别看，制造业、计算机服务和软件业、文体娱乐业增长势头较为明显。这表明广州传统产业的转型升级和战略性新兴产业的发展对高新技术的需求依然十分旺盛。服务贸易方面，广州市服务外包规模稳居广东省及华南地区首位，服务外包规模占广东省“半壁江山”。2012年，全市服务外包合同额同比增长超过50%，全市服务外包从业人数已达20多万人。服务外包企业引进和培育成效明显，

① 广州海关：《2012年1~11月广州进出口统计简报》。

② 广州海关：《2012年1~12月广州地区进出口简报—1. 贸易方式》。

③ 广州市外经贸局：《广州市2012年1~12月技术引进分类统计表》。

世界 500 强企业有 28 家在广州设立外包企业，十大在华全球供应商有 7 家，中国服务外包领军企业有 6 家在广州投资落户。服务外包业态多元发展，形成了软件、电信、工业设计和金融四大外包优势领域，航空服务、动漫网游、生物医药外包等新兴领域也蓬勃发展，形成了较完整的服务外包产业链并呈现高端集聚态势。

（三）对外投资和国外经济合作均保持有序平稳增长

2012 年，广州对外投资克服了种种国内外不利条件，一改 2011 年出现的负增长局面，恢复并实现了持续稳定的增长局面。前 10 个月，广州对外投资的投资总额（61408 万美元）和投资企业（机构）（93 个）数量同比分别增长 100.78% 和 24%。国外经济合作方面，前 10 个月，新签合同额（37139 万美元）、完成营业额（20727 万美元）、派出人次（5901 人次）同比分别增长 2.99%、30.2% 和 13.68%。[①] 这表明，广州通过各种政策手段及措施，包括减免相关税费、海关通关无纸化便利化、引导鼓励企业“走出去”、开办推介展览会、提供人员交流培训等，促进并支持各类企业多渠道、多方式地参与对外投资和多样化的经济合作，取得了明显效果。

（四）引进外资力度持续增强，营商环境进一步改善

2012 年，广州引进外资继续保持稳健增长势头。前 10 个月，广州合同外资金额（56.08 亿美元）和实际利用外资金额（41.72 亿美元）同比分别增长 1.8% 和 7%。截止到年底，在穗投资的世界 500

① 广州市外经贸局：《2012 年 1～10 月对外经济合作业务统计报表》。

强跨国企业增至232家。[①] 与此同时，广州的营商环境进一步提升和改善。广州借助开办国际摩托车展览会、汽车展、海事展及传统的广交会的机会，继续在全球范围内开展“新广州、新商机”推介会、“百家知名企业羊城行”、“广货全国行”、“广货网上行”、国际美食节、国际购物节等招商活动。更为突出的是，广州世界城市与地方政府联合组织（UCLG）的交流合作，创设了“广州国际城市创新奖”，成功举办“一奖两会”，极大程度上提升了自身的国际影响力。除此之外，广州强化穗港、穗澳机制化和项目合作，建设金融城，以推出多样态的金融服务支撑商贸创新发展等多种形式来吸引外资的持续流入和高端大项目的落地，使得营商环境进一步规范化、法制化。

二　2012年广州市外经贸发展存在的主要问题

（一）传统市场的进出口带动效应减弱问题

广州进出口的传统市场主要集中于欧洲、美国和日本等发达国家和地区。长期以来，这些传统市场内部市场广大、经济发展程度高、购买力强、消费需求旺盛、科技更新速度快的优势条件使广州进出口得以快速增长，但是近几年来美国次贷危机、欧洲主权债务危机的负面影响使得相关国家财政收支面临巨大压力，由此引发失业率激增、购买力下降、消费需求萎缩、贸易保护主义抬头等问题，整体经济愈发低迷。而中日之间则由于钓鱼岛政治危机严重波及双方的经贸合作。传统市场的低迷不振产生的负面影响在2012年表现得尤为明显。

① 广州市外经贸局：《2012年1～10月广州市利用外资情况》。

根据海关部门相关统计，2012 年，广州对欧盟、日本的进口额分别出现了 3.3% 和 10.1% 的负增长，对美国的出口额和进口额也仅保持个位数的增长幅度。[①] 由此可见，以欧、美、日为代表的传统市场对广州进出口的带动效应正逐步减弱。为此，广州应着手制定政策并采取措施加以应对。

（二）小微企业用工与融资问题

2012 年，受到欧洲主权债务危机、美国财政危机及中日钓鱼岛问题等外部不利影响，广州市以出口为导向的外向型小微企业的发展仍然面临着诸多困难。据海关方面的统计，2012 年前 11 个月，相比 2011 年的负增长，广州市私营和民营企业的出口额小幅增长 8.4% 和 7.4%，而进口额则出现了 3.9% 和 4.4% 的负增长。[②] 产生这种现象的原因在于一方面能源和原材料的持续上涨增加了企业的用工成本，加上劳动力素质缺失和素养不高导致招工难、用工难问题突出；另一方面行政等税负的压力和资金来源渠道的狭窄使得企业扩大生产经营缺乏流动资金，无力持续拓展业务。为此，有效处理和解决小微企业的用工和融资难等问题关系到今后外经贸发展的全局和可持续性。

（三）加工贸易的转型升级问题

作为中国改革开放前沿城市，广州是我国最早开展加工贸易的城市之一。依赖于得天独厚的政策和区位优势，广州的加工贸易一直处于全国领先地位。但是其在高速发展的过程中，也积累了不少的问题

① 广州海关：《2012 年 1 ~ 12 月广州地区进出口简报—5. 贸易伙伴》。

② 广州海关：《2012 年 1 ~ 11 月广州地区进出口简报—2. 企业性质》。

和弊端。其突出特征为“三高三低”：高能耗、高污染、高劳动密集度，低附加值、低技术含量、低带动作用。具体表现为：企业核心技术研究开发能力不足，产品档次仍然偏低，高附加值、高新技术、高创汇的项目相对较少；配套能力不足，产业链条短，加工贸易的辐射能力和聚集效应未得到充分释放等。特别是随着原材料、劳动力价格和工资增幅持续高涨，加上人民币升值的不利影响，使得广州加工贸易持续快速增长的势头受到极大遏制。根据海关方面的统计，2012年，广州加工贸易（含补偿、来料、进料）的出口额仅增长3.4%，进口额出现了1.4%的负增长[①]，相比前几年两位数的增长幅度有了较大幅度的下降。由此可见，广州加工贸易发展的传统优势正在逐步削弱，必须通过加快结构与技术的调整转型来提升竞争力和创造力，重新培育新的竞争优势。

三　2013年广州市外经贸发展形势展望

（一）总体发展趋势

1. 传统市场在低迷中缓慢复苏，新兴市场潜力和作用将进一步发挥

欧盟方面，受欧债危机拖累，其市场前景不甚乐观。近几年受欧债危机影响，欧盟市场需求萎缩，根据欧盟委员会观点，由于欧债危机恶化，预计2013年欧盟经济将继续低迷，失业率高企。在经济危机的情况下，欧盟各国将继续推行财政紧缩和贸易保护的措施，以保护区内经济。因此，预计2013年广州对欧盟的进出口将继续走低，

① 广州海关：《2012年1～12月广州地区进出口简报—1. 贸易方式》。

负增长局面将会保持。

美国经济缓慢复苏，市场需求稳定增长。近几年受国际金融危机的影响，广州对美国出口占其出口总额比重逐渐下降，贸易顺差不断扩大。2012 年美国财政悬崖问题的解决使美国暂时避免了经济衰退，有利于新的一年广州对美贸易的顺利发展。但值得注意的是，美国政府继续推行量化宽松的货币政策和财政政策，带来巨额财政赤字和贸易逆差，将导致美元汇率继续走低，国际投机资本涌动，国际初级产品市场价格跌宕起伏，增加人民币升值压力，并有可能继续引起输入型通货膨胀。广州必须对其有所准备和应对。

新兴市场潜力巨大，将对广州进出口扩大起到重大促进作用。新兴发展中国家是广州开拓市场多元化战略的重要对象，近几年占广州进出口市场的比重不断上升。2012 年，国际初级产品价格跌宕起伏，流入发展中国家外资下降，发展中国家汇率大幅度波动，出口下降，经济增长减速。实际上，受经济结构因素影响，发展中国家经济发展也出现分化，有的国家经济增长减速（如巴西和印度等国），有的国家则维持经济增长势头（如俄罗斯、东盟等）。预计 2013 年，随着全球经济的逐步复苏和回暖，广州对新兴市场特别是俄罗斯、东盟以及中南部非洲等地区的进出口将会持续稳定增长，进而带动外经贸的整体发展。

2. 贸易壁垒和贸易摩擦增多将给广州外经贸发展带来诸多不确定风险

随着欧债危机蔓延和加深，全球贸易保护主义日益严重，2012 年广州出口产品遭受国际贸易摩擦的受损程度严重。涉案产品不仅涵盖陶瓷、自行车等传统优势产品，光伏产品等新能源产品也深受其害。贸易摩擦方式不断升级，从反倾销上升为反补贴，再到贸易限制和质量标准。这些国际贸易摩擦给以外向型为主的一些广州出口企业造成较大损失，有的企业为应对贸易摩擦付出了很大的代价，有的企业低价出售，血本无归，还有的企业被迫退出市场，关闭或减少产能，损失惨重。在新的一年，可以预见的是，由于欧债危机的持续发酵、美国经济的低迷徘徊以及新兴市场国家内部的常态化竞争，广州面临的贸易壁垒和贸易摩擦数量和种类（以皮革皮具、精密电子和机电一体化产品为代表的 TBT 技术性贸易措施）将进一步增多，广州必须针对随之带来的各类贸易风险和危机进行有效的预防和合理的应对。

3. 面对多重因素影响，广州外经贸增长方式和结构进一步转型升级

面对国际上全球整体经济缓慢发展和欧美日等国的经济低迷不振，国内人民币升值、劳动力和原材料价格成本高企、通胀压力增强等多重因素影响，2013 年，广州应更加注重外经贸结构调整和竞争力培育。特别要提升自身在全球分工价格链的地位，提高出口优势产品附加价值，加快形成以技术、品牌、质量、服务为核心和基本要素的出口竞争新优势；重点开展技术创新、品牌营销，建立国际销售渠道；抓住海外低成本并购的机遇引导有实力企业开拓海外市场；维持价格竞争力，利用机械化、信息化等手段降低成本；坚持质量取胜，以服务取胜。此外，为实现外经贸转型升级的可持续发展，政府相关部门将以稳定汇率和物价为基准，通过进一步降低关税来扩大进口；拓展“走出去”融资服务，加快投资服务便利化效率；创造良好服务平台和营商环境以加大力度吸引外资；提升穗港澳、穗台、中国与东盟自贸区的区域合作水平，促进双边、多边、区域贸易自由化。

（二）结构发展变化趋势

2012 年，一般贸易成为广州主要的贸易方式，而加工贸易比重

持续回落。同时，其低技术产品的国际竞争力也明显提高，尤其是家具及其零件、灯具照明装置及零件、塑料制品；中高技术产品也表现出一定的国际竞争力，例如自动数据处理设备及其部件、集成电路等。与此同时，广州服务外包和技术引进力度大大增强，大大提升了自身服务贸易竞争力和促进国内服务业的发展。

1. 一般贸易稳步增长，技术引进和服务贸易拓展力度增强

2013 年，广州将在保持一般贸易持续稳定增长的基础上大力发展技术引进、服务贸易，进而培育外贸新增长点。为此，政府及相关部门应出台广州国际服务贸易发展指导意见，制定文化贸易、中医药出口、精密电子、生物科技等领域的扶持政策，引导各区建立服务贸易跨部门联系机制并制定服务示范基地发展规划及扶持政策，加强对服务示范基地的动态考核，实行扶优汰劣，推动一批具有较强影响力和竞争力的示范基地脱颖而出，健全服务贸易促进体系，培育优势产品出口集群。

2. 巩固加工贸易优势地位，加快其转型升级

2013 年，广州将在巩固加工贸易传统优势地位基础上加快其转型和创新。首先，政府应引导加工贸易企业加强研发设计、创立自主品牌向产业链高端延伸，引导企业利用展会和电子商务等平台提升拓展内销市场的能力等。其次，推进口岸建设与开放，提高通关便利化水平。包括积极推进穗港货物“单一窗口”通关模式；落实白云国际机场 24 小时国际过境旅客免办边检手续政策和外国人过境 72 小时落地免签政策；继续跟进“三个一”通关模式改革试点工作。再次，推进加工贸易示范区建设，特别是南沙新区和海关保税区的创新实践工作，促进加工贸易深度优化提升。

（三）进出口种类变化趋势

2012 年，广州进出口贸易种类当中的消费品出口增长较为稳定。增长较快的行业主要是文体用品、食品、饮料、农副产品、机电产品等；黑色金属、化工、造纸、专用设备、仪器仪表、交通设备等机械类行业增长也快于平均水平；石油化工、有色金属等中间投入品则出现了负增长。进口商品的结构则逐步优化调整。消费品、能源资源类、高新技术的进口增长较快，橡胶、煤、钢材、机电产品、印刷品和汽车等出现负增长局面。2013 年，面对原材料成本和劳动力齐涨以及国际大宗商品价格持续上扬的局面，广州进出口商品的种类将进一步调整变化，以适应市场需求转型和结构转型的需要。

1. 出口领域：加工类农产品、劳动密集型产品及机电、高技术产品出口保持持续增长势头

2013 年，广州机电产品和高新技术产品的出口将继续保持稳定的增长势头。农产品方面，咖啡、茶、可可、调味品及蜂蜜、饮料、油籽含油果实等加工农产品出口将会有较大幅度增长。纺织品、服装、家具、鞋类、箱包、塑料制品、玩具等七大类劳动密集型产品出口将会缓中趋稳。

2. 进口领域：原材料和工业制成品进口持续稳定增长

2013 年，广州进口增速将保持稳中有升的势头，结构将会进一步优化改善。原材料方面，食品及活动物、饮料及烟类、非食用原料、矿物燃料和润滑油、有关原料、动植物油和脂等分别增长；煤、焦炭及煤砖、天然气以及人造气进口将会保持持续增长。工业制成品进口方面，医药品、制成肥料、电信及声音录制及重放设备、其他运输设备、旅行用品和手提包及类似品、服装及衣着附件和鞋靴进口也将维持一定程度的低速增长。

总体而言，2013 年，广州将根据外经贸发展目标和国际市场变化，出台一系列鼓励进口和进口便利化措施，如进一步优化进口商品

结构，稳定和引导大宗商品进口，积极扩大先进技术设备、关键零部件和能源原材料的进出口，适度扩大消费品进口等。通过这些措施和手段来推动进口促进体系逐步完善，维护出口迅捷增长的局面。

四　2013 年广州市外经贸发展的对策建议

（一）巩固传统市场，拓展新兴市场，提升进出口质量和水平

1. 提高产业和产品竞争力，增强在传统市场竞争的比较优势

首先要巩固和增强传统产业和产品在传统市场的竞争力，保持和扩大家电、鞋帽、服装、食品等传统优势产品的出口规模，强化广州在传统市场业已形成的比较优势。在这其中，针对企业性质、承接国际产业链环节、自身转型需求和能力等的差异情况，对其采取区别化的扶持鼓励对策。同时，要将汽车及零部件、船舶、软件、医药等国家级出口基地作为推动出口产品高端化发展的重要平台，发挥其载体和辐射作用，探索建立市、区、重点企业三位一体共建模式，逐步完善产业链条。如依托广州东、北、南的交通枢纽布局，规划建设会展副中心。加快广交会展馆四期扩建，建设广交会电子商务产业园和琶洲会展企业孵化基地。同时，积极主动有针对性地扩大进口。在此要配合国家扩大进口的整体发展战略，利用好进口税率下调的政策，打通进口通关各类环节，衔接进口与国内分销渠道，从企业税费、通关手续、金融保障等多方面出台和实施进口的配套扶持政策，扩大资源、能源、先进技术设备和关键零部件进口，以缓解国内市场供应压力，推动产业和企业的技术升级改造。其次要发展壮大竞争主体，引导出口龙头企业开展技术、产品及商业模式的创新，鼓励企业提高国

际化经营管理水平和市场开发能力，加快形成自主品牌优势，以新产品、新品牌培育新客户。

2. 积极规避贸易壁垒，减少贸易摩擦

面对传统市场各种形式贸易保护主义重新抬头的新形势，广州需以优化出口产品结构、转变贸易增长方式来应对贸易壁垒和摩擦问题。一方面要引导企业加快产品升级换代，优化出口产品后续服务，创造可以弥补供给缺口的产品和服务，促进广州与传统市场贸易产品结构形成梯度互补；另一方面要建设完善广州与传统市场贸易的协商机制和经贸合作交流平台。积极参与和推进区域经济交流，强化在知识产权保护、贸易规则协调、技术标准制定等领域的合作和协商，努力创造“摩擦小、诉讼少、便利性强”的良好外部环境。

3. 加大对新兴市场的综合开发，降低传统市场萎缩低迷带来的风险

为化解传统市场需求萎缩风险，增大进出口拓展空间，广州需要深入分析新兴市场进出口产品供需结构，创新市场开拓形式，巩固“存量市场”，扩大“增量市场”。首先在考虑资源互补性及政策便利性基础上，将面向新兴市场的整体开发与重点地区的市场辐射带动相结合，以资源丰富、市场容量大的新兴国家如俄罗斯、巴西、印度、东盟国家和地区、中南部非洲地区等作为市场开发重点，因地制宜，以点带面分梯度、分层次地综合开发新兴市场。其次依据新兴国家进出口市场供需特点来优化贸易结构。增加资源、先进技术、关键设备等产品的进口，扩大机电产品、通信设备、家电等新兴市场需求普遍较大的产品出口规模。再次应充分利用当前全球各国产业面临重组、新兴国家准入门槛较低的有利条件，鼓励支持家电、通信、机械、油品等有实力的大中型企业通过在地投资、控股、参股等方式开展对外

投资，并把对外投资与贸易、资源开发、建设境外营销网络等有机结合，以投资带动贸易，丰富贸易的产品种类、传销方式和推广渠道，拓宽对外贸易的边界和领域。

（二）针对性、循序渐进解决小微企业用工难和融资难问题

1. 创新思维和范式应对用工难问题

首先，发挥舆论和媒体的积极作用，大力宣传各类型企业在用工特点和种类及相应工资福利待遇等方面的优势，并协调各级劳动部门和人力部门开展多种形式的宣讲会、招聘会、联展会，激发劳动者的积极性和主动性以适应不同行业不同门类的多重需求。其次，加强对劳动力培训和教育，树立正确的择业观和事业观。引导企业和各类培训机构、大专院校等开展协同式教育，对劳动者在职业技能、就业观念、组织和管理认同等方面强化培训与教育，使其能够充分理解并认同就业的必要性、选择的多样性，培育其对企业的归属感和责任感。再次，摸索新的用工模式，如订单式、轮岗式、SOHO 式等，增强用工的多样性和永续性。最后，做好用工的管理和保障。制定严谨细致的管理规则和人性化、科学化的保障机制，充分保证劳动者的基本权益并满足其合理需求。

2. 通过“开源”固本和扶持保障等方式化解融资难问题

首先，开辟多样化的融资渠道。政府应积极帮助小微企业拓展融资形式与渠道，如引入无形资产担保融资和融资租赁。前者是指企业以取得的无形资产作为担保向银行申请贷款。依据《中华人民共和国担保法》规定，依法可以转让的商标专用权、专利权、著作权中的财产权等无形资产都可以作为贷款质押物。而融资租赁对小微企业具有以“融物”代替“融资”、缓解债务负担、还款方式灵活、资金使用效率高、加速折旧、推动技术进步、增强资金流动性、强化资产

管理等多项功能，在小微企业融资和发展中发挥着独特作用，可以作为小微企业的融资新途径。其次，建立健全小微企业融资担保体系。如建立健全小微企业融资担保基金。小微企业担保基金必须达到一定规模，才能具有抵御风险、提供担保的足够实力；建立企业、银行和担保机构共担风险的机制。为增强其风险责任，可以要求小微企业提供反担保，按企业信用等级确定担保抵押资产的比例。再次，加强政府对小微企业的支持力度。政府可以采取降低税率、减免税款、提高征收起征点等税收优惠政策给小微企业以资金援助。除此之外，政府可以通过财政补贴、优惠贷款等财政优惠政策给小微企业以支持；通过立法不断完善小微企业融资服务体系和法律法规体系，充分全面发展资金市场、资本市场等；通过平台建设扩大小微企业生存拓展能力，如充分利用两期广交会这一特有品牌为小微企业提供信息发布、投资洽谈、招商宣传、分工协作等服务。

（三）多层次、多渠道、多样态推动加工贸易的转型升级

1. 政府引导支持企业建设研发中心，强化自有品牌建设，提高设计与技术创新能力

由于相当一部分从事加工贸易的是中小企业，其往往无法承担研发成本，同时企业规模也决定其能对员工培训的投入有限，因此不得不通过“贴牌”等手段来生产。但是必须指出的是：贴牌生产只是增强企业实力的一个过程和手段，仅仅是走向国际化的战略步骤，不是唯一的，更不是最终的发展道路。从市场需求上来看，政府引导企业组织现有技术专才成立研发中心，并在专利申请、成果转让等方面加以配套服务。这一方面可以使企业通过购买新产品设计来提升产品结构；另一方面，研发中心的存在也可以满足不同企业的多样化定制设计要求，进而提高整个行业的研发水平与新产品换代速度，催生一

系列的名品、精品，从而提升行业的整体竞争力。此外，政府应从速认定一批重点培育和发展的自主国际知名品牌，策划开展品牌宣传推广活动。在此基础上，推进国际知名品牌并购和加强区域品牌培育工作。

2. 加快产业区际转移，依托产业集聚促进加工贸易发展

目前广州的加工贸易出现两极分化，一部分企业开始进行产业升级并取得良好成效，另一部分企业依然停留在低附加值的边缘。这种情况下，一方面，政府应从统筹全局角度出发将加工贸易转移到劳动力相对廉价又具备承接条件的地区，如粤北及广东两翼地区乃至内陆省份；另一方面，对于一部分具有一定经济实力的企业集团，应鼓励他们充分发挥资本优势，发展海外加工贸易。由于这部分企业在发展过程中积累了一定资金，技术水平、经营管理水平、人员素质都得到提高，这使得其在境外尤其是在发展中国家开展加工贸易具备相当充分的基础条件。因此，通过调动其积极性和主动性有利于加工贸易范围扩大和功能的拓展。

此外，构建、整合产业集群，发挥规模效应。政府应采取有效措施推动本地企业之间更加密切的沟通与合作，充分发挥集聚效应。比如，鼓励企业间开展各种形式的合作，以降低运营成本，提高资源利用效率；建立信息网络平台，在原材料及零配件供应商、制造商、批发商、零售商、国内外客户之间建立密切联系和快速反应机制；建立和完善相关的中介服务体系等。

3. 政府及相关部门在信息服务、审批监管、资源分配等“软件”上予以支持和配合

对于广州的加工贸易来说，首先，要尽快使其纳入国际化生产链条中附加值大、科技含量高的环节，制定有效产业政策以引导其发展。其次，政府应鼓励外商投资对所从事的产业进行细化，指明拟吸引的具体生产环节。再次，相关部门应该联合制定不同类属的特定加工工序标准，对符合标准的加工贸易产品、零部件进口关税和增值税的优惠方面予以区别对待。通过这些政策和手段能够切实解决中小企业融资能力差、国际市场信息和中高端人才缺乏、关键零部件生产技术及产品更新能力弱等难题，使更多的国内企业在为跨国公司提供配套的过程中，逐步学会以更大视野、更新观念、更高水准从事加工贸易。

（审稿　李文新）

Analysis of Guangzhou Foreign Economics and Trade in 2012 and Expectations for 2013

Research Group of Guangzhou Development Academe, Guangzhou University

Abstract: 2012, facing the situation of domestic and international, positive and negative factors combined together, with challenges and opportunities, Guangzhou municipality has positively conducted the 12338 strategic deployment under the guidance of new urbanization development requirements. Holding the concept of "Seeking development and Stabilizing growth", Guangzhou municipality strives to innovation in realistic difficulties and seeks for breakthrough to realize foreign economics and trade growth with stabilization. In 2013, Guangzhou will make the

construction of its international business and trade center the main task, and develop new priority in foreign trade based on technology, brand, quality and service, to achieve business environment modernization and internationalization. We estimate the annually growth rates of foreign trade, actual used foreign investment and investment in foreign countries will be 8%, 7% and 15%, respectively.

Key Words: Guangzhou Municipal Foreign Economics and Trade; Situation Analysis; Expectations

B.11
广州2012年工商业经济发展情况及2013年展望

王玉琴　姚朝娟　肖泽军

摘　要：

2012年，广州完成工业增加值4257亿元、社会消费品零售总额5977亿元、商品销售总额31800亿元，分别同比增长10.6%、15.2%、26.6%，连续3年荣获“福布斯中国大陆最佳商业城市”称号。2013年，广州将坚持以建设国际商贸中心为战略重点，着力发展先进制造业，优化营商环境，加快发展促转型，推进工商业迈入健康持续快速发展新阶段。

关键词：

工商业经济　发展状况　转型升级

一　2012年广州工商业经济发展总体情况

2012年，广州市经贸系统认真贯彻市委、市政府“12338”工作部署，坚持以新型城市化和新型工业化为引领，以建设国际商贸中心为战略重点，积极克服经济发展不利因素，努力化解钓鱼岛事件冲击，全力以赴稳增长、坚定不移调结构、扎扎实实促转型，全面完成工商业经济年度预期目标。广州连续3年荣获“福布斯中国大陆最佳商业城市”称号、连续2年获评全省淘汰落后产能考核优秀等次。

一年来，工商经济发展呈现“增长总体稳定，结构调整加快”的良好态势。

——工业生产稳步回升。完成工业增加值4257亿元，增长10.6%；规模以上工业总产值增长11.5%。

——市场消费平稳增长。完成社会消费品零售总额5977亿元，增长15.2%；完成商品销售总额31800亿元，增长26.6%。

——工业投资力度加大。完成工业投资578亿元，增长11.7%，高于全市固定资产投资增速1.6个百分点。

——产业高端化持续推进。高新技术产品产值占规模以上工业总产值比重42.2%，同比提高2个百分点；先进制造业和高技术产业增加值占全市工业增加值比重66%。

——内生发展动力增强。民营经济实现增加值5374亿元，增长10.7%，高于GDP增速0.2个百分点，占全市GDP的39.7%，比去年提高0.7个百分点；民间投资额为1158亿元，同比增长20.5%，占全市固定资产投资比重30.8%。

——集约发展成效显著。规模以上工业单位增加值能耗预计下降10%。

一年来，全市经贸系统主要开展了以下工作。

（一）全面开展暖企大服务

深入开展暖企行动。开展了规格高、范围广、力度大的暖企服务。广州市领导亲自带队深入12个区（县级市）、67个街镇、400多家企业，针对重点企业召开了供电、融资、用地、用工等座谈会，积极解决企业提出的七大类共性问题和274项个性诉求，解决了相关企业100多亿元的融资需求、50多万千瓦用电需求，保障实现产值200多亿元。市财政安排1.39亿元资金奖励39家内资总部企业。

帮扶涉日企业应对钓鱼岛事件冲击。及时制定应急预案，迅速成立涉日维稳应急工作领导小组，联合有关部门和区组成专责小组，进驻广汽本田、广汽丰田、东风日产等影响严重的企业，帮助企业恢复正常生产经营。

加强生产要素保障。加强煤、电、油等监测预警，全市主副食品、煤电油安全有序供应。首次召开全市电网建设工作会议，完成电网建设等固定资产投资近70亿元。

（二）大力推动国际商贸中心建设

制定出台《关于建设国际商贸中心的实施意见》，重点强化会展中心、购物天堂、采购中心和价格中心、物流中心、电子商务中心、美食之都等八大功能支撑。

强化国际会展中心建设。出台《关于支持广交会做大做强的工作意见》。全国首次重点城市会展业统计制度座谈会在穗召开。全市重点场馆举办展览累计面积达829万平方米，同比增长12.9%，面积10万平方米以上的特大型品牌展览达13个，位居全国前列。成功举办第七届广州国际设计周活动。

强化购物天堂建设。推动番禺万达广场等一批高端城市综合体建设，提升打造天河路等商圈，中心城市消费集聚功能进一步增强。

强化采购中心和价格中心建设。流花服装和狮岭皮革原辅料市场集群成为省首批国际采购中心，三元里皮具商圈等3个专业市场（群）被列为省国际采购中心重点培育对象。引导塑料、钢铁等14家大宗商品交易平台规范建设。

强化物流中心建设。大力推广“林安模式”，6家物流企业获评省制造业与物流联动发展示范企业。召开高端物流业战略研讨专家座谈会。广州成为全国首批现代物流技术应用和共同配送综合试点城

市。目前，A级物流企业达64家、5A级物流企业达5家，居全国前列。

强化电子商务中心建设。云埔电子商务园区成为首批国家电子商务示范基地，13家企业被列为省首批电子商务示范企业。唯品会、环球市场、欢聚时代3家电子商务企业成功在境外上市。目前，6家企业获得中国人民银行第三方支付牌照。

强化美食之都建设。推动番禺大道（美食集聚区）和中华美食城、广州潮府馆建设。新增2家国家白金五钻级酒家、9家国家五钻级酒家，位居全国前列。

（三）加快产业转型升级

注重招商引资促发展。组织开展“新广州·新商机”百家知名企业羊城行，吸引全国189家资本雄厚、最具实力的装备制造业和战略性新兴产业领域的龙头企业来穗对接合作，签订12项合作协议，总投资金额超400亿元。推进工业设计、先进制造业、现代服务业等领域的5个广州与意大利合作项目落地。成功举办广州企业与鞍钢集团合作对接暨产品推介会。引导80家制造企业开展转型升级试点，珠江钢琴等45家企业成为市级示范企业。

注重基地共建促发展。省市共建战略性新兴产业基地5个，位列全省第一。推动LG8.5代液晶面板项目开工建设，中烟广州卷烟生产基地等一批生产力骨干项目建成投产，和谐大功率机车检修基地首批检修机车下线。

注重创新、低碳促发展。认定第三批62家市级企业技术中心、首批55家市级工业设计示范企业，新增国家级企业技术中心3家。新增12家“广州老字号”、26件“广州十大手信”产品。中国驰名商标达66件、省著名商标达338件、省名牌产品达151个、省首批工艺美术珍品达16件。2008年以来，累计转移各类企业7553家，腾出土地1300多万平方米，引进优质企业4045家。265家重点用能单位节能38.6万吨标准煤。落实重点用能单位节能目标责任制，开展千家工商企业节能低碳行动。认定24家市级循环经济示范企业（园区），500家企业通过清洁生产审核验收，累计节能41万吨标准煤、减排废水225万吨。

（四）积极扩内需促消费

精心组织"广货全国行"、"广货网上行"，大力推动网络消费，共209家企业被省认定为电子商务平台、网上商城和广货网店，全年网上商店实现零售额同比增长近2倍。组织开展广州国际购物节、广州国际美食节、梦享广州－法拉利盛典嘉年华、广州欢乐购物嘉年华、广货促销月等大型高端商贸活动，联动千家企业加大促销力度，凸显了国际化大都市时尚魅力和潮流聚合力，有效拉动消费。推进"10分钟幸福生活圈"建设，新增万村千乡市场工程网点43个，新建231家平价商店（专营区）、25家"小鲜驿站"，成为全国"农超对接"试点城市。扎实开展"三打两建"专项行动，累计检查食盐和酒类经营企业、店档3.1万间，捣毁假冒食盐、酒类地下加工点75个，有效净化了食盐和酒类市场。

（五）扶持民营经济和中小微企业发展

强化政府服务。广州市政府安排1亿元民营专项资金奖励100家优秀民营企业。出台《广州市促进中小微企业发展的若干政策》，支持和引导中小微企业创新升级、转型发展。发行全国首支中小企业集合私募债券，首创中小企业"首贷贴息"政策。组织近百场融资对接会，50多家金融服务机构与5000多家中小企业对接，引导29家

备案的中小企业信用担保机构为全省 4533 家中小企业提供 3280 亿元担保支持。推动 55 家中小企业进入省上市企业后备资源库，5 家民营企业成功上市。10 家融资服务机构被认定为省中小企业融资服务示范机构，全省第一。

强化社会化公共服务。6 家获评省级创新创业示范基地。认定 37 家市级中小企业公共技术服务平台、公共服务示范平台，15 家公共服务平台列入省级平台。30 家民营企业被评为省第一批重点创新帮扶高成长性中小企业，位居全省第一。

二　2013 年工商业经济发展展望

2013 年，是深入贯彻落实党的十八大精神的开局之年，也是全面推进新型城市化发展的重要一年，广州市经贸系统将以党的十八大精神为指导，贯彻落实市委、市政府关于加快发展促转型的总体部署，以建设国际商贸中心为战略重点，加快发展先进制造业，全面开展“暖企、暖项目、暖区”服务，优化营商环境，加快发展促转型，推进工商业迈入健康持续快速发展新阶段。工商业经济发展主要预期目标：

——工业增加值同比增长 9.5%；

——社会消费品零售总额同比增长 14%；

——工业投资同比增长 13% 以上；

——规模以上工业单位增加值能耗同比下降 4.5% 左右；

——民营经济增加值占全市 GDP 比重达 40%。

（一）着力稳增长强服务，推动工商业经济加快发展

项目分类促投资。优先遴选增资扩产、技术改造和历史遗留项目，

市区联动建立项目库，按照先易后难、重要优先、先投产先办理的原则支持2012年能释放产能的重大项目落地。提前介入重大、重点项目，优先支持2012年新增产值亿元以上项目（企业）以及产能大户、投资大户尽快释放产能。优先保障制造业投资项目（企业），采取超常规方式支持利用现有工业用地和办公楼加层或提高容积率、增设厂房。加快自主品牌轿车的研发和品牌建设，推进北汽集团华南生产基地（增城）整车项目首期工程、广汽本田增城工厂产能扩大（新增24万辆/年）建设项目、广汽乘用车工厂10万~20万辆产能扩建项目、东风汽车有限公司花都工厂乘用车产能扩建项目、金发科技全降解塑料产业化项目、晶科电子LED芯片及光组件模组产业化项目等重大项目建设。

贴身企业强服务。建立市、区、街（镇）“三级服务网络体系”，针对近500家年产值（销售总额）10亿元以上工商业企业，推行投资项目审批代办制。对2012年新增产值亿元以上项目（企业）以及产能大户、投资大户给予审批、用地、供电、融资、高管子女入学等“五个优先”VIP服务，高效、无偿代理企业办理相关手续。联合国土、规划部门强化用地服务，开展工业用地摸查，产业用地指标向重大项目和产能释放快的项目倾斜；举办民营企业用地规划政策咨询见面会；召开用地规划供需对接会，联合各区（县级市）对接落实。编印《广州市扶持企业发展政策摘编》并派发企业，研究出台工商经济稳增长、增投资、扩消费、促转型的新政策。

招商选资增后劲。成立招商小分队，摸查全国100强民营企业投资意向，实行个性化服务。制定引进国内500强优势企业3年行动计划，建立国内500强优势企业招商信息库、投资项目库，促成更多战略投资重点落户广州。举办2~3场以区域、产业为主题的联合招商推介活动。联动各区（县级市）策划开展总部招商、敲门招商、专业招商、园区招商、会展招商，引进一批具有世界先进水平、带动力

强的高端项目和先进适用技术，促进形成“区区有特色、区区有亮点”的投资格局。

（二）着力建设国际商贸中心，提升国家中心城市综合服务功能

加强会展业发展。2012 年上半年制定出台《广州市会展业发展规划》和《关于加快会展业科学发展建设国际会展中心城市的实施方案》。完善会展业发展组织机构，推动成立广州市博览局统筹全市会展业发展。规划建设花都、增城、番禺会展副中心。加快广交会展馆四期扩建，建设广交会电子商务产业园和琶洲会展企业孵化基地。

加快商贸集聚区和大宗商品交易平台建设。全面落实《关于建设国际商贸中心的实施意见》，出台《广州市大型零售商业网点发展规划》。继续推动天河路商圈、白云新城商贸文化功能区等高端商贸区建设，提升广州国际购物节的全球影响力。争取天河中央商务区申报成为国家级示范商务区。在越秀流花服装市场群、狮岭皮革原辅材料市场群等省首批国际采购中心开通电子商务交易平台。提升塑料、钢铁等大宗商品交易平台发展水平，拓展木材、纸浆等 1～2 个新品种开展大宗商品电子交易。

着力推进美食之都建设。重点推进番禺大道（美食集聚区）、惠福美食花街、广州美食园等规划建设。创建一批国家级酒家。举办 2013 年广州国际美食节。

大力发展电子商务。落实《广州市加快电子商务发展的实施方案（试行）》，市财政连续 5 年每年投入 5 亿元扶持电子商务发展，培育 20 家示范龙头企业，重点推进黄埔国家电子商务产业示范基地、荔湾花地河电子商务园区等集聚区建设。引进国际国内电子商务龙头企业，深化电子商务应用推动产业转型升级，健全电子商务支付服务

体系。加快推进唯品会、亚马逊和阿里巴巴华南运营中心电子商务及物流项目建设。

聚焦特色提升老字号。在荔湾、越秀加快推动老字号一条街建设，结合“三旧”改造建设老字号集聚平台，打造成为展示广州名牌产品、工商业发展成果、传统商贸文化的窗口和载体。继续认定一批“广州老字号”，通过联展联销、集中推介等方式进一步扩大“广州手信”的品牌影响力。

（三）着力推动转型升级，构建工商业经济现代产业体系

制定出台传统优势制造业、工业园区（产业基地）、中小企业公共服务平台、专业市场、产业物流、电子商务等十大试点领域转型升级示范标准，力争培育200家转型升级示范企业。

优先发展主导产业和战略性新兴产业。以规划引领、产业用地指标统筹排序、投融资服务、产业链配套对接、战略性主导产业发展资金扶持等手段，做大汽车产业自主品牌汽车、做强核心零部件、做优二、三线城市零部件配套基地，扶持海洋工程装备、轨道交通装备、数控机床等重大装备系列化、成套化、智能化发展，形成研发、制造、服务一体化的汽车、电子信息、石化、重大装备等四大主导产业集群，力争实现整车年产能174万辆，其中自主品牌20万辆。

改造提升传统产业和工业集聚规范发展。在家用电器、纺织服装、建筑材料、食品饮料、金属制品、轻工、家具制造、中成药制造等8个重点领域认定一批示范企业，在技术改造、技术创新、节能减排等方面给予优先支持。开展工业机器人应用示范试点及推广。以园区规划、园区认定、产业用地指标统筹排序引导“三管齐下”推动制造业集聚集约发展。出台促进工业集聚发展的规范标准和引导政策。

推动传统商贸业转型发展。抓好荔湾区批发市场、白云区综合转

型升级试点工作，示范推进工商业经济转型升级。继续推进零售行业连锁经营，力争新增一批金鼎和达标百货店。鼓励连锁企业借助品牌、管理、技术和网络等优势大力发展特许经营。鼓励流通企业与品牌产品生产企业加强合作，发展总经销、总代理等现代流通方式。

强化创新、绿色、低碳发展。开展第四批市级企业技术中心认定，组织企业积极申报国家、省级企业技术中心，力争新增 30 家以上国家、省、市企业技术中心。培育创建国家级企业工业设计中心。开展工商业节能低碳十大行动，实施节能产品惠民工程，认定一批市级循环经济示范企业和示范园区，打造一批低碳制造企业、低碳产业基地，创建国家循环经济试点（示范）城市，在工商业领域加快推行清洁生产。推进再生资源回收利用体系建设。加快产业转移和淘汰落后产能。

（四）着力实施民营经济倍增计划，激发内生增长动力

扩大民营资本投资领域。落实民营资本投资产业导向目录和放开民间资本投资领域的实施细则，鼓励民营企业进入“三个重大突破”领域。3 月份举办民营资本投资对接座谈会和“新广州·新商机”重大项目（民营）投资推介会。

建立民营企业数据库。摸查产值和营业收入 10 亿元以上民营企业投融资需求情况，建立市、区两级民营企业数据库，实行动态跟踪，最大限度地留住本地民营企业在穗发展。

实施专责联络员制度。针对全市近 200 家年营业收入 10 亿元以上民营企业，深入企业开展专项服务，并联系所在区（县级市）共同帮扶发展，全程跟踪处理各项审批事项。

制定民营企业倍增目标。每年滚动扶持 50 家拥有自主知识产权的成长型企业、50 家科技型企业、50 家出口型企业、50 家配套型企业、20 个中小企业公共（技术）服务平台。

上半年召开全市民营经济工作大会，进一步落实各项帮扶民营企业发展的政策。力争到2016年，民营经济增加值在2011年的基础上实现5年翻一番，民营固定资产投资额在2012年基础上实现4年翻一番，营业收入50亿元以上、100亿元以上的民营企业（集团）分别达30家和20家。

（五）着力强化经济运行保供应，推动调控能力上水平

完善全市工商业经济运行监测分析数据库，探索建立工商业预警指数，做好零售业PMI指数的编制和发布，每月发布制造业PMI指数。完善电力应急管理体系，建立重点项目新增用电信息提前获取机制，优先保障产值大户、赢利大户以及今年投达产的项目（企业）的用电需求。大力推广使用粤IV柴油，确保成品油、煤炭市场供应稳定。加强专卖行业管理。巩固“三打”成果，切实做好“三打”与“两建”工作有效衔接，推进商务综合行政执法，构建“放心酒”、“放心盐”消费网络。

（六）着力优化职能改进作风，营造工商业经济发展良好环境

进一步优化职能。梳理工商业经济领域公共服务事项，进一步压缩办事流程和时间，推行网上办理。创新推进企业审批服务直通车制度，完善提升政务审批“综合服务站”。

进一步发挥行业协会作用。总结推广番禺厂商会的好做法、好经验。推动成立电子商务、工业园区行业协会，充分发挥行业协会（商会）服务产业、服务企业的作用，加快政府技术性、服务性等职能向行业协会（商会）转移，促进行业自律发展。

进一步改进作风。贯彻落实中央关于密切联系群众、改进作风的

“八项规定”，以及省市相关工作部署，集中力量解决基层和企业实际问题。

进一步加强党风廉政建设。强化廉政风险预警防范，把反腐倡廉工作与业务工作相结合，树立经贸系统良好形象，促进勤政廉政。

（审稿 周凌霄）

State of in Industry and Business Sectors of Guangzhou in 2012 and Expectations for 2013

Wang Yuqin Yao Chaojuan Xiao Zejun

Abstract: In 2012 Guangzhou has finished industry added value of 425.7 billion RMB, social consumption retail total value of 597.7 billion RMB, and goods sales total value of 3.18 trillion RMB, with the growth rates of 10.6%, 15.2% and 26.6% respectively. Guangzhou has been acclaimed Forbes Best Commercial City in Mainland China for three years. In 2013 Guangzhou will uphold its strategic priority of becoming a international business and trade center, push forward advanced manufacture, optimize business environment, and accelerate development to transition, in order to boost industry and business into the new phase of a healthy, steady and fast development.

Key Words: Industry and Business Economy; Development Situation; Transition and Upgrade

B.12

广州市中大布匹商圈现代化专业市场体系建设研究

孙伟斌 张 健 吴晓芸

摘 要：

广州市海珠区中大布匹专业市场对区内商贸发展发挥着重要的作用，为地方经济和税收增长作出一定的贡献。然而，该市场目前的发展出现瓶颈，经营管理模式落后、研发实力薄弱、税收贡献率低等问题凸显。因此，改造传统商贸业，加快产业升级是海珠区创新经济发展模式的当务之急，也是中大布匹市场未来发展的唯一出路。

关键词：

广州 中大布匹市场 税收征管

中大布匹商圈从20世纪80年代初开始自发形成，经过20多年的发展，在政府的规划引导下逐步成为一个大型纺织品专业批发市场，在全国乃至东南亚地区都具有一定的影响力。

一 中大布匹商圈的发展现状

中大布匹商圈的专业化市场有着广阔的市场发展前景和机遇，但同时也面临着各种各样的发展瓶颈：管理模式落后、配套不齐全、产业链不完整等因素都严重地压制了市场的进一步发展。

（一）市场规划落后，建设发展无序

这些年，中大商圈的专业市场投资建设如火如荼，市场数量不断增加。据经贸局最新统计数据显示，中大布匹商圈占地面积从2008年的50多万平方米提升到2012年的80万平方米，经营分场从2008年的40个上升到如今的48个，场内商铺多达1.1万多间。随着近几年纺织品专业市场单体大型建筑的不断涌现，中大商圈的布匹专业市场数量将更上一个台阶。

在投资者热衷于投资建场的同时，无序发展带来的问题也不断暴露。投资者兴建市场前缺乏对中大商圈整体规划的认识，相关配套设施滞后，造成市场数量多、同质化，不同的分场主各自为政、相互倾轧，整个商圈难以形成良性竞争和团结共济的面貌。

（二）市场管理落后，税收管理难度大

目前，中大布匹商圈内的管理是传统而落后的，多数市场投资者不注重长期规划，只注重短期回报，认为建立专业市场完成招商即大功告成，把专业市场的运营简单视为物业管理。没有重视市场的制度建设，如没有对进场的商户进行资质审查，运营中缺乏规范监督，导致整个中大布匹市场呈现自由无序化发展。有些市场甚至将为商户代缴的税款算入物业费来收取，形成物业费高企、租金低廉的特点，逃避了房产税等租赁收入应缴税款。

（三）品牌意识落后，经营主体零散

商圈一个严重的发展瓶颈就是场内经营主体以个体工商户和无证照经营户为主，缺少企业化经营的纺织业品牌大户。海珠区第二次全国经济普查数据（2008年）显示，从行业分布来看，区内从事批发

业的个体经营户有11144户，占全区个体经营户总量的14.17%，仅次于零售业。从地区分布来看，区内个体经营户数最多的是中大布匹商圈所在的凤阳街，有16209户。除个体工商户外，无证照经营户的数量也是庞大而无从考据的。这给专业市场的发展规划带来一定的难度，既不利于相关职能部门整合管理、数据统计，也不利于税务部门的税收征管。

（四）物流配送落后，营商环境恶劣

目前中大布匹商圈的物流配送绝大部分仍然是传统落后的，各个专业市场内看似车水马龙，其实是杂乱无章：人车混行，人货混居，交通拥堵，既没有独立的仓储中心，也没有完善的专业的物流市场。物流平台的缺少，管理成本大，经济效益低，降低了商品的交易速度，严重影响经营环境，制约了整个商圈的发展与提升，也影响周边老百姓居住利益和居住环境，不利于和谐社会的建设。

（五）营销方式落后，制约企业壮大

目前中大布匹商圈的交易方式多为“现场、现货、现金”的传统手段，交易结算方式单一，场外交易大量存在，仍停留在经销商和终端消费者到市场采购的阶段，电子商务起步维艰。一方面，“三现”交易方式制约着商户向外发展，只能坐等顾客上门。该种交易方式税收监管难度大，使得税收流失成为必然，同时掣肘企业壮大发展。

海珠区的琶洲会展已经享有较高的国际知名度，其展览面积在世界上也是数一数二的，办展效果越来越喜人。然而近水楼台的中大布匹商圈却没有从中受益，乘机开办纺织业名牌展会，扩大市场影响力和辐射度。

（六）研发实力薄弱，市场错失科学发展

目前专业市场没有打通上下游产业链，各个环节各自发展，缺乏互动，在低层次、低效率上运营，占据产业链的低端。由于缺乏相关专业人才和研发中心，对应的管理技术、硬件软件难有突破，无力拉动市场往技术平台、高价值链上发展，使得市场各种资源难以有效整合，区域内在发展动力也难以激活。相比其他新兴的现代化专业市场，中大布匹商圈在产品研发、检测、信息发布、品牌推广等方面较为欠缺。

二　中大布匹商圈发展前景

（一）做好蛋糕——拓展国内市场份额

目前，纺织工业从总体状况来看呈现稳定、向好发展态势。据国家发改委统计数据，2011 年 1 ~5 月我国纺织工业规模以上企业实现工业总产值 1.99 万亿元，同比增长 30.15%，产值增速有所放缓。其中内销市场旺盛，支撑能力显著，1 ~5 月规模以上企业内销产值达 1.6 万亿元，同比增长 32%，内销产值占纺织工业总产值比重达 82.7%。金融危机后，中国纺织品出口受到较严重的影响，但在国家拉动内需的政策背景下，以内销为主的中大布匹市场再次迎来了发展的机遇。

据全球纺织网数据显示，2010 年，我国原、面（辅）料类市场和家纺类市场经营规模与交易规模稳步增长，市场投入产出效率较大。其中，原、面（辅）料类市场 97 个，经营面积 1683.16 万平方米，同比增长 4.13%；交易额 3692.28 亿元，同比增长

13.57%，交易额的增幅远大于经营面积的增幅。东部地区是我国重要的纺织服装市场的聚集地，原、面（辅）料类市场的经营面积占全国同类市场总经营面积的88.75%，成交额占比更高达91.6%。从行业地区分布来看，海珠区纺织行业的发展仍有后劲。从已公布的中国商品交易市场500强的名单资料中，中大布匹市场的成交额从2007年度的180亿元跃升为2008年度的204亿元，增长速度为13.22%，高于纺织业批发市场老大浙江绍兴中国轻纺城（同比增长10.3%）。目前，中大布匹市场正掀起一股升级改造之风，借助科学化、专业化的全产业链创新发展管理模式，海珠纺织业有望获得发展新机，拓展在国内市场的份额，真正确立“全国布都”地位。

（二）做大蛋糕——加大国外市场交易占比

受国际金融危机及我国通胀压力下的宏观经济影响，当前纺织企业面临着用工成本快速提升、人民币持续升值、原材料价格大幅波动、银根进一步紧缩等多种困境，纺织行业在全球的竞争力遭到削弱，不少订单开始流向周边国家。

中大布匹商圈的专业市场外销比例较小，受到出口萎缩的冲击不显著，目前向周边国家转移的多是低端产品，周边国家在产业配套方面尚不完善，产品质量难以保证，在短期内还难以取代中国中高端纺织服装产品。面对重重困难，“危”与“机”并存，区内的纺织企业和纺织专业市场应该加快转型升级步伐，实现规模化和差别化经营，提高产品附加值，建立自主品牌名牌，在做好做强国内市场的基础上，让企业走出去，做大国外市场，真正实现“世界纺织看中大”。

三　中大布匹商圈发展对策

在海珠区“十二五”规划中，政府对中大布匹整体专业市场的发展目标定位是：“建立配套完善、功能齐备、服务一流、管理规范的现代化专业布匹批发市场，发展成为集商贸展示、物流运输、电子商务、交易加工功能为一体的布匹服装产业商贸区，打造海珠区中部经济圈。”近年来，随着广州长江轻纺城、广州国际轻纺城等几个一体化大型纺织品专业市场的建立，中大布匹市场的升级改造一再被提起，然而终归是雷声大雨点小。要真正做到立足广州、依托珠三角、辐射全国、影响国际，打造一个全球纺织品展贸中心，绝不是轻而易举的事情，要看政府及其相关职能部门在当中能发挥多大的作用，管理制度、配套设施、规划评估等这些运营措施能否得到贯彻落实。

（一）发挥政府导向性职能，培育涵养税源

1. 加大市场建设管理力度，引导投资方向

中大布匹市场经过20多年的发展，成为国内外著名的纺织品批发市场。如果市场建设一再重复低端、无序的建设，那所谓的改造升级、资源整合都是妄谈。政府作为专业市场的牵头者和引导者，首先应该加大对布匹市场建设的管理力度，积极推进配套设施齐全、管理制度先进、全产业链式的高端专业市场建设，引导资金流向附加值高的专业市场，优化区域经营环境。

2. 引入奖励与优惠制度，培育涵养优质税源

为进一步推广电子商务交易，扩大网站覆盖率，提高品牌知名度，政府相关部门应在税收及收费方面给予适当的减免和优惠，并引

入奖励制度，对通过电子商务开展业务并取得显著经济效益和打响品牌知名度的商户给予奖励，提高企业市场竞争力，从而也培育涵养了优质税源。

3. 整合上下游资源，完善纺织产业链

现代化的专业市场不仅在于商贸营运本身，更要重视产业链的合理配置，搭建行业间广泛互动的交流平台。将产业链中的研发、采购、设计、展示、贸易等多个环节电子信息化、智能化，创造新的产业模式，逐渐将仓储、制造等中间产业向外转移，通过广泛整合行业资源，产业链上下游优势互补，使专业市场乃至城市经济实现更大的突破和创新。

另外，政府牵头从政策、制度、规划等多方面来引导纺织行业各环节的投资与发展。既要加强场内采购、设计、打板、展览、贸易、物流等一站式服务，也要强化场外行业上下游互动。海珠区内有所谓服装设计师摇篮的广州美术学院，有设计研发、创意品牌推销的T. I. T创意园、有得天独厚的琶洲会展平台，有主营服装销售的白云世界服装贸易中心等，政府要做的就是有机整合和优化这些资源，为这些上下游产业、关联产业提供需求服务，进一步完善产业链。

4. 深化“退二进三”转型，建立协税护税网络

通过产业链上下游的配置与分工，发挥资源整合优势，全力发展现代服务业，不单能够带来经济效益，也可以增加税源的多样性。近几年海珠区第三产业发展迅猛，第二产业日渐式微，若形成全产业链经营模式，可以更加深化海珠区“退二进三”发展理念，促进第三产业的发展，带来税收快速增长。

发展全产业链经营，涉及面广、产业环节跨度大、相互协调难度高，也相应带来税收管理的难度，需要政府各部门积极参与协调与管理，建立多部门参与配合的协税护税网络，加强与区政府、工商、街

道、城管、公安、国税、房管、银行等部门的联系和沟通，实现信息资源共享，充实专业市场统计数据，提高税收管理效率。

（二）强化税务部门专业管理职能，营造公平纳税环境

1. 深化个体与零散税源管理改革，扩大税务登记覆盖率

按照“抓大、控中、规范小”的税源管理思路，利用个体工商户与零散税源委托街道代征管理的契机，将中大布匹市场的无牌无照经营者纳入税源监控范围，力争市场内商户百分百税务登记，在此基础上，对大额交易的个体工商户，引导其注册类型转为企业，设立台账，实行查账征收，引导商户企业化经营。

2. 加大执法力度，提高纳税遵循度

税务机关应加强开展专项检查，加大税务违法行为的处罚力度和整治力度，对纳税人偷税漏税等违法行为进行曝光与处罚，并记录在专业市场诚信档案中。针对“低租金、高物业费”的情况，税务机关要加强对周边地区租金情况的横向比对，利用广州即将建立租赁网签系统的契机，对专业市场租金明显偏低且无正当理由的要加强检查力度，营造公平竞争的纳税环境，促进专业市场规范化管理。

3. 扩大税收优惠范围，加大政府扶持力度

现代化专业市场升级改造势必伴随着改革和转型带来的阵痛，为了更好地引领市场向着预期方向发展，可加大税收优惠政策，对交通运输业、仓储业、物流服务业、电子商务业等企业给予税收政策倾斜，可考虑加大对这些行业的奖励和扶持力度，推动相关行业积极健康发展。

（三）重视专业市场自律职能，保障经济自强发展

1. 建立专业市场管理制度，设立商户准入制与淘汰制

从最早的地摊、铁皮铺，到普通批发市场，再到一体化大型专业

市场，业户的经营环境得到较好的提升。以珠江国际纺织城为例，其超大体量的产业平台、独立产权写字楼、四星级酒店等高端配套为广大商户提供广阔的发展平台，为制度创新与完善提供了硬件基础。

创新现代化专业市场管理体系，首先要建立完善、科学、全面的管理制度。设立商户准入制，严格审查进场商户的资质，杜绝无牌无证经营，吸引大型、名牌企业和商户入驻，提高专业市场经营档次。其次加大对商户的整合力度，促进商户的有序竞争和诚信经营，扩大商户经营活动的参与力度。可适当引入大型超市的管理模式，设立淘汰制度，对于出现不服从专业市场统一规划、非法经营、偷税漏税、不正当竞争、不诚信经营等行为的商户可取消其市场经营资格。再次是对商户交易核算、物流运输、营销推广、产品质量监督、售后服务等环节设立统一标准与流程，提高管理效率，树立良好的品牌形象，突出专业市场的主体和主导地位。

2. 建立专业物流配送体系，拉动相关产业发展

现代化专业市场年销售额惊人，亟须通过专业的物流服务提升经营水平，增加赢利。要完善物流配送体系，首先要有专业的物流配送中心、大型停车场、独立仓储中心，并利用现代专业物流公司提供的物流咨询、信息监控、物流决策等服务，实现对专业市场商户个性化物流增值服务。通过建立公共的物流信息平台，帮助产业链上下游企业对市场需求变化作出快速反应，提升竞争水平。将物流信息平台与电子商务平台链接，达到下单与发货同步。

3. 建立电子商务平台，扩大贸易范围

专业市场要想打破时空局限，走向世界，就要以电子商务为手段，通过互联网发布最新商品信息，吸引更多的国内外商客采购，使产品走向世界。利用电子商务平台，畅通商户与客户的交流渠道，拓展信息资讯的广度和深度，加快对市场的策略调整反应速度，降低经

营交易成本。广东省已把推动电子商务发展作为实现产业结构调整、转变经济发展方式、建设节约型社会的重要战略举措，要求重要批发市场全面开展电子商务应用。珠江国际纺织城将与地方政府携手打造首个全球纺织电子商务平台，商户和客户可通过网上看货订货、网上支付等方式进行交易，另外其物理配送中心将与电子商务平台相链接，网上交易订单与物流同时实现，真正做到向“人流、物流、现金流”分离的现代化专业市场升级。同时还将设立全球信息发布平台、流行趋势发布平台，让进驻商户分享纺织市场的最新资讯，紧跟国际时尚流行趋势。这是典型的政府牵头、企业参与的产业整合升级的探索。

4. 打造行业价格指数，掌握行业话语权

一直以来，中大纺织品市场在珠三角乃至全国的纺织品市场中有着重要的价格及潮流指标作用。随着中大布匹市场的改造升级，其对纺织品市场产品价格的指标及调节作用将日益凸显。以珠江国际纺织城为例，其将打造由权威机构提供，政府部门督导的中大商圈首个行业价格指数，包括反映市场价格走势的价格指数、反映市场信心的景气指数以及反映出口交易额的外贸指数，掌握纺织行业话语权。

5. 借助会展经济优势，推动贸易发展

会展业作为海珠区现代服务业的龙头产业，在区域经济发展和税收贡献方面发挥着举足轻重的作用，中大布匹市场应该借助海珠区会展经济优势，以展览推动贸易。通过统一的组织机构，加大与琶洲会展的良性互动，加大纺织品专业展会的举办力度，在行业内形成名牌展会，提升专业市场影响力，吸引国内外客户走进来。要真正做到专业市场品牌形象的良好推广，还要组织商户走出去。深谙此道的珠江国际纺织城在试业前期就依托“全球纺织直通车”进行世界巡展，积极组织商家参与国内外重大纺织展会，频繁举行产品发布会，拓展商家品牌推广渠道。只有通过加强品牌孵化，深化市场推广，做大做强企业，培养出众多知名品牌，才能够做到有力撬动经济发展，培育纳税大户，扩大税源规模。

（审稿　栾俪云）

参考文献

《海珠区第二次全国经济普查公报》。

《招租式商场的双维服务模式》。

王先庆、王晓春：《珠三角专业批发市场调查：现状、问题与对策》，第六届广东流通学术峰会暨“珠江三角洲流通业合作与发展高峰论坛”，2009。

徐臣攀、赵丽：《试论西安服饰批发市场物流信息平台构建——以西安康复路服饰批发市场为例》，陕西省教育厅科研项目课题，2010。

《千亿纺织商圈时尚之夜搞搞新意思，设计师总部特立独行全产业链混搭“梦工厂”》，《南方都市报》2011年4月26日。

国家发改委产业协调司：《1～5月我国纺织服装行业经济状况分析》，全球纺织网，2011年7月13日。

《2010年纺织服装专业市场交易大盘点》，全球纺织网，2011年4月20日。

《纺织业面临困境中发展情况深度分析》，中国纺织经济信息网，2008年9月11日。

Research on Establishing Sun Yat-sen University Fabric Business Circle in Guangzhou a Modern Professional Market System

Sun Weibin　Zhang Jian　Wu Xiaoyun

Abstract: Sun Yat-sen university fabric special market in Haizhu

District plays an important role in local business and trade development, and contributes towards the growth of local economy and tax collection. However, this market is facing its development bottleneck, with problems of out-of-date management model, weak exploring ability and low tax income. Therefore, transforming traditional business and trade industry and accelerating industrial upgrades are the top tasks for the innovative economic development in Haizhu district, and also the only way out for the future development of Sun Yat-sen university fabric market.

Key Words: Guangzhou; Sun Yat-sen University Fabric Market; Tax Collection and Management

劳动就业篇

Employment

B.13 广州市产业结构调整与就业结构变动研究

国家统计局广州调查队课题组*

摘　要：

加快转变经济发展方式，进一步优化产业结构是我国当前面临的重大任务，产业结构调整又与就业结构变动密切相关。本文创新点在于通过经济计量方式揭示了产业结构调整和就业结构变动的关系，以及经济发展方式发生转变的时间节点。

关键词：

产业结构　就业结构　经济发展方式　时间节点

* 课题组长：薛海林；课题组成员：高英、温欣明、梁宇；执笔：温欣明。

改革开放以来，广州以经济建设为中心，经济持续快速发展，产业结构也得到调整和优化，主要表现为经济发展重点不断向第二产业和第三产业逐次转移，产业结构高度化趋势明显，传统工业增速放缓，现代工业发展迅速，与此同时就业结构也发生显著变化。由于受经济政策的调整、经济增长方式改变和技术进步等因素的共同作用，产业结构调整与就业结构变动在不同时期呈现出不同的特点。

一　产业结构调整与就业结构变动关系的实证分析

产业结构调整和就业结构变动的关系直接表现为各产业增加值与从业人数变化。为从整体上把握产业结构调整与就业结构变动关系，本文通过统计学经济计量方式，利用各产业增加值与对应从业人数两个指标进行实证分析。

（一）相关分析

相关系数是衡量变量之间相关程度的指标，相关系数绝对值越接近1，变量之间的线性相关程度越高；越接近0，变量之间的线性相关程度越低。本文以广州1978～2011年地区生产总值（简称GDP，下同）、三次产业增加值及对应从业人数计算相关系数，以现价计算，GDP和三次产业增加值与从业人数的简单相关系数分别是0.958、-0.895、0.950、0.961；以不变价计算，简单相关系数分别是0.972、-0.850、0.956、0.977。由此可见，不论以现价计算还是不变价计算，GDP、三次产业增加值与从业人数均呈高度相关（见表1）。

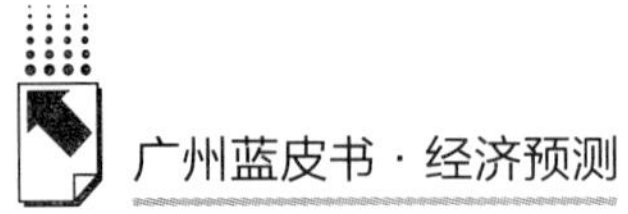

表1　广州三次产业增加值与从业人数相关系数

项目	简单相关系数		偏相关系数	
	以现价计算	以不变价计算	以现价计算	以不变价计算
总　体	0.958	0.972	0.981	0.986
第一产业	-0.895	-0.850	-0.306	0.359
第二产业	0.950	0.956	0.908	0.914
第三产业	0.961	0.977	0.997	0.994

由于GDP、三次产业增加值和从业人数均随时间而变化，各自与时间变量呈高度相关，可能不能真实反映增加值与从业人数的相关性，本文进一步计算偏相关系数，取得在排除时间变量的影响下增加值与从业人数的相关系数。计算表明，以现价计算，时间变量和GDP、三次产业增加值的相关系数分别是0.863、0.967、0.878、0.849；以不变价计算，时间变量和GDP、三次产业增加值的相关系数分别是0.887、0.987、0.887、0.883；时间变量和总从业人数、三次产业从业人数的相关系数分别是0.969、-0.888、0.977、0.961；利用偏相关系数计算公式 $r_{12(3)} = \frac{r_{12} - r_{13}r_{23}}{\sqrt{1 - r_{13}^2}\sqrt{1 - r_{13}^2}}$，得出现价计算的GDP和三次产业增加值与从业人数的偏相关系数分别是0.981、-0.306、0.908、0.997；以不变价计算的偏相关系数分别是0.986、0.359、0.914、0.994（见表1）。由此可见，除第一产业外，GDP、第二、三产业增加值与对应从业人数均呈显著相关，第一产业增加值与从业人数简单相关系数大而偏相关系数小，说明两者存在虚假相关，其原因是长期以来第一产业劳动力过剩，就业不充分。

从有关具体指标看，改革开放30多年来，广州实现经济发展大

跨越，经济实力显著增强，三次产业全面稳步增长。广州地区生产总值由1978年的43.09亿元提高到2011年的12423.44亿元，按可比价计算1979～2011年年均增长13.9%；平均从业人数由1978年的259.20万人增加到2011年的727.12万人，1979～2011年年均增长3.2%。其中，第一产业增加值由1978年的5.03亿元增加到2011年的204.54亿元，按可比价计算1979～2011年年均增长5.2%；第一产业从业人数由1978年的116.51万人减少到2011年的60.96万人，年均减少2.0%。第二产业增加值由1978年的25.24亿元增加到2011年的4576.98亿元，按可比价计算1979～2011年年均增长17.1%；第二产业从业人数由1978年的81.72万人增加到2011年的278.29万人，年均增长3.8%。第三产业增加值由1978年的12.81亿元增加到2011年的7641.92亿元，按可比价计算1979～2011年年均增长21.4%；第三产业从业人数由1978年的60.97万人增加到2011年的387.87万人，年均增长5.8%（见表2）。

表2　1978～2011年广州三次产业增加值和从业人数变化情况

单位：亿元，%

项目	增加值			从业人数		
	2011年	1978年	年均增长	2011年	1978年	年均增长
全　市	12423.44	43.09	13.9	727.12	259.2	3.2
第一产业	204.54	5.03	5.2	60.96	116.51	-2.0
第二产业	4576.98	25.24	17.1	278.29	81.72	3.8
第三产业	7641.92	12.81	21.4	387.87	60.97	5.8

（二）格兰杰因果关系分析

格兰杰因果关系分析能够验证产业增加值和从业人数是否存在真

实的关联关系，从而进一步揭示经济增长与就业增长的因果关系。回顾改革开放进程，第一阶段是改革开放初期，实行有计划商品经济时期；第二阶段以 1992 年南方讲话为标志，是进一步改革开放，实行社会主义市场经济时期。这两个经济发展阶段，产业结构、所有制结构、企业用工制度、分配制度的转变力度有所不同，对经济发展方式的影响程度也有所不同，经济增长和就业增长关系也应有所区别。再结合广州经济发展进程，以第三产业比重超过第二产业和重工业加快发展为标志，广州经济发展进入一个新的阶段，这个时期发生在 1995 年前后。用 Eviews 6.0 软件对增加值①与从业人数关系进行 Chow's 断点检验，检验结果表明在 1995 年前后，广州就业增长和经济增长的相互影响程度发生了变化，格兰杰因果检验应以 1995 年为分界线做分段检验。

根据检验过程和检验结果，可以得出如下结论：

第一，对 GDP 和全社会从业人数而言，两个阶段具有不同的格兰杰成因。在第一阶段（1978～1995 年），就业增长是经济增长的成因，原因是这一时期第一产业存在大量富余劳动力，而且劳动密集型行业较多，在两个因素共同作用下，就业增长带动经济增长；在第二阶段（1996～2011 年），经济增长是就业增长的成因，这一阶段，农村富余劳动力有所减少，劳动密集型产业比重降低，技术密集、资本密集型产业比重提高，经济增长不再依赖于就业增长，而表现为对就业增长的拉动，可见在不同发展阶段广州经济发展方式发生改变。

第二，检验过程发现，第一产业增加值和从业人数不是同阶单整

① 格兰杰因果检验、就业增长模型中 GDP 和三次产业增加值均用历年增长速度，处理成按可比价计算的数值。

序列，不符合格兰杰因果检验条件，表明第一产业增加值和从业人数没有必然的联系，结论与相关分析的结果相同。

第三，两个阶段的第二、三产业增加值和从业人数均具备格兰杰因果关系，呈现经济增长是就业增长的格兰杰成因，经济增长带动就业增长。

（三）就业增长模型

格兰杰因果检验表明，不论是全社会还是二、三次产业在第二阶段（1996~2011 年）均表现为经济增长是就业增长的格兰杰成因，具备建立就业增长模型的条件。为叙述方便，将 GDP、三次产业增加值分别命名为 GDP、G_1、G_2、G_3；从业人数和三次产业从业人数分别命名为 EM、EM_1、EM_2、EM_3。为了让模型有更明确的经济意义和减轻数据序列的自相关，对上述八个变量数据进行对数处理，分别记为 LnGDP、LnG_1、LnG_2、LnG_3、LnEM、$LnEM_1$、$LnEM_2$、$LnEM_3$。

全社会就业增长模型：

$$\text{Ln}\,EM = 4.0494 + 0.3131 \times \text{Ln}\,GDP$$
$$t = (13.64) \qquad (8.01)$$
$$\overline{R^2} = 0.9957 \quad F = 877.14 \quad D - W = 1.90$$

第二产业就业增长模型：

$$\text{Ln}\,EM_2 = 3.3677 + 0.2919 \times \text{Ln}\,G_2$$
$$t = (34.32) \qquad (20.05)$$
$$\overline{R^2} = 0.9901 \quad F = 499.19 \quad D - W = 2.08$$

第三产业就业增长模型：

$$\text{Ln}\, E\, M_3 = 2.5099 + 0.4891 \times \text{Ln}\, G_3$$

$$t = (3.1970) \quad (4.0536)$$

$$\overline{R^2} = 0.9970 \quad F = 1662.63 \quad D - W = 1.58$$

上述模型调整后的判断系数 $\overline{R^2}$ 均超过0.99，各解释变量都能在99%的可信度水平上通过t检验（$t_{0.01}(13)$ =2.6810）；在进行广义差分后，$D-W$ 值接近于2。无明显自相关，F 统计量也在99%的可信度水平通过检验（$F_{0.01}(1, 13)$ =9.07），且模型有明确的经济意义，总体而言，模型拟合较好。

由上述模型可以知道，1996～2011年间，全社会总体就业弹性和第二、三产业就业弹性分别是0.3131、0.2919和0.4891，即GDP每增长1%，从业人数将增加约0.3131%；第二产业增加值每增长1%，从业人数将增加0.2919%；第三产业增加值每增长1%，从业人数将增加0.4891%，可见第三产业就业弹性明显高于第二产业。

根据广州“十二五”规划提出的目标，到2015年广州GDP达到1.8万亿元左右，年均增长速度为11%左右，以此测算第二产业约年均增长11.0%，第三产业约年均增长11.5%。据上述就业增长模型推算，广州从业人数年均增长率约为3.4%，平均每年可新增就业人数约25万人；其中第二产业从业人数年均增长约为3.2%，新增就业人数约8万人，第三产业从业人数年均增长约为5.6%，可新增就业人数约21万人，第一产业年均减少约4万人。

二　产业结构调整与就业结构变动主要特点

（一）产业结构优化，经济效益提高

1. 第三产业比重增长，产业结构高度化趋势明显

广州的产业结构经历了一个不断调整、不断优化的过程，总的趋

势是第一产业比重下降，第三产业比重提高。1978 年三次产业结构为 11.67∶58.59∶29.74；此后至 1988 年，第二产业比重一直位居首位，与此同时，广州第三产业得到较快发展，增加值比重在 1989 年首次超过第二产业，当年第一、二、三产业增加值占 GDP 的比为 8.45∶45.03∶46.52。

1990～1993 年间，广州二、三产业增加值占 GDP 的比重呈“胶着状态”，占 GDP 的比例位次交替变化。1994 年以后，广州第三产业增加值占 GDP 比重始终高于第二产业，并在 1998 年首次突破50%；2011 年第一、二、三产业增加值占 GDP 的比为 1.65∶36.84∶61.51（见图 1）。

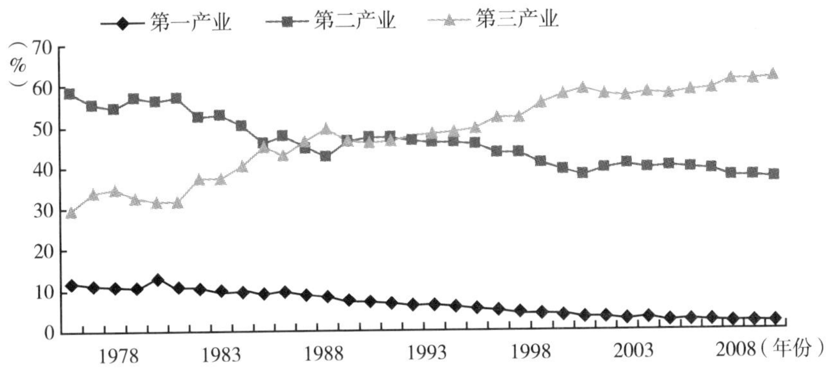

图 1　广州三次产业增加值比重情况

从三次产业就业结构看，也呈现第一产业从业人数比重下降、第三产业比重上升的趋势。虽然 1984 年之前，第一产业从业人数比重一直居首位，但一直呈下降态势。1978～1984 年三次产业从业人数的比例由 44.95∶31.53∶23.52 调整到 35.46∶35.54∶29.00。1984～1995 年期间，第二产业从业人数比重居第一位。从 1996 年开始，第三产业从业人数比重超过第二产业，居第一位，当年三次产业从业人员比例为22.69∶38.19∶39.12。随着第三产业的快速发展，第三产业从业人数比重不断提高，并在2010年第三产业从业人数突破50%，2011年广州三次产业从业人数比例为8.38∶38.27∶53.35。上述数据变动表明，广州产业结构调整和从业人数变动正好印证了配第·克拉克定理①和库兹涅茨法则②。

2. 加快转变经济发展方式，高新技术产值大幅增长

近几年，广州着力推动经济发展从要素驱动向创新驱动转变。以汽车、船舶及海洋装备、数控设备、石油化工等为代表的先进制造业和信息产业、软件产业、金融等高端服务业进一步发展壮大。2011年全市高新技术产品数为2575个，比2001年增长2.1倍，高新技术产品增加值1831.30亿元，增加值占GDP比重由2001年的6.4%提高到2011年的14.7%，同比提高8.3个百分点。尤其是工业行业，加快转变发展方式最为显著，2011年，广州高新技术产品增加值占规模以上工业增加值的44.2%，比2001年提高18.8个百分点。

广州民营企业技术含量迅速增加，2010年民营科技企业数为1889个，比2001年增长5.7%。其中高新技术民营科技企业983个，比2001年增长2.2倍；民营科技企业从业人数23.08万人，比2001年增长1.45倍；2010年民营科技企业技工贸总收入2631亿元。

① 英国经济学家配第·克拉克认为，随着经济的发展，人均国民收入水平的提高，第一产业国民收入和劳动力的相对比重逐渐下降；第二产业国民收入和劳动力的相对比重上升，经济进一步发展，第三产业国民收入和劳动力的相对比重也开始上升。

② 美国经济学家库兹涅茨在配第·克拉克定理基础上，进一步提出在二、三产业中，产值份额和劳动力份额的变化趋势略有区别，工业部门在产值份额持续上升的同时，劳动力份额处于大体不变或略有上升，服务业部门在产值份额处于大体不变或略有上升的同时，劳动力份额上升幅度较大。

3. 劳动生产率不断提高，第三产业比较效益最好

2011 年，广州社会劳动生产率[①]为 17.09 万元/人，三次产业劳动生产率分别为 3.36 万元/人、16.45 万元/人、19.70 万元/人，第三产业比较效益达 1.15，第二产业比较效益为 0.96；第一产业比较效益仅为 0.20，远低于全市平均水平。数据显示，广州在 1987 年之前，第二产业比较效益高于第三产业，从 1987 年开始，第三产业比较效益就一直超过第二产业。以最近 10 年数据比较，广州社会劳动生产率 2011 年比 2001 年提高了 11.40 万元/人，上升 2 倍，第一、二、三产业劳动生产率分别提高 2.35 万元/人、10.81 万元/人和 11.78 万元/人，分别上升 2.32 倍、1.92 倍、1.49 倍。虽然 2011 年第一产业比较效益较差，但由于第一产业农村富余劳动力的大量转移，劳动生产率提高较快，比较效益从 2006 年最低时 0.15 提高到 2011 年的 0.20。

（二）工业结构调整变化主要特点

1. 工业呈现“重型化”趋势，产业集中度提高

广州工业“重型化”趋势相当明显，重工业比重由 1978 年的 36.76% 上升至 2011 年的 62.95%，提高 26.19 个百分点，轻工业比重则由 1978 年的 63.24% 下降至 2011 年的 37.05%，2011 年重工业比重高出轻工业 25.90 个百分点。从发展历程看，广州重工业从 1997 年起进入加速发展期，大多数年份增长速度超过轻工业，1997 ~ 2011 年重工业总产值年均增长 18.7%，比轻工业高 7.6 个百分点，并于 2004 年重工业总产值首次超过轻工业。

---

① 本文采用增加值与平均从业人数之比计算劳动生产率，用各行业劳动生产率与全市劳动生产率之比计算比较效益。

根据霍夫曼比例（霍夫曼比例是消费品工业净产值与生产资料净产值的比例），用轻工业总产值/重工业总产值计算2011年广州工业霍夫曼系数为0.59，表明广州工业化水平已达到霍夫曼划分的工业化发展四个阶段中的第四阶段，即重化工业化后期的高加工度化阶段（见表3）。

表3　霍夫曼工业化阶段指标

阶段	第一阶段	第二阶段	第三阶段	第四阶段
霍夫曼比例	5(±1)	2.5(±1)	1(±0.5)	1以下

2011年广州工业各行业大类占工业总产值比重前5位的分别是：交通运输设备制造业占23.4%，通信设备、计算机及其他电子设备制造业占12.3%，化学原料及化学制品制造业占11.4%，电力、热力的生产和供应业占6.2%，电气机械及器材制造业占4.9%。五大行业占工业总产值的比重是58.2%，与2003年比五大行业比重提高了7.6个百分点[①]，但行业有所变化，电力、热力的生产和供应业不是2003年度五大行业之一，而石油加工及炼焦业是该年度五大行业之一。五大行业从业人数比重由2003年的25.6%提高到2011年的39.5%，提高了13.9个百分点。

2. 新型工业比重上升，传统工业比重下降

广州坚持走新型工业化道路，以技术高端化、产业集群化、资源集约化推动制造业结构调整，资金、技术密集型产业工业比重上升，一些传统产业的比重有所下降。2011年与2003年比较，比重上升超过1个百分点的行业有3个，分别是：交通运输设备制造业，上升

① 2003～2011年均执行国民经济行业分类标准GB/T4754－2002。

7.7个百分点，达23.4%；电力、热力的生产和供应业，上升2.6个百分点，达6.2%；通信设备、计算机及其他电子设备制造业，上升1.4个百分点，达12.3%。上述3个行业从业人数比重分别上升5.3个、0.6个、5.9个百分点，分别达到11.2%、1.9%和14.3%。比重下降超过1%的行业有6个，其中4个均属于传统工业，分别是：皮革、毛皮、羽毛（绒）及其制品业，下降1.9个百分点；塑料制品业，下降1.3个百分点；非金属矿物制品业，下降1.6个百分点；纺织业，下降1.1个百分点。上述4个行业从业人数比重分别下降4.8个、1.9个、0.1个、1.9个百分点。

3. 工业支柱产业快速发展

汽车制造业、电子产品制造业、石油化工制造业是广州的三大支柱产业，2011年三大支柱产业完成工业总产值7575.11亿元，比2004年增长2.4倍，占全市规模以上工业总产值的48.2%，比2004年提高了4.9个百分点，2005~2011年年均增长19.1%，比同时期全市工业增速高出1.9个百分点。尤其是汽车制造业发展最为迅速，从2003年的629.3亿元增长到2011年的3037.1亿元，增长4.83倍，2004~2011年年均增长25.2%，比同时期全市工业增速高出8.0个百分点。

（三）服务业结构调整变化特点

1. 新兴服务业发展优势明显

近年来，广州把加快发展服务业作为转变经济发展方式，提升中心城市功能，实现科学发展的重要途径，金融、会展、创意设计等新兴服务业迅速发展，改变了以往主要依靠传统服务业带动的局面，新兴服务业比重不断提升。2011年广州第三产业中，新兴服务业增加值4411.96亿元，占服务业比重的57.7%，比2003年提高7.2个百分点，2004 ~2011 年年均增速为 19.1%[①]。新兴服务业中，金融业，文化、体育和娱乐业，租赁和商务服务业发展最为迅速，年均增速20%以上，2004 ~ 2011 年年均增速分别达到 23.1%、21.2% 和20.3%。2011 年金融业增加值 855.53 亿元，在第三产业中的比重由2003 年的 7.5% 提高至 11.2%，提高了 3.7 个百分点；2011 年租赁和商务服务业增加值 989.58 亿元，在第三产业中的比重由 2003 年的10.4% 提高到 13.0%，提高了 2.6 个百分点；2011 年文化、体育和娱乐业增加值 214.63 亿元，在第三产业中的比重由 2003 年的 2.1%提高至 2.8%，提高了 0.7 个百分点。数据显示，在广州新兴服务业中就业的人数有 120.34 万人，占服务业就业人数的 30.3%，比 2003年上升 2.4 个百分点。

2. 生产性服务业比重下降

受经济增速放缓影响，广州生产性服务业增速波动较大，占服务业比重呈下降态势。2011 年生产性服务业增加值 3456.16 亿元，占服务业比重为 45.2%，比 2003 年下降 2.5 个百分点。生产性服务业比重下降主要是受交通运输、仓储和邮政业增速放缓影响所致。近几年由于国际经济形势不明朗，对外贸易波动较大，港口吞吐量、远洋运输增速放缓，2004 ~2011 年，交通运输、仓储和邮政业年均增速为 9.5%，低于 GDP 和服务业平均增速。服务业的比重由 2003 年的 18.5% 下降至 2011 年的 10.8%，下降7.7 个百分点（见表 4）。数据显示，2011 年在生产性服务业中就业人数 95.9 万人，占服务业就业人数的 24.1%，比 2003 年上升1.8 个百分点。

① 由于缺乏此分类的可比价指数，涉及新兴服务业、生产性服务业及相关行业增长指标均以现价计算。

表 4　2003～2011 年新兴服务业、生产性服务业增加值比重变化

单位：亿元，%

年份	2003	2004	2005	2006	2007	2008	2009	2010	2011
服务业	2162.78	2545.34	2978.79	3515.31	4164.67	4890.33	5560.77	6557.45	7641.92
其中:新兴服务业	1092.93	1273.26	1458.8	1791.27	2253.27	2725.16	3134.48	3737.79	4411.96
比重	50.5	50	49	51	54.1	55.7	56.4	57	57.7
传统服务业	1069.85	1272.08	1520	1724.04	1911.4	2165.16	2426.29	2819.66	3229.96
比重	49.5	50	51	49	45.9	44.3	43.6	43	42.3
其中:生产性服务业	1030.75	1214.2	1406.54	1680.43	1936.16	2266.05	2492.95	2980.38	3456.16
比重	47.7	47.7	47.2	47.8	46.5	46.3	44.8	45.5	45.2

注：本文新兴服务业包括信息传输、计算机服务和软件业，金融业，房地产业，租赁和商务服务业，科学研究、技术服务和地质勘查业，水利、环境和公共设施管理业，教育，卫生、社会保障和社会福利业，文化、体育和娱乐业。本文生产性服务业包括交通运输、仓储和邮政业，信息传输、计算机服务和软件业，金融业，租赁和商务服务业，科学研究、技术服务和地质勘察业，水利、环境和公共设施管理业。

三　应关注的几个问题

从实证分析和产业结构调整变化特点可知，1996 年后广州产业结构不断优化，经济增长带动就业增长，第三产业就业弹性明显大于第二产业，本文从经济增长带动就业增长和进一步优化产业结构的角度，提出如下应关注的问题。

（一）产业结构调整必须考虑城市综合承载力

城市综合承载力是城市的自然资源、经济资源和社会资源的结合而产生的不同承载能力。随着广州经济实力的增强，城市规模也不断扩大，一些“城市病”如资源紧张、环境污染、交通拥堵、公共服务短缺等现象也逐步显现，如不予重视，将成为城市进一步发展的瓶颈，制约城市发展的质量。据罗凤金等人的研究①，从个体收益最大化角度来看，广州的最优人口规模为 807 万人；从社会收益最大化角度来看，广州的最优人口规模为 1275 万人。广州 2010 年常住人口为 1270.96 万人，基本上达到了社会效益最大化的规模，并且远超于个人收益最大化的规模。因此在经济结构调整中，必须考虑调整城市综合承载力。

（二）服务业比重低于国际平均水平

以世界银行口径②计算 2011 年广州服务业比重为 65.0%，低于

---

① 罗凤金等：《大城市承载力研究——基于资源、环境、经济和社会综合要素的评价》，《调研世界》2012 年第 4 期。

② 世界银行服务业比重口径是建筑业与第三产业比重之和，本文有关国际数据均来自世界银行网站。

国际平均水平（2010 年为 70.9%），也低于中国香港（2009 年为 92.6%）、中国澳门（2010 年为 92.6%）、新加坡（2010 年为 73.4%）、日本（2010 年为 71.5%）等亚洲邻近国家和地区。2010 年广州人均地区生产总值[①]达 12882 美元，与世界银行高收入经济体标准接近（世界银行标准为人均 GNI12276 美元或以上）。2010 年高收入国家和地区服务业比重平均为 74.3%，与收入水平相近的国家和地区相比，广州距离这一比重尚有 9.3 个百分点的差距，服务业比重仍有待提高。

（三）与国内先进城市比，广州第三产业内部结构仍需优化

在 5 个国家级中心城市中，2011 年广州第三产业比重（61.5%）仅次于北京（75.7%），相差 14.2 个百分点。但从第三产业内部结构来看，北京结构层次明显高于广州，2011 年北京新兴服务业和生产性服务业比重分别是 67.6%、55.6%，分别比广州高 9.9 个和 10.4 个百分点（见表 5）。广州在一些辐射能力强、发展潜力大的高端服务业上落后于北京，占第三产业比重低于北京，如金融业 11.2%，低 5.8 个百分点；信息传输、计算机服务和软件业占 6.3%，低 6.0 个百分点；科学研究、技术服务和地质勘察业占 3.1%，低 6.2 个百分点。

（四）产业结构与就业结构不平衡

本文通过计算结构偏离度来衡量产业结构与就业结构的平衡性。偏离度是指三次产业的增加值比重和就业比重之比与 1 的差，它可以

① 以常住人口和当年平均汇率计算。

考察产业结构对就业结构来说是否均衡，它的绝对值越大，表明产业结构和就业结构越不对称。结构偏离度大于零时，产业产值份额大于就业份额；结构偏离度小于零时，产业产值份额小于就业份额；等于零则表明二者均衡。

表5　2011年广州、北京第三产业内部结构比较

单位：%，百分点

项目	占第三产业比重		相差
	广州	北京	
服务业	100	100	—
交通运输、仓储和邮政业	10.8	7.0	3.8
信息传输、计算机服务和软件业	6.3	12.3	-6.0
批发和零售业	20.9	17.5	3.4
住宿和餐饮业	4.5	2.9	1.6
金融业	11.2	17.0	-5.8
房地产业	11.7	8.9	2.8
租赁和商务服务业	12.9	9.4	3.6
科学研究、技术服务和地质勘查业	3.1	9.3	-6.2
水利、环境和公共设施管理业	0.9	0.7	0.1
居民服务和其他服务业	1.9	0.9	1.0
教育	5.1	4.8	0.3
卫生、社会保障和社会福利业	3.7	2.5	1.2
文化、体育和娱乐业	2.8	2.7	0.1
公共管理和社会组织	4.2	4.1	0.1
其中：生产性服务业	45.2	55.6	-10.4
新兴占服务业	57.7	67.6	-9.9

注：新兴服务业和生产性服务业范围尚未统一，表中北京的相关数据按广州口径计算。

资料来源：北京数据来源于《北京市2011年国民经济和社会发展统计公报》，广州数据来源于2012年《广州统计年鉴》。

限于篇幅，本文计算了2000～2011年广州结构偏离度的情况。从表6可以看出，第一产业保持较高的负结构偏离度，其绝对值保持在0.8左右，表明第一产业增加值结构与就业结构极不均衡，劳动力过剩。第二产业的结构基本趋于均衡，第三产业的结构偏离度维持在0.15～0.40的水平，总体上不断趋于均衡，但仍有吸纳劳动力的潜力。

表6　2000～2011年广州结构偏离度情况

年份	结构偏离度		
	第一产业	第二产业	第三产业
2000	-0.81	0.04	0.35
2001	-0.82	-0.01	0.39
2002	-0.83	-0.02	0.40
2003	-0.84	0.03	0.34
2004	-0.85	0.05	0.29
2005	-0.84	0.04	0.26
2006	-0.85	0.03	0.24
2007	-0.84	0.01	0.23
2008	-0.83	-0.03	0.22
2009	-0.83	-0.07	0.25
2010	-0.82	-0.05	0.19
2011	-0.80	-0.04	0.15

（五）职业培训、职业教育有待加强

据第二次全国经济普查资料，2008年广州第二、第三产业从业人员中，具有大专学历人数比重比2004年提高了8.2个百分点，从业人员素质有所提高。但从技术职称和技术等级看，虽然具有技术职称的人数和具有技术等级证书的人数分别比2004年增长4.8%和6.8%，但占从业人数的比重却分别下降4.5个和1.7个百分点，显示广州职业教育、职业培训仍较薄弱。据2012年城镇

就业人员变动和新增就业岗位需求情况调查资料，对职称资格和技术等级有要求的岗位分别占需求总量的12.0%、16.8%，表明随着经济转型升级和加快转变经济发展方式，越来越多的工作岗位需要劳动者具备较高的技能，当前招工难和就业难同时存在，就是这种现象的客观反映。

四 建议

综合考虑产业结构调整和从业人数结构变动的关系，以及城市综合承载力的因素，在产业结构优化调整中，一要优化现有产业结构，提高劳动生产率，增强中心城市辐射能力，在经济发展的同时，保持人口适度增长；二要从改善民生的角度发展民生性服务业；三要提高从业人员素质，适应和推动产业结构优化调整。

（一）抓住特定阶段发展机遇，继续优化制造业

2011年广州人均GDP超过13000美元（以常住人口计算，2010年广州人均GDP达12882美元），且第一产业增加值占GDP的比重仅为1.65%，第三产业增加值比重超过第二产业。以美国经济学家钱纳里提出的钱纳里多国模型对工业经济发展阶段的划分来衡量，广州经济发展到了后工业化阶段的发达经济初级阶段，在此阶段制造业内部，与现代技术密切联系的新兴部门增长得最快，其在整个制造业总产值和劳动力中占的相对份额都是上升的，相反，一些传统生产部门的产值和劳动力的比重则是下降的。广州要抓住这一经济发展阶段，力争将制造业内部形成产业结构更优、高新技术产业更强的发展新格局。一是从产业关联性和经济发达国家（地区）发展历程看，制造业的转型升级是拉动生产性

服务业发展的重要因素，未来一定时期，不能因为注重服务业的发展而忽视制造业的发展；二是推进制造业优化升级，推动信息化与工业化深度融合，推动引进智力型、技能型等高素质人才汇聚，增加高新技术行业从业人数比重；三是加快产业和劳动力“双转移”，实现迁入地和迁出地产业的同步升级转型，提高广州高素质从业人员比重。

（二）增强中心城市辐射功能，优化发展第三产业

广州要立足国家中心城市地位，从建设现代化大都市的战略高度，重点发展辐射力强、有利于巩固中心城市地位、有利于提高城市竞争力的高端服务业。一是加快广州国际金融城建设，依托金融中心新载体，实现从区域金融中心向国家级金融中心转变，争取更多的金融机构落户广州；二是发展以总部经济、会议展览为代表的商务服务业，以广交会为依托，加强与国际展览组织合作，扶持发展一批影响力大、产业支撑强的品牌展会，创新招商模式，优化服务，不断增强对大型企业总部的吸引力；三是以软件园、科技园、信息园和产业基地为依托，着力发展软件设计、信息服务、电子商务、文化创意、数字媒体等智力型行业。

（三）改善民生，推进就业结构与产业结构平衡，发展民生性服务业

民生性服务业有利于改善人民生活，提高人民幸福感。要大力发展以社区服务为重点的民生性服务业，构建多层次的社区服务体系，增强社区服务功能、完善服务设施、健全服务网络。发展面向老人、儿童、学生等群体的专业化服务，运用市场机制支持养老、健身、医疗、保洁等民生服务业发展。

（四）发展职业教育，提高劳动者素质，满足经济发展方式转变需求

加快经济发展方式转变，需要更多高素质的劳动者，为此必须要求职业教育相匹配。一是通过职业教育提高一线工人素质，推动和适应经济发展方式转变的要求，提高劳动生产率；二是职业教育要与产业升级对接，提高对社会人才需求变化的敏感度，不断调整专业设置和学生的培养方式，开展订单式培养，建立产学研相结合的长效机制；三是重点培育一批与支柱产业发展密切相关、以订单式培养为特色的专业，加强企业和学校的合作，使职业教育与企业的实际需求达到最大程度的融合；四是加强在岗职工的继续教育和岗位培训，鼓励员工参加各类职称评定和职业技能考试，培养高技能人才。

（审稿　周清华）

参考文献

付凌晖：《我国产业结构高级化与经济增长关系的实证研究》，《统计研究》2010 年第 8 期。

罗凤金、许鹏、程慧：《大城市承载力研究——基于资源、环境、经济和社会综合要素的评价》，《调研世界》2012 年第 4 期。

刘伟、蔡志洲：《我国产业结构变动趋势及对经济增长的影响》，《经济纵横》2008 年第 12 期。

易丹辉：《数据分析与 EViews 应用》，中国统计出版社，2002。

广州市人民政府办公厅秘书处：《印发广州市国民经济和社会发展第十二个五年规划纲要的通知》，http：//www. gz. gov. cn/publicfiles/business/htmlfiles/gzgov/s2811/201106/828911. html。

胡佩芬：《劳动力就业与产业结构关系分析》，《中国统计》2012 年第 7 期。

青岛市统计局课题组：《青岛市人口与经济发展关系研究》，《中国统计》2012 年第 3 期。

刘小兵：《产业结构调整下解决就业问题的对策》，《中国国情国力》2011 年第 10 期。

Research on Industrial Structure Adjustment and Employment Structure Adjustment

Research Group of Guangzhou Investigation Team of National Statistics Bureau

Abstract: Speeding up the economy development approach transformation and optimizing the industry structure is a major task for our country. The industry structure adjustment and employment structure change are closely tied. The innovation of this paper is that it explains the relationship between industrial structure adjustment and employment structure change, as well as the time nodes of economic development model change happening.

Key Words: Industrial Structure; Employment Structure; Economic Development Model; Time Node

B.14
广州市劳动收入比重偏低的原因和对策研究

国家统计局广州调查队课题组 *

摘　要：

本文以广州市的数据为基础，比较分析广州劳动收入比重的历史数据、劳动收入比重与GDP其他三大收入比重数据、各产业和各行业劳动收入数据以及其他主要国家和城市的劳动收入数据。在此基础上，本文从产业结构调整、转变经济发展方式和提高劳动者素质等方面提出提高劳动者收入比重的政策建议。

关键词：

劳动收入比重　收入分配　产业结构

劳动收入是居民可支配收入的主要来源，劳动收入占地区生产总值（以下简称GDP）比重的高低，不仅直接关系居民可支配收入的情况，而且从经济层面讲，也是居民需求增加、产业结构调整乃至国民经济可持续发展的重要影响因素。

本文利用广州市1994～2011年的相关统计资料对劳动收入占

* 课题组长：贾景智；成员：叶思海、陈炼、陈贝、胡丹丹；执笔：陈贝。

GDP 比重的变化情况进行了初步的分析，在此基础上研究了劳动收入占 GDP 比重偏低成因及对经济发展的影响，并就如何提高劳动收入占 GDP 的比重提出了对策建议，供领导及有关部门参考。

一 广州市劳动收入占 GDP 的比重总体上呈现上升的趋势

统计数据显示，1994 ~2011 年广州市劳动收入占 GDP 的比重总体上呈现上升的趋势，由 1994 年的 41.8% 上升至 2011 年的 44.4%，17 年间提高了 2.6 个百分点。

1994 ~2011 年广州市劳动收入占 GDP 比重的变化情况见图 1。

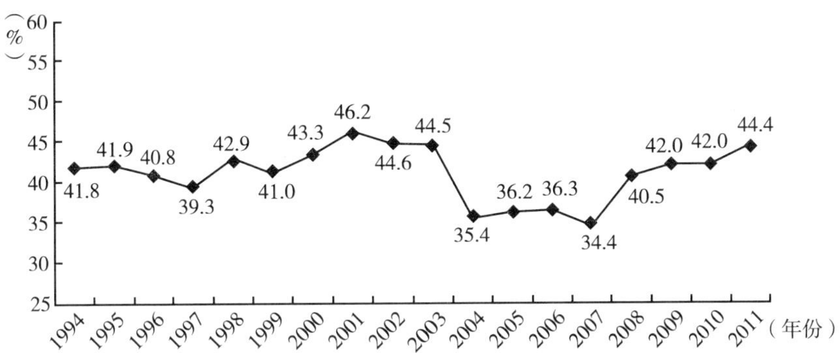

图 1 广州 1994 ~2011 年劳动收入占 GDP 比重

从劳动收入占 GDP 比重动态变动趋势及结构的角度分析，呈现出如下几个特点。

（一）具有明显的阶段性

从图 1 我们可以看出，广州市 1994 年以来，劳动收入占 GDP 比重的变化情况可以大致分为三个阶段。

第一个阶段：1994～2001年，劳动收入占GDP的比重从1994年的41.8%波动上升至2001年的46.2%，上升了4.4个百分点，年均上升0.6个百分点。

第二个阶段：2002～2007年，劳动收入占GDP的比重从2002年的44.6%波动下降至2007年的34.4%，下降了10.2个百分点，年均下降2.0个百分点。

第三个阶段：2008～2011年，劳动收入占GDP的比重从2008年的40.5%波动上升至2011年的44.4%，上升了3.9个百分点，年均上升1.3个百分点。

（二）波动的幅度较大

1994～2011年，劳动收入占GDP的比重最高值出现在2001年，比重为46.2%，最低值出现在2007年，比重为34.4%，两者相差11.8个百分点，方差[①]为11.7。从GDP其他构成项目角度看，1994～2011年，营业盈余占GDP比重，最高值出现在2007年，比重为36.7%，最低值出现在2002年，比重为26.8%，两者相差9.9个百分点，方差为9.4；生产税净额占GDP比重，最高值出现在2008年，比重为18.5%，最低值出现在2003年，比重为13.0%，两者相差5.5个百分点，方差为3.7；固定资产折旧占GDP比重，最高值出现在2002年，比重为15.4%，最低值出现在2010年，比重为10.7%，两者相差4.7个百分点，方差为2.2（见图2）。

① 方差是各个数据与平均数之差的平方的平均数，用来度量随机变量和其数学期望（即均值）之间的偏离程度。

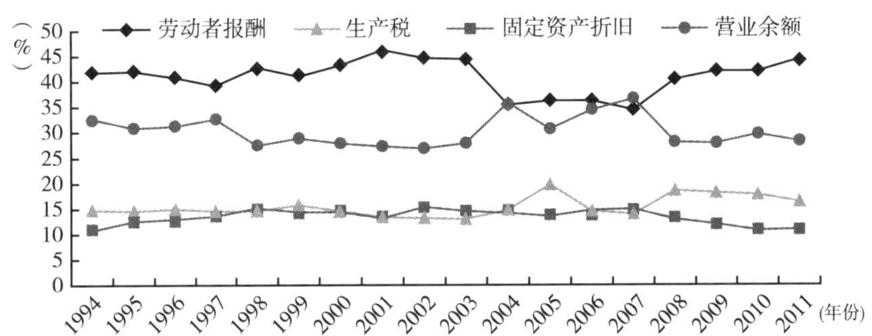

图 2　1994 ~ 2011 年广州地区生产总值各项目构成变动走势

通过以上分析我们可以看出，GDP 各构成项目比重的变动幅度由大到小依次为劳动者报酬、营业盈余、生产税净额、固定资产折旧，劳动者报酬占 GDP 比重的波动幅度明显大于其他三个构成项目。这说明在 GDP 初次分配的过程中，劳动者报酬刚性约束程度比较低，这和目前广州市还没有完全形成劳动工资的正常增长机制有着重要的连带关系。在随着国民经济发展不断提高最低工资标准的基础上，尽快建立职工工资的正常增长机制有着重要的现实意义。

（三）第三产业劳动收入占其增加值比重的变化是波动的主要影响因素

从三次产业的比较来看，第一产业劳动收入占其增加值的比重远高于第二和第三产业。1994 ~ 2011 年，第一产业劳动收入占其增加值的年均比重为 79.8%，第二产业为 37.7%，第三产业为 41.3%。

三次产业劳动收入占其增加值的动态变动趋势见图 3。

从图 3 我们可以直观地看出，1994 ~ 2011 年，劳动收入占

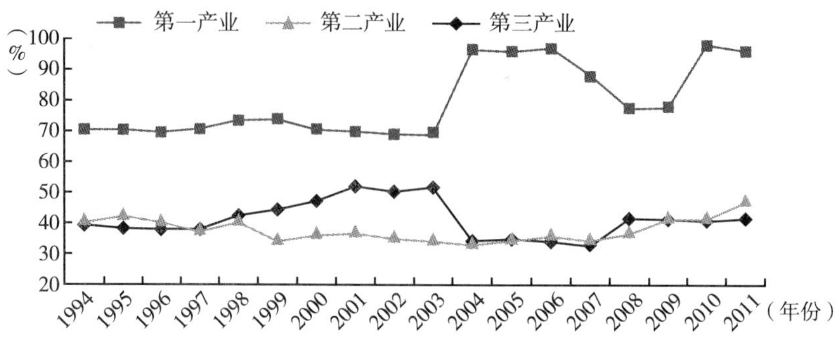

图 3 广州三大产业劳动收入占 GDP 比重对比

其增加值的比重变动幅度最大的是第一产业，最高值出现在 2006 年，比重为 97.2%，最低值出现在 2003 年，比重为 68.9%，两者相差 28.3 个百分点，方差为 140.3；其次为第三产业，最高值出现在 2001 年，比重为 51.9%，最低值出现在 2007 年，比重为 32.5%，两者相差 19.4 个百分点，方差为 35.1；第二产业较为平稳，最高值出现在 2011 年，比重为 46.9%，最低值出现在 2004 年，比重为 32.9%，两者相差 14.0 个百分点，方差为 14.2。由于广州市具有典型的城市经济特征，第一产业增加值占 GDP 的比重比较低，所以，第三产业劳动收入占其增加值比重的波动是影响劳动收入占 GDP 比重变化的主要因素。如果我们将 1994 ~ 2011 年第三产业劳动收入占其增加值比重划分为三个时期，与劳动收入占 GDP 比重变动的三个时期划分是基本一致的。

（四）第三产业内部劳动收入占其增加值的比重结构性差异明显

从表 1 的数据我们可以看出，在第三产业中，排在前 6 位的行业按比重的高低依次为批发和零售业，租赁和商务服务业，房地产业，

金融业，交通运输、仓储和邮政业，信息传输计算机服务和软件业。以上6个行业增加值占第三产业增加值的比重超过70%，但其劳动者报酬占第三产业劳动者报酬的比重仅为53.4%，从劳动收入占其增加值的比重来看，这6个行业中最高的交通运输、仓储和邮政业为43.0%，最低的房地产业仅为15.6%。在这6个行业中租赁和商务服务业，金融业，信息传输、计算机服务和软件业均属于知识密集型行业，这些行业劳动收入占其增加值的比重均低于第三产业劳动收入占第三产业增加值比重的平均水平。第三产业内部行业间的收入差距乃至第三产业内部各行业的初次分配格局是否合理，将直接影响第三产业内部结构的调整优化，进而影响第三产业乃至国民经济的发展。

表1　2011年第三产业各行业劳动收入比重对比

单位：万元，%

项目	增加值		劳动者报酬		
	绝对值	占比	绝对值	占比	占增加值的比重
批发和零售业	15947698	20.9	5719786	18.0	35.9
租赁和商务服务业	9895826	12.9	2475130	7.8	25.0
房地产业	8969505	11.7	1397764	4.4	15.6
金融业	8555316	11.2	2437009	7.7	28.5
交通运输、仓储和邮政业	8269523	10.8	3553359	11.2	43.0
信息传输、计算机服务和软件业	4823830	6.3	1356405	4.3	28.1
教育	3918834	5.1	3354380	10.6	85.6
住宿和餐饮业	3418244	4.5	2614131	8.2	76.5
公共管理和社会组织	3229262	4.2	2986793	9.4	92.5
卫生、社会保障和社会福利业	2792989	3.7	2109339	6.6	75.5
科学研究、技术服务和地质勘查业	2360793	3.1	1214044	3.8	51.4
文化、体育和娱乐业	2146270	2.8	1183140	3.7	55.1
居民服务和其他服务业	1434852	1.9	984287	3.1	68.6
水利、环境和公共设施管理业	656265	0.9	342933	1.1	52.3
合　计	76419207	100.0	31728500	100.0	

二　广州劳动收入占 GDP 比重的比较

（一）五大中心城市比较：广州位居中游

2010 年，国家把北京、天津、上海、广州、重庆五个城市列为国家中心城市。2010 年五大中心城市劳动收入占 GDP 的比重见表 2。

表 2　2010 年五大中心城市劳动收入占 GDP 比重对比

单位：%

地区	劳动收入		三次产业增加值占 GDP 比重		
	比重	位次	第一产业	第二产业	第三产业
重　庆	49.2	1	8.7	55.2	36.1
北　京	49.0	2	0.9	24.0	75.1
广　州	42.0	3	1.8	37.2	61.0
上　海	39.3	4	0.7	42.3	57.0
天　津	38.6	5	1.6	53.1	45.3

从表 2 的数据可以看出，五大中心城市劳动收入占 GDP 的比重均未超过 50.0%。重庆和北京比较接近，劳动收入占 GDP 比重为 49.0%左右，为第一梯次，上海和天津比较接近，比重为 39.0%左右，为第三梯次，广州在五大中心城市中居中。

初步分析，五大城市劳动收入占 GDP 比重的差异主要是三次产业结构及三次产业内部的行业结构差异所造成的。排在第一位的重庆，基本上等同于一个省，第一产业增加值占 GDP 的比重比较高，城市型经济的特征相对弱化。排在第二位的北京虽然具有典型的城市经济特征，但同时具有“首都经济”的特征，第三产业增加值占

GDP 的比重较高，且在第三产业中教育、公共管理和社会组织、卫生、科学研究、文化、体育等劳动收入占增加值比重比较高的行业规模较大。

（二）国际比较：与捷克较为接近

与国外主要国家和地区比较，在可得数据的国家和地区中，绝大部分国家和地区的劳动收入占 GDP 比重在 40.0% ~55.0%。其中美国比重最高，达 55.2%。英国、日本、法国、加拿大、荷兰、德国等发达国家以及“金砖五国”之一的俄罗斯比重均超过 50.0%。中国与捷克、意大利、新西兰、韩国、西班牙和澳大利亚相近，占比均在 40.0 ~50.0%，比重最低的国家为墨西哥，占比仅为 29.2%（见表 3）。

表 3　劳动收入占 GDP 比重对比

比重：%

国家(地区)	劳动收入比重	国家(地区)	劳动收入比重
墨西哥	29.2	澳大利亚	48.1
波　兰	37.2	欧 元 区	48.2
捷　克	41.8	俄 罗 斯	50.4
广　州	42.0	德　　国	50.9
意大利	42.3	荷　　兰	51.1
广东省	44.5	加 拿 大	52.3
新西兰	45.0	法　　国	53.3
中　国	45.0	日　　本	53.3
韩　国	46.4	英　　国	54.8
西班牙	47.9	美　　国	55.2

注：其中欧元区数据为 2005 年，墨西哥、新西兰、韩国、澳大利亚、加拿大和日本的数据为 2009 年，其他国家和地区数据均为 2010 年。

数据来源：国家统计局网站国际数据。

值得一提的是，从广州 GDP、人口数量以及产业结构分布来看，广州经济总量和产业分布与捷克共和国非常相近，2011 年广州 GDP 与捷克 2010 年 GDP 相当，但广州 2011 年年中人口数量比捷克 2010 年年中人口数少约 240 万人。从产业结构来看，广州和捷克第一产业比重均比较低，第二产业比重大致占 GDP 的 1/3 强，而第三产业发展均超过 60%。2010 年捷克 GDP 为 1922.0 亿美元，劳动者报酬为 803.4 亿美元，劳动收入比重占 41.8%，与广州劳动收入比重最为接近（见表 4）。

表 4　广州与捷克经济数据对比

项目	生产总值（亿美元）	年中人口数（万人）	第一产业比重（%）	第二产业比重（%）	第三产业比重（%）	劳动收入比重（%）
广州(2011)	1882.0	810.4	1.7	36.8	61.5	42.0
捷克(2010)	1922.0	1052.5	2.3	37.2	60.5	41.8

注：广州地区生产总值、年中人口数、产业比重数据为 2011 年，劳动收入比重数据为 2010 年，捷克数据为 2010 年。

（三）问题：比重偏低

从以上的分析可知，尽管广州的劳动收入占 GDP 的比重在五大城市中位居中游，2007 年以来，在市委、市政府所实施的一系列相关政策措施的作用下，劳动收入占 GDP 的比重呈现逐步提高的态势，但从国际比较的情况看，广州劳动收入占 GDP 的比重依然偏低。

2011 年，广州的 GDP 已经超过 1.2 万亿元（约 1827.0 亿美元），人均 GDP 达 97588 元（约 14351 美元），按照世界银行的标准，广州经济发展已达到发达国家水平。从表 3 的数据可以看出，世界发达经济体劳动收入占 GDP 的比重一般在 50% 以上，最高的美国达

55.2%。因此，根据广州目前经济发展所处的阶段，劳动收入占GDP的比重应逐步提高到50%以上的水平。

三　劳动收入比重偏低引发的主要问题

（一）劳动收入比重偏低不利于提高居民收入

从广州城市居民家庭平均每人全年现金收支情况来看，2011年广州市人均家庭总收入为40167元，其中劳动收入（工资性收入）为28956元，劳动收入占居民家庭收入比重为72.1%。从城市居民家庭五分组情况来看，2011年广州低收入组人均家庭总收入为15497元，劳动收入为10921元，低收入组家庭的劳动收入占居民家庭收入的比重为70.5%；中等偏下收入组人均家庭总收入为27823元，劳动收入为21385元，中等偏下收入组家庭的劳动收入占居民家庭收入的比重为76.9%；中等收入组人均家庭总收入为39492元，劳动收入为29852元，中等收入组家庭的劳动收入占居民家庭收入的比重为75.6%；中等偏上收入组人均家庭总收入为47310元，劳动收入为34239元，中等偏上收入组家庭的劳动收入占居民家庭收入的比重为72.4%；高收入组人均家庭总收入为71150元，劳动收入为53442元，高收入组家庭的劳动收入占居民家庭收入的比重为75.1%。

从居民家庭劳动收入增长幅度来看，2000~2011年，以劳动收入为主要来源的工资性收入年均增长幅度仅为8.4%，远低于广州2000~2011年地区生产总值年均增长13.5%的增速。

通过以上分析我们不难看出，劳动收入是居民收入的主要来源，由于居民收入的增长较慢，导致劳动收入占GDP的比重偏低，因此，提高劳动收入的增长速度是增加居民收入，缩小居民收入差距的主要途径之一。

（二）劳动收入比重偏低影响居民消费需求

据统计资料显示，2011 年广州居民消费支出总额为 4355.6 亿元，居民消费率为 35.1%。从世界各国横向比较来看，居民消费率世界平均水平在 60% 左右。其中，高收入国家为 60% ~65%，中等收入国家为 55% ~60%。虽然广州 2011 年人均 GDP 达到 97588 元，折合约 1.4 万美元，达到中等发达国家的水平，但由于居民劳动收入比重偏低，广州居民消费率明显低于中等发达国家的水平。

2000 ~ 2011 年，广州居民平均消费性支出的年均增长率为 8.6%，净出口的年均增长率为 22.4%，固定资本形成总额的年均增长率为 13.8%。由此可见，广州的经济增长主要是靠投资和出口拉动的。

相对于投资和出口，消费对经济的拉动更为稳定和持续。世界主要经济大国经济发展的动力主要来自国内市场，发达国家的居民消费率一般超过 60% 甚至 70%，而广州 2011 年仅为 35.1%。在当前国内外的经济环境下，通过增加居民收入扩大居民消费需求是广州持续增长的重要着力点。

（三）劳动收入比重偏低不利于产业结构调整

当前劳动收入占 GDP 的比重偏低，直接体现在劳动者特别是产业一线劳动者报酬过低，在一定程度上削弱了企业进行技术革新和产业升级的动力。

在广州的工业化过程中，由于劳动力价格较低，导致企业形成了对劳动力低成本型竞争力的路径依赖，依靠压低劳动要素价格获得收

益，影响了资本和技术对劳动的正常替代，阻碍了产业结构升级和企业技术进步。同时，居民工资收入较少，直接导致市场需求长期以价格较低的中低档商品为主，减弱了需求结构对产业结构提升的拉动力。较低的工资收入抑制了居民购买劳务消费，居民要么是选择价格较低的劳务消费，要么是以自我服务来替代劳务消费，这都阻碍着生活服务业的发展，不利于产业结构的调整以及服务业吸纳更多的劳动力就业。

四　广州劳动收入比重偏低的原因

（一）经济结构变动是劳动收入比重偏低的客观原因

统计数据显示：1978 年，广州第一产业增加值占 GDP 的比重为 11.7%；第二产业增加值占 GDP 的比重为 58.6%；第三产业增加值占 GDP 的比重为 29.7%。随着广州国民经济的发展，三次产业结构不断得到优化，至 2011 年，第一产业增加值占 GDP 的比重降到 1.7%，33 年间比重下降了 10.0 个百分点；第二产业增加值占 GDP 比重降到 36.8%，33 年间比重下降了 21.8 个百分点；第三产业增加值占 GDP 的比重升到 61.5%，33 年间比重上升了 31.8 个百分点，1978 年以来三次产业增加值占 GDP 比重的变动趋势详见图 4。

从广州第二产业内部的行业结构来看，经历了重工业比重大幅上升、轻工业比重大幅下降的过程，工业结构逐步由轻工业为主转变为以重工业为主。1994 年，广州轻工业总产值占工业总产值的比重约为 60%，重工业比重约为 40%，之后重工业比重大幅提升，至 2004 年，重工业比重开始超过轻工业，之后重工业比重继续上升，到 2011 年重工业总产值占工业总产值的比重达 63.0%。1999 年以来，广州轻、重工业总产值占工业总产值比重的动态变化情况详见图 5。

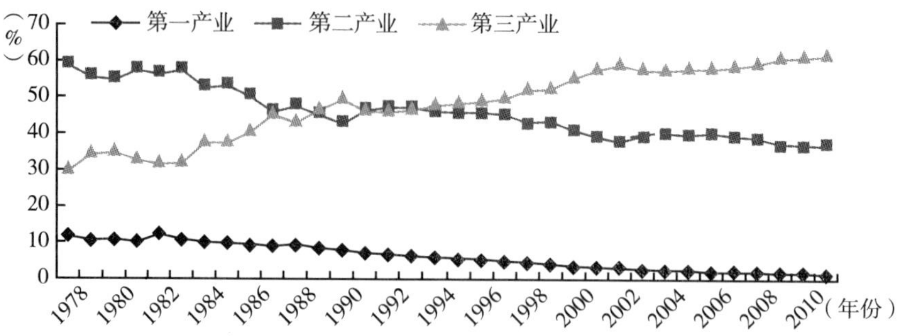

图4　1978～2010年广州三次产业结构变动对比

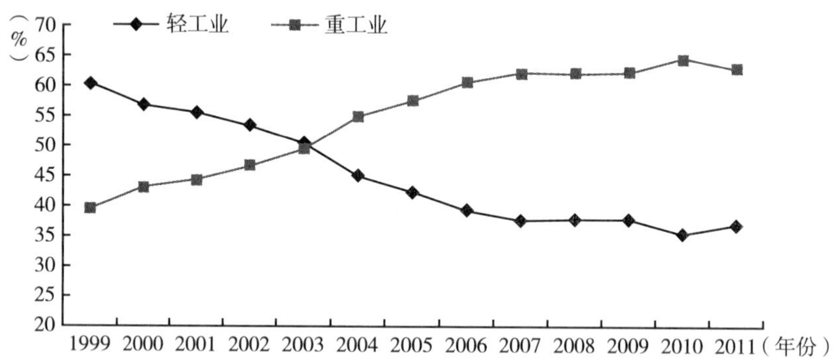

图5　1999～2011年广州轻、重工业总产值比重对比

从第三产业内部的行业结构来看，随着广州第三产业结构的优化升级，当前广州第三产业中占比重较大的行业包括批发零售业，交通运输、仓储和邮政业，金融业，信息传输、计算机服务和软件业，租赁和商务服务业以及房地产业。其中，批发零售业从2004年的18.2%上升至2011年的20.9%，是第三产业中比重最大的行业；租赁和商务服务业从2004年的10.5%上升至2011年的12.9%；金融业比重从2004年的6.9%直线上升至2011年的11.2%；房地产业虽然近年受政策影响比重有所下降，但仍然占约12.0%的比重。

为了验证劳动收入占GDP比重与广州三次产业劳动收入占其增

加值比重之间的关系，我们利用 1994～2011 年广州劳动收入占 GDP 比重（LR）与三次产业劳动收入占其增加值比重（第一产业劳动收入比重为 LR_1，第二产业劳动收入比重为 LR_2，第三产业劳动收入比重为 LR_3）的数据，通过统计计量模型计算两者之间的数量依存关系。

劳动者收入占 GDP 比重与三次产业劳动收入占其增加值比重关系模型如下：

$$LR = \beta_1 LR_1 + \beta_2 LR_2 + \beta_3 LR_3$$

通过 Eviews 进行多元线性回归可以得出：

$$LR = 0.02LR_1 + 0.42LR_2 + 0.48LR_3$$
$$t = (7.13)(21.93)(77.31)$$
$$R^2 = 0.9929 \quad D - W = 2.1$$

以上模型 $R^2 = 0.9929$，超过 0.99，三次产业劳动收入比重都能在 99% 的可信度水平上通过 t 检验，而且 D－W 统计量接近 2，说明无明显的自相关，可见，该模型拟合程度较好。

由上述模型可知，1994～2011 年，广州第一、二、三次产业劳动收入比重对总劳动收入比重的贡献率分别为 0.02%、0.42% 和 0.48%。由此可见，广州劳动收入占 GDP 比重的变动主要是由第二产业和第三产业劳动收入占其增加值比重的变动所决定的。

以上分析结合图 3 我们可以得出这样的结论。

第一，尽管第一产业劳动收入占其增加值的比重变化对劳动收入占 GDP 比重变化的影响程度不高，但由于其 1994～2011 年劳动收入占其增加值的年均比重高达 79.8%，而第一产业增加值占 GDP 的比重从 1994 年的 6.2%，下降到 2011 年的 1.7%，下降了 4.5 百分点，客观上拉低了劳动收入占 GDP 的比重。

第二，由于2003年以后，广州工业的重型化特征日趋明显，重工业总产值占工业总产值的比重迅速提高，受资本有机构成的影响，工业劳动收入占其增加值的比重变动较为平稳。随着劳动工资的提高，2007年以后工业劳动收入占其增加值的比重呈现平稳上升的态势。

第三，2007年以来，第三产业劳动收入占其增加值的比重呈现出上升势头，由于其在三次产业中对劳动收入占GDP比重变化的影响最为显著，因此，第三产业劳动收入占其增加值比重的提高对劳动收入占GDP比重的提高起到了重要的“推进器”的作用。

（二）经济发展主要依赖资本要素是劳动收入比重偏低的重要影响因素

改革开放以来，广州经济增长的投资弹性明显高于就业弹性（见图6）。1994～2011年，广州平均投资弹性①为0.8，平均就业弹性②仅为0.2。这说明，广州经济每增长1个百分点，投资拉动增长0.8个百分点，而就业拉动增长仅0.2个百分点。可见，投资对经济增长的拉动更加明显，说明经济增长更加依赖资本这种生产要素，而劳动力要素由于供应充足，劳动力报酬被控制在较低的水平。

从投资率来看，2010年广州的投资率为34.9%，而世界高收入国家平均投资率只有17.3%，中等收入国家平均投资率也只有27.9%。与同为新兴发展中国家的俄罗斯、巴西、印度和南非相比，巴西投资率为17.4%、俄罗斯为24.3%、南非为25.0%、印度为32.5%。可见，广州的投资率水平远远高于其他国家和地区。

① 投资弹性为固定资产投资增长率与地区生产总值增长率之商。

② 就业弹性为就业人数增长率与地区生产总值增长率之商。

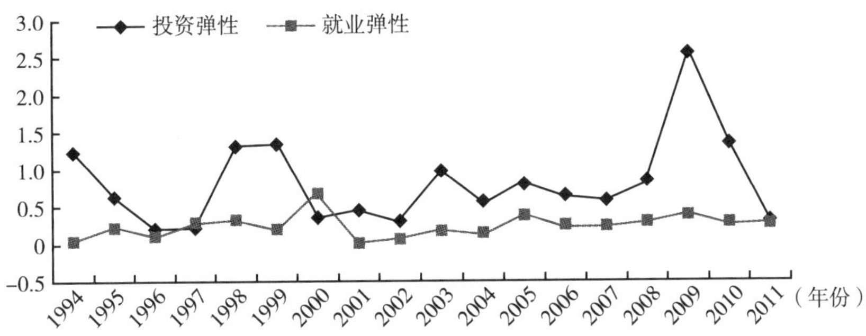

图 6　1994～2011 年广州收入弹性与就业弹性对比

为了验证资本生产要素和劳动生产要素对经济增长的贡献程度，我们通过 1994～2011 年广州的 GDP、劳动者报酬（L）、资本投入（K，用全社会固定资产投资额代替）的数据，通过 Douglas 生产函数模型，求出资本要素报酬、劳动要素报酬与 GDP 之间的关系。模型如下：

$$\mathrm{GDP} = AK_{\alpha}L_{\beta}$$

其中 A 为技术进步系数，α 为资本要素的贡献率，β 为劳动要素的贡献率。模型两边取对数可得：

$$\mathrm{Ln}GDP = C + \alpha \mathrm{Ln}K + \beta \mathrm{Ln}L$$

通过 Eviews 进行双对数线性回归可以得出：

$$\mathrm{Ln}GDP = 0.51 + 0.81\mathrm{Ln}K + 0.32\mathrm{Ln}L$$
$$t = (10.32)(31.57)(8.22)$$
$$\overline{R^2} = 0.983 \quad F = 265.4 \quad D - W = 1.63$$

以上模型 $\overline{R^2} = 0.983$ 超过 0.98，劳动报酬和资本投入都能在 98% 的可信度水平上通过 t 检验，进行广义一阶差分后，D－W 统计量比较接近 2，说明没有明显的自相关，可见，该模型拟合程度较好。

由以上模型可知，1994～2011年间，广州资本生产要素和劳动生产要素对GDP的贡献率分别为0.81%和0.32%。

综上所述，在1994～2011年间，广州经济的发展仍然主要依赖资本要素。由于劳动要素对经济发展的贡献低于资本要素，劳动力生产要素必然获得比资本生产要素低的报酬，因此，资本的高投入必然会影响GDP的初次分配格局。

（三）劳动力供需不平衡抑制了劳动收入比重的提高

从广州第六次人口普查的数据来看，2010年广州常住人口为1270.19万人，与2000年第五次全国人口普查相比较，10年共增加275.8万人，年均增长率为2.5%。从劳动年龄（15～64岁）人口来看，2010年广州劳动年龄人口数占总人数的81.9%，约为1040.3万人，与2000年第五次全国人口普查相比较，广州劳动年龄人口数比10年前增加270万人。加上广州作为我国五大中心城市之一，大量外来人口前来广州工作生活，使广州劳动力供给比较充足。

虽然广州劳动力供给充足，但随着广州产业转型升级步伐不断加快，就业结构性矛盾日渐突出，劳动者教育程度、职业能力和素养与企业用工需求之间存在较大的差距。部分岗位要求比较高，需要积累丰富的经验才能够胜任，即使劳动报酬较高，也难以找到合适的人才。从广州第六次人口普查的数据来看，2010年广州常住人口的平均受教育年限从2000年的9.3年提高到10.6年（相当于高中），但从世界范围来看，发达国家和地区人口的受教育年限一般在12～14年（相当于大学）。虽然当前广州人口的平均受教育水平随着国家教育事业的发展有了明显进步，但是与世界发达国家和地区相比，广州人口的教育水平仍然有待提高。另据国家统计局广州调查队一项调查结果显示：在调查的工业企业员工群体中，拥有本科及以上学历的人

数占总人数的16.0%；拥有大专学历的人数占18.0%；高中学历的占32.7%；初中及以下学历的占33.3%。可见，当前广州工业企业员工受教育程度仍然以高中及高中以下的劳动力为主。

按照经济学原理，判断劳动者报酬是否合理的一个重要指标是劳动者的“边际生产率”，也就是一个劳动者努力工作所生产出来的产值。一般而言，劳动者报酬应该与劳动者的边际生产率相关，也应该随着边际生产率的上升而增加。然而，由于劳动人数持续上升，劳动力资源供应充足，同时，由于劳动者素质普遍较低，在一定程度上抑制了劳动收入水平的提高。

据统计资料显示，从劳动者报酬与劳动生产率[①]比例来看，2011年广州规模以上工业企业劳动生产率为259100元/人，而广州人均劳动报酬（劳动报酬/从业人数）仅为74202.6元/人，人均劳动报酬与劳动生产率之比为0.29，可见，广州劳动者所获得的劳动报酬还占不到劳动者生产出来的价值的三成。

从劳动者报酬与劳动生产率的增速来看，广州规模以上工业企业劳动生产率从1994年的29770元/人增加到2011年的259100元/人。17年间年均劳动生产率增长速度为13.6%。而广州年均劳动报酬从1994年的10637.5元/人上升到2011年的74202.6元/人。17年间年均劳动报酬增长速度为12.1%。

五　提高劳动收入比重的对策

从以上分析我们可以得出，当前广州劳动收入比重受到产业结构

① 劳动生产率反映企业的劳动生产效率和劳动投入的经济效益，劳动生产率=工业增加值/工业从业人数。

调整、经济发展主要依赖资本要素投入、劳动供需不平衡等诸多方面因素的影响。针对这些影响因素，我们提出以下几条对策建议。

（一）进一步优化产业结构，大力发展以现代服务业为代表的第三产业

从广州第三产业发展来看，2009 年第三产业增加值占 GDP 比重超过 60% 之后，广州已进入服务经济为主导的发展阶段。当前广州现代服务业呈现出两大特点：一是吸纳就业效果显著。随着服务领域的拓宽和服务功能的增强，现代服务业吸纳劳动力不断提高，到 2011 年末，广州现代服务业从业人员为 155.9 万人，较 2007 年末增加 32.9 万人。二是劳动生产率提高显著。现代服务业以其高技术性和高增值性，带动劳动效率大幅提高。2011 年广州现代服务业劳动生产率达到 33.2 万元/人，比 2007 年的 23.0 万元/人，增长了 44.1%。当前现代服务业呈现出来的吸纳就业人员多、劳动生产率高的特点，为进一步提升整体劳动者收入报酬比重提供了有利条件。

在《广州市国民经济和社会发展第十二个五年规划纲要》中明确提出，“十二五”时期“大力推进产业高端化、集群化、融合化发展，全面实施品牌战略，加快建立以服务经济为主体、现代服务业为主导，现代服务业、战略性新兴产业与先进制造业有机融合、互动发展的现代产业体系。在继续做大做强核心产业的基础上，集中力量培育和发展一批产业基础好、成长空间大、引领广州产业高端发展方向的重大战略性主导产业，整体提升产业核心竞争力，增强发展后劲”。

在现代服务业发展方面，广州应大力推进服务产业高端化。我们认为近期应重点发展如下几个已经具有相当优势的行业。

第一，会展业。应以建设国际会展中心为目标，不断完善广州

（琶洲）国际会展核心区、流花会展区和白云国际会议中心区的服务配套体系，不断扩大广交会、中博会、广博会、广州国际汽车展、广州国际设计周、中国（广州）机械装备制造业博览会等展会的国际影响力。

第二，商务服务业。以国际水平为目标，以市场化、专业化、规模化为导向，大力推进商务服务业结构优化和功能提升，尽快形成与国际接轨，服务水平与国际相当，功能完善的现代商务服务业体系。

第三，金融业。要进一步加快金融业的发展，以国际化的视野完善广州国家中心城市金融服务体系，加快金融服务平台的建设。

第四，物流业。完善现代化空港、海港和集疏运体系建设，构筑白云空港、南沙海港、广州铁路主枢纽为主骨架的门户枢纽，拓展国际航运服务，建设具有全球影响力、与港澳错位发展的国际航运中心，并依托和发挥广州的交通枢纽的地位和优势，大力发展现代物流业。

第五，信息服务业。充分利用现有的现代信息服务业发展优势，努力构建服务珠三角并逐步延伸至更大区域乃至国外的现代信息服务平台。

（二）转变经济发展方式，实现国民经济的可持续发展

经济增长的推动依赖于劳动、资本的投入，也依赖于技术的进步。广州当前经济发展已经处于后工业化阶段，应该进一步转变经济发展方式，走出一条依靠技术进步和制度创新的集约型发展道路，减少经济发展对资本要素的依赖。

近年来，广州市委、市政府十分重视经济增长方式的转变，取得了明显的成效。2011 年，广州市委市政府又正式印发了《关于加快经济发展方式转变的实施意见》（以下简称《实施意见》）。《实

施意见》重点围绕当前广州转变经济发展方式所存在的体制机制障碍，以促进形成经济社会又好又快发展的长效机制为目标，立足于可操作、可考评的基本原则，提出要“加快形成四个长效机制、推动实现三个转变”，即加快形成扩大内需的长效机制，促进经济增长向消费、投资和出口协调拉动转变；加快形成提升国家中心城市产业功能的长效机制，促进经济增长向服务业、高新技术产业和先进制造业协同带动转变；加快形成可持续发展的长效机制，促进经济发展动力由物质资源推动向高端要素驱动转变；加快形成经济发展方式转变工作保障的长效机制，确保各项政策措施和制度规定落到实处。

《实施意见》的出台，为广州转变经济增长方式指明了方向。根据目前广州国民经济发展所处的阶段和面临的国际环境，我们建议，转变经济增长方式应重点关注以下几个方面。

1. 努力扩大国内需求

构建以国内消费为主的经济增长方式是应对国际贸易摩擦及贸易保护主义的要求。长期以来，广州出口贸易企业主要得益于国内较为丰富的劳动力资源供给和廉价的劳动力优势。自2009年下半年以来，我国与发达经济体之间的贸易摩擦不断增加，国际社会要求人民币升值的呼声再度高涨。受经济危机的影响，我国周边国家以及发达经济体居民消费不振、实体经济恢复缓慢、失业率攀升，各国从本国利益出发，或明或暗、或轻或重地采取贸易保护政策，使我国经济发展的外部环境更趋复杂。由于发达经济体是我国的主要贸易伙伴，所占份额较高，贸易争端将不利于我国对外贸易的恢复性增长，也将对相当部分出口产业构成威胁。扩大国内消费需求，促进消费结构的优化和升级，培育壮大消费热点和经济增长点，是广州经济由投资型和出口导向型为主转向以消费为主的经济增长方式的根本要求，也是加快促

进经济结构升级和快速增长，形成消费需求与经济增长良性互动的内在要求。

2. 着力提高自主创新能力

近年来，广州通过积极推动科技机制体制创新，不断加强创新体系建设，推动产、学、研的合作，打造以科学城的电子信息、生物医药、新材料三大国家基地、天河软件园的火炬计划软件基地、国家网络游戏动漫产业发展基地、黄花岗科技园的国家信息服务业示范园、民营科技园的国家“863 计划”等为骨干的高新技术产业集群，高新技术产业快速发展，产业竞争力不断加强。随着广州高新技术产业的快速发展，高新技术产品产值占规模以上工业总产值的比重迅速增加。2011 年和 1994 年比较，高新技术产品产值占规模以上工业总产值的比重提高了 34.1 个百分点。广州高新技术产业基本形成各具特色、功能互补、协调发展的格局。

广州目前正处在由要素和投资驱动经济增长向创新导向阶段转型时期。从创新环境的角度讲，目前还存在一些亟待解决的问题。一方面，要素环境的转型向企业传递创新的压力和引力不足；另一方面，环境转型还远未完成，有关政策也未完全调整到位，从而导致大量企业缺少创新的动力和激情。因此，要从根本上解决企业创新动力不足问题，必须加快建立创新导向型环境。同时，环境转型的长期性也决定了一个地区大规模创新局面的形成也将是一个长期、艰苦的过程，不能忽视要素环境对创新的根本性影响，急于求成。

提高自主创新能力，必须坚持正确的方向和路径意识。一是要大力提高原始创新能力，形成创新的重要基础和科技竞争力的主要源泉。二是要大力加强集成创新能力，形成单项相关技术的集成创新优势，努力实现关键领域的整体突破。三是要加快引进消化吸收再创新，充分利用全球科技存量，形成后发优势加快发展。为了提高自主创新能力，必须确立企业在自主创新中的作用，加快建设产学研相结合的技术创新体系，努力实现新技术的产业化。四是要发挥政府的战略导向、综合协调和服务功能，创造更好的创新环境。强有力的创新激励体系是增强自主创新能力的根本性制度保障，要深化科技体制改革，加快建立以保护知识产权为核心的激励体制框架，建立和完善创业风险投资，努力吸引集聚高层次创新领军人才，为提高自主创新能力提供强大的动力来源。

3. 大力发展绿色经济

新能源装备制造业的发展是广州提升工业发展水平的战略制高点。广州应抓住机遇，大力支持发展一批新能源装备产业，推动新能源产业规模化发展。重点是核电装备产业、新能源汽车产业、可再生能源装备制造业，形成广州市新的经济增长点。同时，要加快调整能源结构调整。2011 年，广州万元 GDP 能耗为 0. 53 吨标准煤，虽然在省内处于领先的水平，但和先进的国家和地区相比还有很大的差距。广州的能源消费水平分别相当于我国香港的 3. 3 倍、新加坡的 2. 1 倍[①]。目前广州市的能源结构大部分是传统化石能源，新能源在能源结构中的比例仅占 1. 0%。此外，1994 ~2011 年，广州市能源消费总量的年均增长率为 11. 5%，高于全国近 5. 2 个百分点。2011 年广州人均能耗达 9. 5 吨标准煤，明显高于全国 2. 6 吨标准煤的水平。由于广州市的一次能源供应主要依赖省外调入和进口，能源发展受到资源和环境的制约，因此新能源的开发和应用无论是从环境保护还是从保证工业乃至整个国民经济平稳较快发展的角度讲均显得迫在眉睫。

---

① 依照世界银行 WDI 数据库资料，2009 年香港地区生产总值能耗为 0. 5 吨标准油/万美元，新加坡国内生产总值能耗为 0. 8 吨标准油/万美元。2009 年广州地区生产总值能耗为 0. 65 吨标准煤/万元，折合为 1. 65 吨标准油/万美元。

4. 进一步优化收入分配方式，不断提高劳动收入占 GDP 的比重

为不断提高劳动者报酬占 GDP 的比重，我们建议：

（1）提高农村居民收入水平。统计数据显示：2011 年，广州城市居民的人均可支配收入为 34438 元，农村居民家庭人均纯收入为 14818 元，城市居民和农村居民之比为 1∶0.43（以城市居民人均可支配收入为 1）。因此，提高农村居民收入水平，对于促进中等收入阶层的形成有着重要的作用。我们认为，解决问题的根本出路在于统筹城乡发展，加快推进城市化进程，通过城镇化尽快消除城乡二元结构对农民增收的影响。

（2）尽快完善工资形成，建立职工工资正常的增长和支付的保障机制。从中长期来看，广州应在不影响市场分配机制和经济效率的前提下，制定相关措施规范初次分配，不断提高劳动收入占 GDP 的比重，逐步形成公平合理的收入分配格局。在一些发达国家劳动者报酬占 GDP 的比重一般在 50% 以上，根据广州工业化所处的阶段，广州劳动者报酬占 GDP 的比重应逐步提高到 50% 以上的水平。从短期来看，广州应尽快完善工资形成的制度，建立职工工资正常的增长机制和支付的保障机制，特别要随着经济的发展不断地提高最低工资标准并确保执行到位。

（3）健全和完善社会保障制度。近年来，广州市委、市政府坚持“富民优先、民生为重”，从“惠民 66 条”到“惠民补充 17 条”，为落实各项惠民措施做了大量艰苦细致的工作。但由于当前就业和社会保障体制仍处于新旧交替阶段，社会保障体系仍滞后于广州的工业化进程，亟待进一步完善，特别是低收入家庭的动态保障机制及覆盖全社会的医疗救助体系建设。

（三）提高劳动者素质

提高劳动收入的比重必须遵循市场经济规律，依靠市场的力量，提高劳动者报酬。在市场经济体制下，劳动贡献的大小由市场衡量，劳动报酬由市场决定和实施。在劳动力市场上，供给与需求的相互作用决定着劳动报酬水平。提高劳动报酬，必须提高劳动的质量。提高劳动力中的人力资本含量，这是收入按生产要素分配的客观要求。

1. 大力推进人才集聚高端化

一是为满足广州市发展先进制造业的需要，重点引进和培养科技创新人才。根据《广州统计年鉴（2012）》的统计数据，2011 年，广州市规模以上工业企业平均 R&D 人员只有 13.3 人，大力引进和培养科技创新人才以及高技能人才，对广州市先进制造业基地的建设有着至关重要的作用。

二是为满足现代服务业发展的需要，重点培养和引进专业服务人才。现代服务业的发展，需要具备国际视野、掌握专业知识、熟悉行业规则、富有开拓精神的专业服务人才。广州应进一步探索适应现代服务业发展需要的专业服务人才的培养、引进模式，创新适应现代服务业发展要求的专业服务人才的培养引进机制，使现代服务业人才队伍的建设和培养步入良性、健康、持续的发展轨道。

2. 大力推进人才服务体系的建设

当前，广州市人才管理服务在一定程度上存在政策零散、资源分散、水平偏低等问题，重引进、轻服务，重质量、轻存量的现象也不同程度的存在。广州市应着眼于人才培养、引进、使用的特点和产业转型升级的实际需要，大力推进人才服务体系的建设，尽快形成全方位、多层次、便捷高效的人才服务体系。

3. 优化人才资源配置

产业结构转型升级不仅是新兴产业对人才资源提出了更高的要求，传统产业也会因技术和管理的进步对人才资源产生新的需求。因此，广州市应根据产业转型升级的客观需要，优化人才资源的配置，

形成一个适应产业转型升级的人才资源供给结构。要充分发挥人才资源市场的作用，建立人才资源的吸纳和输出机制，采取法律和行政等手段规范人才资源市场的行为，建立规范的人才市场秩序，做好人才资源市场的分析和预测，透过现代化信息平台适时发布人才需求信息，完善社会保障制度，建立有利于人才资源流动和合理配置的保障机制。

4. 进一步大力发展教育事业

虽然近年来广州的教育事业得到了迅速发展，但劳动力的素质从整体上说依然偏低。广州市第六次人口普查的资料显示，2010 年广州市的劳动人口中，高中以下学历的占到 77.61%，小学以下的也就是说九年义务教育都没有完成的占 13.84%，未上过学的占 1.33%，这和广州市的经济发展水平是极不相称的。世界银行 WDI 数据库查询的资料显示，2006 年劳动人口中受过高等教育的人口比重，美国为 60.4%、日本为 38.3%、韩国为 33.7%、英国为 30.7%，广州就业人口中大专以上学历的人口仅为 22.4%，明显低于发达国家的水平。

（审稿　周清华）

参考文献

陈秀梅：《要素参与收入分配问题研究》，经济科学出版社，2010。

高铁梅：《计量经济分析方法与建模：EViews 应用及实例》（第二版），清华大学出版社，2009。

《广州统计年鉴》，中国统计出版社，1994～2012。

广州市统计局：《科学实践，跨越发展：广州改革开放 30 年》，中国统计出版社，2008。

罗兰 · 贝格：《破解分配难题》，新华出版社，2012。

刘伟：《经济发展和改革的历史性变化与增长方式的根本转变》，《经济研究》2006 年第 1 期。

赵俊康：《我国劳资分配比例分析》，《统计研究》2006 年第 12 期。

李稻葵：《GDP 中劳动份额演变的 U 型规律》，《经济研究》2009 年第 1 期。

李实：《中国城镇个人收入流动性研究》，《经济研究》2006 年第 10 期。

Research on the Cause and Strategies for Labor Income Proportion in Guangzhou

Research Group of Guangzhou Investigation Team of National Statistics Bureau

Abstract: The paper is based on the data from Guangzhou, and it implements a comparative analysis among the historical data of labor income as a proportion, current percentage of labor income and GDP, labor income of all industries and the labor income for other major countries and cities as well. On the basis of this, the paper proposes strategies for increasing labor income from the aspects of industrial structure adjustment, economic development model transformation and labor qualification improvement.

Key Words: Labor Income Proportion; Income Allocation; Industrial Structure

B.15
广州人口就业与产业结构关系研究

蒲火元

摘 要：

本文通过2000年“五普”和2010年“六普”两次全国人口普查的结果，对广州就业和失业人口数据进行剖析，从动态的角度分析了人口就业数量及结构和失业人口变化的趋势；分析了人口就业与三次产业结构的互动关系；提出了在刘易斯转折期间协调人口就业与产业转型升级的政策建议。

关键词：

就业人口　失业人口　产业结构　转型升级

就业是重要的民生问题，党委和政府一直高度重视就业问题。21世纪的头10年，广州国民经济继续保持稳定、快速增长，带动了全市就业的稳定增长，也促进了三次产业结构的优化和人口就业结构的调整。根据2010年广州市第六次全国人口普查（简称“六普”，下同）的数据，分析广州人口的就业和失业状况，并与产业结构进行对比研究，对广州市率先转型升级、建设幸福广州、推进新型城市化发展都有着十分重要的意义。

一 就业人口发展基本状况及特征

2010年末，广州全社会就业人口为789.11万人，比改革开放初期的1978年增加了266.9万人，增长295.7%，年均增长3.5%。就业人口发展呈现以下基本特点。

（一）从就业人口的年龄结构看，劳动力多数处于青壮年阶段

广州市就业人口群分布仍处于青壮年劳动年龄人口阶段，25～34岁和35～44岁这两个年龄段的就业人口占到全市就业人口总数的六成。从"六普"与2000年广州市第五次全国人口普查（简称"五普"，下同）的数据比较可以看出，16～24岁、25～34岁、60～64岁和65岁及以上年龄段的就业人口比重在下降，特别是16～24岁年龄段人口下降幅度最大（下降5.34个百分点），这主要是近年来大力发展高等教育和中等职业教育，增加了低年龄段适龄劳动人口的就学机会。35～44岁和45～59岁年龄段的就业人口比重呈上升之势，特别是35～44岁年龄段就业人口比重从"五普"的22.07%提高到"六普"的28.33%，提高了6.26个百分点（见表1）。

表1　广州市就业人口年龄结构

单位：%

项目＼年龄段	16～24岁	25～34岁	35～44岁	45～59岁	60～64岁	65岁及以上
2000年"五普"	25.21	35.45	22.07	15.23	1.06	0.98
2010年"六普"	19.87	32.56	28.33	17.83	0.91	0.50

总体而言，近年来广州就业人口年龄主要集中在25～34岁和35～44岁的青壮年阶段，虽然最佳劳动年龄人口25～34岁组的比重比"五普"有所下降，但仍然是比重最大的年龄段。这两个年龄段中不仅有具备先进科学知识的青年劳动力，而且还有大批经验丰富和

技术娴熟的壮年劳动力，这与广州市转型升级的经济发展战略是相适应的。

（二）从就业人口的性别看，劳动力以男性为主体

广州市就业人口的性别构成近10年来仍然以男性为主体，并有上升的趋势。"六普"男性就业人口占比为57.05%，比"五普"上升1.81个百分点；而同期女性就业人口占比为42.95%，比"五普"下降1.81个百分点。45~59岁年龄组男女就业人口占比之差最大（4.71个百分点），说明女性劳动力过早地退出劳动力市场；而25~34岁年龄组男女就业人口占比之差也达3.66个百分点，说明女性劳动力在进入劳动力市场存在不同程度的不平等待遇，但比"五普"该年龄组男女就业人口占比之差5.03个百分点缩小了1.37个百分点，可以看到国家在促进男女平等就业方面的进步（见表2）。

表2　广州市就业人口性别结构

单位：%

项目	合计		16~24岁		25~34岁		35~44岁		45~59岁		60~64岁		65岁及以上	
	男	女	男	女	男	女	男	女	男	女	男	女	男	女
2000年"五普"	55.24	44.76	11.85	13.40	20.24	15.21	12.50	9.56	9.29	5.94	0.73	0.33	0.64	0.34
2010年"六普"	57.05	42.95	10.60	9.27	18.11	14.45	16.14	12.19	11.27	6.56	0.60	0.31	0.33	0.17

（三）从就业人口的文化素质看，劳动力素质总体偏低

就业人口的文化结构与劳动者所能从事的社会经济活动能力有较为密切的联系。与"五普"相比，广州"六普"就业人口受教

育程度有了较大程度的提高，大专及以上文化程度的就业人口比重从11.14%提高到20.70%，10年提高了近10个百分点；而同期初中及以下文化程度的就业人口比重则稳步下降，尤为突出的是受过小学教育的就业人口比重比“五普”下降8.7个百分点。但从静态看，广州劳动力素质总体仍偏低，就业人口中初中及以下文化程度的人口高达54.66%，依然是目前就业人口的主要群体（见表3）。

表3　广州市就业人口的文化素质构成

单位：%

项目	大专及以上	高中(含中专)	初中	小学	未上过学
2000年“五普”	11.14	23.58	46.39	18.07	0.82
2010年“六普”	20.70	24.64	45.05	9.37	0.24

（四）从就业人口的职业分布看，劳动力集中于技术含量不高的职业

在7个职业大类中，广州市就业人口大多集中在生产、运输设备操作人员及有关人员和商业、服务业人员两个职业，占比接近总就业人口的2/3，且一般在制造加工业和低端服务业从事这两类职业。从动态来看，从事商业、服务业的就业人口比重从“五普”的22.95%提高到“六普”的30.32%；而同期生产、运输设备操作人员及有关人员的就业人口比重从“五普”的37.36%降为34.50%，这与广州市近年来推行的“退二进三”、“腾笼换鸟”的产业发展政策是相吻合的。另外，值得注意的是专业技术人员的比重比“五普”提高1.62个百分点，表明就业人口劳动技能总体水平随着经济社会发展有所提高（见表4）。

表 4　广州市就业人口的职业分布

单位：%

项目	国家机关、党群组织、企业、事业单位负责人	专业技术人员	办事人员和有关人员	商业、服务业人员	农、林、牧、渔、水利业生产人员	生产、运输设备操作人员及有关人员	不便分类的其他从业人员
2000 年"五普"	3.50	10.01	7.81	22.95	18.37	37.36	0.00
2010 年"六普"	4.63	11.63	10.69	30.32	8.09	34.50	0.14

（五）从就业人口的区域分布看，劳动力分布极不均衡

从广州十区二市的就业人口比重来看，分布高度不均。就业人口比重位列前三位的是白云区（20.95%）、番禺区（14.67%）和海珠区（12.98%）这三个人口大区，其就业人口数量占据了全市就业人口总量的近"半壁江山"。就业人口比重最低的是南沙区（2.38%），倒数第二的是萝岗区（3.26%）（见表 5）。从动态来看，"六普"就业人口占全市就业人口比重比 2005 年增加最多的是白云区（4.98 个百分点），接着依次为黄埔区（1.14 个百分点）和萝岗区（1.12 个百分点），主要是由于白云区产业层次低，仍然聚集大量劳动密集型的小作坊式工厂，而作为国家级经济技术开发区的广州经济技术开发区所在地的萝岗区和黄埔区，近年来，虽然经济迅猛发展，但由于发展的是先进制造业和高新技术产业，所以，带来了产业的集聚却没有带来相应就业人口的集聚。

表 5　2010 年“六普”广州市就业人口的区域分布

单位：%

荔湾区	越秀区	海珠区	天河区	白云区	黄埔区
5.96	7.07	12.98	10.04	20.95	4.15
番禺区	花都区	南沙区	萝岗区	增城市	从化市
14.67	7.02	2.38	3.26	7.85	3.67

二　失业人口现状与特点

（一）低龄和高龄失业人口比重上升，失业人口年龄分布趋向分散

“六普”数据显示，16～24 岁的失业人口是就业的困难群体。总体来看，失业人口随着年龄的增大，比重呈下降趋势。在失业人口中，16～24 岁年龄组人口比重最高，占 28.21%，其次是 25～34 岁年龄组，占 25.73%，35～44 岁年龄组比重最低，占 22.5%。与“五普”相比，45 岁及以上年龄组的失业人口比重上升 8.44 个百分点，16～24 岁年龄组的失业人口比重上升 7.23 个百分点，35～44 岁和 25～34 岁年龄组的失业人口比重分别下降 10.84 和 4.83 个百分点（见表 6）。16～24 岁年龄组的失业人口比重上升较快的原因可能是刚出校门的大学生就业困难所致，迹象表明失业人口将进一步年轻化。

表 6　广州市失业人口年龄结构

单位：%

项目	16～24 岁	25～34 岁	35～44 岁	45 及以上
2000 年“五普”	20.98	30.56	33.34	15.12
2010 年“六普”	28.21	25.73	22.50	23.56

（二）失业人口男性比重大

广州市就业人口的性别构成以男性为主体，同样，在失业人口性别构成仍以男性为主体，并有上升之势，跟就业人口性别结构高度吻合。“六普”男性失业人口占比为56.91%，比“五普”上升2.41个百分点；而同期女性失业人口占比为43.09%，比“五普”下降2.41个百分点。“六普”数据显示，25～44岁年龄段男女失业人口比重基本相同；16～24岁年龄段男女失业人口比重相差2.83个百分点；45岁及以上年龄组男女失业人口比重之差最大（9.68个百分点）（见表7）。

表7　广州市失业人口性别结构

单位：%

项目	合计		16～24岁		25～34岁		35～44岁		45岁及以上	
	男	女	男	女	男	女	男	女	男	女
2000年“五普”	54.50	45.50	11.02	9.95	13.99	16.57	18.52	14.83	10.97	4.15
2010年“六普”	56.91	43.09	15.52	12.69	12.80	12.93	11.98	10.52	16.62	6.94

（三）失业人口受教育程度低

“六普”数据显示，广州失业人口受教育程度主要集中在初中及以下文化程度。这部分人员占全部失业人员的比重为44.74%。受过高中和大专及以上教育的失业人口占全部失业人口的比重分别为35.16%和20.1%。可见，失业人口绝大多数文化程度低、劳动技能缺少，面对城市就业的压力，他们缺乏竞争力。大专及以上文化程度的失业人口也占了两成有余，失业人口不仅仅存在于低素质的劳动者，也有向高学历蔓延的趋势，表现为一定程度的“教育过度”倾向。

（四）部分失业人员的就业观念存在偏差

在“六普”普查时点前一周未做任何工作的人口（在职学习、休假、季节性歇业和临时停工除外）占16岁及以上人口的比例为35.97%，比“五普”的26.83%高出9个多百分点。

从失业人口未工作的七大原因中，我们可以看出失业人口个体主动性增强，失业人口的多层次。因本人原因失去工作的占全部失业人口的比重最大，为28.1%，高于因单位原因失去工作（18.46%）和承包土地被征用（2.34%）之和，反映了个体在就业中的选择性和主动性增强；其次是其他原因未工作的占20.47%，说明现在的“80后”、“90后”对工作条件要求更高，工作流动性更强，有时宁愿失业也不愿意工作；毕业后未工作的占16.87%，这其中有一部分大学生受到传统就业观念的影响，市场竞争就业意识较差，存在“等、靠、要”的想法，不愿从基层干起；要料理家务的占13.14%，这部分人家庭收入还可以，同时认为自己竞争能力弱，快到退休年龄了，于是把希望寄托在孩子身上（见图1）。

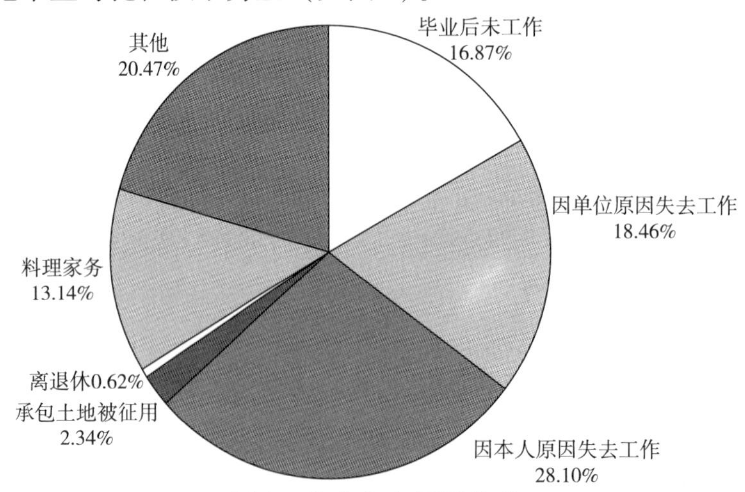

图1　失业人中原因构成

三　产业结构调整对劳动力需求的总体影响分析

（一）产业结构调整与就业结构优化

随着广州国家中心城市的战略地位的确立，国际商贸中心、国际航运中心、金融中心和知识创新中心等的建设逐步推进，广州的产业结构形成了“三、二、一”的现代产业格局。从表8可以看出，2000~2010年，广州产业结构升级明显。第一产业占GDP的比重从2000年的3.79%下降到2010年的1.75%，下降了2.04个百分点；第二产业的比重从2000年的40.98%下降到2010年的37.24%，下降了3.74个百分点；第三产业比重从2000年的55.23%，上升到2010年的61.01%，上升了5.78个百分点。

表8　2000~2010年广州市三次产业结构变动情况

单位：%

产业＼年份	2000	2001	2002	2003	2004	2005	2006	2007	2008	2009	2010
第一产业	3.79	3.42	3.22	2.92	2.63	2.53	2.11	2.10	2.04	1.89	1.75
第二产业	40.98	39.14	37.81	39.53	40.18	39.68	40.14	39.57	38.95	37.26	37.24
第三产业	55.23	57.44	58.97	57.55	57.19	57.79	57.75	58.33	59.01	60.85	61.01

产业结构的调整必然导致就业结构的变动，通过“六普”和“五普”的数据资料计算出来的就业结构情况，可以看出广州的就业结构也形成了“三、二、一”的现代型模式。第一产业的从业人员比重从2000年的18.65%下降到2010年的8.05%，下降了10.6个百分点；第

二产业的从业人员比重从2000年的40.09%下降到2010年的38.74%，下降了1.35个百分点；而第三产业比重从2000年的41.26%上升到2010年的53.21%，上升了11.95个百分点（见表9）。

表9　广州就业结构与GDP产业结构及偏离度比较

单位：%

年份	从业人员构成			GDP构成			偏离度		
	第一产业	第二产业	第三产业	第一产业	第二产业	第三产业	第一产业	第二产业	第三产业
2000	18.65	40.09	41.26	3.79	40.98	55.23	-14.86	0.89	13.97
2005	12.82	36.95	50.23	2.53	39.68	57.79	-10.29	2.73	7.56
2010	8.05	38.74	53.21	1.75	37.24	61.01	-6.30	-1.50	7.80

从2000年、2005年到2010年三次产业的就业结构与产业结构间的偏离程度看，第一产业的就业比重与GDP比重的偏离度的绝对值不断减小，且就业比重的变化幅度大于同期GDP比重的变化幅度，说明产业与劳动力“双转移”的步伐在加快，协调程度在不断提高。第二产业的就业比重与GDP比重的偏离度先上升后下降，说明协调程度在下降，在产业实施“退二进三”的过程中，就业结构未与产业结构同步。第三产业的就业比重与GDP比重的偏离度总体来说呈下降的趋势，但2010年有反弹，说明第三产业劳动资源的配置水平落后于经济发展水平，第三产业吸纳就业的潜力仍然比较大。

（二）产业结构调整导致经济增长的就业弹性下降及失业问题

随着广州产业结构的战略性调整，以高新技术及信息化为特征的经济增长方式必将导致产业增长的就业弹性下滑，甚至出现就业弹性为负数的情况，这一现象在第一产业中表现得尤为突出，2010年第

一产业增长拉动就业增长的弹性为-0.51，表明农业剩余劳动力不断向其他产业进行转移；第二产业增长拉动就业增长的弹性一直在下滑，从2000年的1.11下降到2005年的0.66，直至2010年的0.40，10年间就业弹性下降了0.71，其中工业增长的就业弹性下降程度更大，10年间下降了1.33；尽管第三产业增长的就业弹性为正值，并且数值逐步显现增大的趋势，从2000年的0.52逐步上升到2010年的0.73，但始终没有超过1的水平。2001~2010年10年间广州第三产业增长的平均就业弹性为0.50，2006~2010年的平均就业弹性为0.58，而最终的结果便是：即使广州经济进入2000年以后仍然保持两位数以上的速度增长（其中2007年达到过去10年经济增长的最高点15.3%），但经济增长拉动就业增长的就业弹性不断下降，从2000年的0.69下降到2005年的0.48，之后随着广州增加就业完善劳动力市场的政策措施的逐步完善，这一数字略有回升，到2010年为0.52（见表10）。

表10　2000年、2005年和2010年广州经济增长就业弹性情况

单位：%

项目 \ 年份	2000	2005	2010
GDP增长的就业弹性	0.69	0.48	0.52
第一产业增长的就业弹性	1.66	-0.64	-0.51
第二产业增长的就业弹性	1.11	0.66	0.40
#工业增长的就业弹性	1.83	0.72	0.50
第三产业增长的就业弹性	0.52	0.59	0.73

所以，从上述经济增长的就业弹性分析可知，广州政府部门面临产业结构调整与人口增长及就业之间的矛盾——失业人数增加的问题。广州城镇失业人数总体呈逐步上升的趋势，从2000年的22.59

万人上升到2010年的30.68万人，10年间上升了35.81%，同期户籍经济活动人口增长了26.75%（见表11）。

表11　2000～2010年广州市城镇登记失业人口变动情况

单位：万人

年份	2000	2001	2002	2003	2004	2005	2006	2007	2008	2009	2010
失业总量	22.59	29.38	24.93	23.99	24.18	23.86	26.54	25.06	26.05	27.88	30.68

广州市政府部门所面临的失业问题主要表现在两个方面。一是随着广州人均GDP从2000年的刚过3000美元到2008年超过10000美元及2010年的12882美元（按当年平均汇价换算），广州经济进入了新的增长阶段，将逐步实现从粗放型、外延式的增长方式到依赖创新、信息化及注重增长质量为特征的内涵式增长方式的转变，这将使政府部门面临结构性与摩擦性失业的问题，其实发达国家也同样经历这种阶段。二是外来劳动力大量进入及相应的就业替代效应与自愿失业问题。

四　在刘易斯转折期间协调人口就业与产业转型升级的政策建议

在刘易斯转折期间，就业问题并不会因为出现劳动力短缺现象而自动缓解，就业应继续被置于经济社会政策的优先位置，作为政府工作的重点。同时，长期困扰并作为政策重点的就业总量问题，逐步转化为就业的结构性问题，政府需要顺应这种变化，及时转变积极就业政策的关注点和实施手段，面对各个就业人群，政府需要制定更加具有针对性的就业促进战略和扶助政策。

（一）在产业结构转型升级的同时须防止“无就业的增长”

政府在进行产业结构调整、升级的过程中要保持经济增长对就业的吸纳能力，实施就业优先战略应具体体现在产业政策中。随着普通劳动者短缺现象的出现，工资成本大幅度提高，广州将由劳动密集型向技术密集型产业升级，在加大对熟练劳动者需求的同时，不可避免地要减少一部分传统就业岗位。与此同时，劳动力素质的整体提高却需要假以时日，因此，现有劳动者创造与其人力资本相适应的就业岗位，以保持就业稳定扩大，仍然是产业结构变化的优先原则。特别是在目前经济内外双重夹击之下，更应强化宏观经济预调微调的就业导向，应在制造业升级的基础上，将生产性服务业分离出来，让其成为新兴服务业态，为大学毕业生创造适合的就业岗位。把《2012 年广州市政府工作报告》提出的城镇登记失业率控制在 3.5% 以内的目标落到实处。

（二）拓展新的经济增长点，积极发展战略性新兴产业，实现经济与就业的同步增长

历史上每次科技革命，都带来了新的经济增长点，推动了经济的增长，同时提供了大量的就业岗位，带来了经济的繁荣。战略性新兴产业是引导未来经济社会发展的重要力量，这是由于战略性新兴产业以创新为主要驱动力，辐射带动力强。因此，加快培育和发展战略性新兴产业，有利于加快经济发展方式转变，有利于提升产业层次、推动传统产业升级、建设高起点现代产业体系，体现了调整优化产业结构的根本要求。广州根据自身发展的情况选择重点发展新一代信息技术、生物与健康、新材料与高端制造、时尚创意、新能源与节能环保、新能源汽车等六大产业领域。将这些产业列为经济发展的重点，

淘汰产业层次低、缺乏竞争力的产业，增强第二、三产业的实力，同时带动与战略性新兴产业发展相配套的研发、设计、物流、信息服务、电子商务、服务外包和现代金融业等现代服务业的发展，有助于促进三大产业在更高水平上协同发展，全面提升产业技术水平和国际竞争力。

（三）大力发展第三产业，通过第三产业的发展促进就业

通过前面的分析，近10年第三产业虽已成为广州增加就业的主渠道，但第三产业增长的就业弹性始终未超过1的水平，说明第三产业吸纳劳动力就业的优势远未充分显现。从扩大就业的角度考虑，在调整产业结构中，加快第三产业的发展对促进就业的增长是至关重要的。第三产业内部行业较多，劳动密集与技术、智力密集行业并存，因而容纳了各种层次、不同素质的劳动力就业。所以，要大力发展第三产业，尤其是服务业和旅游业。不仅要积极推动家政等传统服务业的细分和升级，适应不同层次的市场需求，延长产业链条，挖掘传统服务业的就业潜力，更要大力发展信息、物流、金融、会计、咨询、法律服务等现代服务业拉动就业的增长。同时，旅游业在促进就业中的作用特别显著。发展旅游业，不仅能够创造出大量的直接就业岗位，而且能够为相关行业和旅游景区周围地区的居民提供大量的直接就业岗位。根据世界旅游组织提供的数据，旅游业每增加一个直接就业人员，社会就能够增加五个就业机会。

（四）优化城乡空间布局，协调好产业转型升级与充分就业的关系

以广州优化城乡空间布局“123”的理念，即提升一个都会

区、打造两个新城区、建设三个副中心，作为实施广州产业结构转型升级与充分就业的基本手段，通过空间结构的优化布局来促进产业的重新集聚的方式解决广州产业结构转型升级与人口就业的矛盾。广州经济的增长不仅包括城市中心城区的经济增长，同时也包括远郊区的经济增长。可以通过产业的“退二进三”及劳动力的“双转移”，实现广州各区域经济的协调发展及广州与其他地区的协调发展，使得东部山水新城和南沙滨海新城成为外来劳动力的聚集地，促进这些地区经济的发展及人与社会共同发展的目标。

（五）构建有效率的就业、再就业培训体系，实现劳动力供需结构的均衡发展

针对广州劳动力数量大、文化素质不高、知识结构不能满足社会需求的情况，我们应把建立培养满足市场需要的多层次人才的教育培训体系作为促进就业的重大举措。在经济全球化和现代化建设加速的情况下，产业结构升级带来的就业结构的不断变化，就业岗位的转换对劳动者的技能和素质都提出了新的要求，教育体制应该根据劳动力需求的变化，对教育层次和专业结构进行合理的配置，处理好教育均衡发展上的短期和长期的关系。

首先，需要教育供给多元化。在教育资源的配置上打破目前的垄断性格局，通过引入竞争机制提高教育资源的投入总量和配置效率，开发竞争的环境有利于促进教育形成多元化供给，通过更加合理的管理机制和资源配置方式促进各级各类教育在城乡之间和地区之间的均等化发展，满足教育的多样化需要。其次，要建立面向需求的劳动力教育供给体制。把政府角色从过去以供给为主导的教育管理模式，转变为以市场需求为主导的教育管理模式。在这种教育模式下，教育投

资的方向是以市场需求来确定的，教育内容的安排和教育结构的调整以劳动力市场信号为基础，有利于实现劳动力供给和需求的平衡。最后，要大力发展职业教育，适度发展高等教育，实施多层次人才培养战略。加快职业培训体系建设，实现职业培训社会化，调动社会各方面的积极性，尽快形成大专院校、技工学校、职业学校以及社会培训机构共同参与的职业培训工作格局，从而实现劳动力市场供需结构的均衡。

（六）加快劳动法规建设，培育和完善劳动力市场

劳动力结构的优化是以劳动力市场自由流动与组合为前提的，因此，加快劳动法律、法规建设，大力培育完善劳动力市场，进一步促进劳动力充分合理的流动，有利于经济结构的调整，也有利于促进经济增长和就业机会的增加。要推进广州劳动力市场建设，一是要加强劳动立法，以法律规范劳动力行为。要建立和完善各种劳动法律法规，要按照市场机制和价值规律办事，全面开放劳动力市场；要加大法律法规的宣传力度和执法力度，营造一个依法治市、公开透明的法治环境，使投资者和就业者的合法权益得到有效保护，使广州成为创业者和就业者的乐园。二是要建立、健全劳动力市场体系，劳动力中介服务体系以及劳动者的劳动能力、任职资格和职业技术评价体系，充分发挥各种机构在劳动力市场中的作用，让人才在更大的市场空间中自主择业，使供需双方在市场规律的作用下达到人力资源的合理配置。三是要加快发展考试测评、人事代理、猎头服务、考核认定等方面的服务工作，通过宏观调控和政策引导，盘活现有人才资源，保持人才合理流向和流量。四是要大力拓展海外劳动力市场，进一步推进劳动力市场现代化、国际化的进程，使劳动力在国际市场上进行优化组合与资源配置。

（七）加快社会保护机制建设，打牢新型城市化发展基础

新型城市化的核心是更加注重以人为本。在刘易斯转折期间，面对“民工荒”与大学生“就业难”的困境，要加快社会保护机制建设。首先，要努力构建新时期和谐劳动关系。紧紧围绕推进新型城市化发展和率先转型升级、建设幸福广州的战略目标，以促进企业发展、维护职工权益为原则，以解决影响劳动关系和谐的突出问题为突破口，以建立健全劳动关系协调机制为重点，以开展和谐劳动关系创建活动为载体，加快构建规范有序、公正合理、互利共赢、和谐稳定的新型劳动关系。其次，通过降低农民工落户门槛，循序渐进地推进户籍制度改革。进一步扩大积分入户政策的覆盖面和工作力度，破解“双二元结构”中城市居民与外来流动人口之间的鸿沟，逐步实现公共服务均等化。最后，采用各种变通方式，降低社会保险缴费率，扩大对农民工的覆盖。即使在农民工取得城市户籍身份之前，包括社会保障在内的公共服务覆盖，可以在实际意义上推进他们的市民化。在目前中小微型企业经营困难的时期，针对全部社会保险缴费占工资的比率过高而加重企业负担的问题，政府为了推动社会保障对农民工的覆盖率，可以根据实际情况，变通地降低诸如失业保险及工伤保险这类社会保险项目的缴费标准。而就社会养老保险而言，借鉴新型农村养老保险的设计，在城市基本养老保险制度中增加一个与缴费不挂钩的部分，将会获得迅速扩大覆盖率的效果。此外，政府要研究制定包括农民工在内的全国统一的城镇职工基本养老保险关系转移接续办法，以提高农民工参保的积极性。

（审稿　陈婉清）

参考文献

牛文元:《中国新型城市化报告 2011》，科学出版社，2011。

中国发展研究基金会:《中国发展报告 2010：促进人的发展的中国新型城市化战略》，人民出版社，2010。

蔡昉:《超越人口红利》，社会科学文献出版社，2011。

广州市统计局:《广州统计年鉴》(2000~2011 年)，中国统计出版社，2000~2011。

陈惠娟:《宁波市就业结构分析》，《三江论坛》2006 年第 10 期。

彭启鹏:《广东人口就业结构状况分析》，《南方人口》2005 年第 20 卷第 1 期。

刘乃权、孙海鸣:《上海产业结构、人口、就业的互动关系研究》，《财经研究》2003 年第 29 卷第 1 期。

Research on the Relation between Employment and Industrial Structure in Guangzhou

Pu Huoyuan

Abstract: The paper analyzes the tendency of the changes of employment population and unemployment population based on the "Fifth National Census" in 2000 and "Sixth National Census" in 2010. The paper also explains the interactive relation between industrial structure and employment population and puts forwards strategies and suggestions for the coordination between employment and industrial transformation at the turning point.

Key Words: Employment Population; Unemployment Population; Industrial Structure; Transformation and Upgrade

区　域　篇

Region

B.16 2012 年海珠区经济增长分析与对策研究

符祥东

摘　要：

2012 年，面对复杂多变的国内外经济环境，在经济转型升级的带动下，海珠区经济仍保持了较快增长的态势，产业结构不断优化，经济发展质量不断提高。但在发展中仍然存在一些矛盾和问题需要引起重视。本文分析了 2012 年海珠区经济增长情况，展望了明年的经济形势，并提出了 2013 年经济工作对策建议。

关键词：

海珠区　经济增长分析　经济工作建议

2012年，面对复杂多变的国内外经济环境，广州市海珠区紧紧围绕新型城市化发展要求，抓住海珠生态城规划建设等重大历史契机，加快推进"三个重大突破"，全区经济历经一季度的低位运行、二季度的企稳回升，三季度开始经济增速明显加快，全年GDP突破千亿元大关，实现历史性跨越。

一 2012年主要指标完成情况（见表1）

表1 2012年海珠区主要经济指标完成情况

指标名称	实绩(亿元)	同比增长(±%)	增速在12个区、县级市排位(名)	增速在6个中心城排位(名)
地区生产总值	1002.38	12.0	4	1
税收收入	131.90	8.5	4	2
财政一般预算收入	39.99	12.5	6	2
固定资产投资额	462.92	8.0	11	3
商品销售总额	2655.80	30.1	2	1
社会消费品零售总额	637.82	15.2	4	1
规模以上工业产值	206.90	15.2	7	1
城市居民月人均可支配收入(元)	2970	11.4	6	3
外贸出口总额(亿美元)	17.05	2.8	10	4
实际利用外资(亿美元)	1.65	13.0	7	3

——地区生产总值（GDP）1002.38亿元，同比增长12.0%；

——税收收入131.90亿元，同比增长8.5%；

——公共财政预算收入39.99亿元，同比增长12.5%；

——固定资产投资额462.92亿元，同比增长8.0%；

——商品销售总额2655.80亿元，同比增长30.1%；

——社会消费品零售总额637.82亿元，同比增长15.2%；

——规模以上工业产值206.90亿元，同比增长15.2%；

——外贸出口总额 17.05 亿美元，同比增长 2.8%；

——实际利用外资 1.65 亿美元，同比增长 13.0%；

——城市居民月人均可支配收入 2970 元，同比增长 11.4%。

二 经济运行主要特点

（一）GDP 实现历史性跨越

2007～2011 年，海珠区经济总量每年上一个百亿元台阶，2012 年全区 GDP 跃进千亿元行列，成为继天河、越秀、萝岗、番禺、白云之后，广州市第 6 个 GDP 过千亿元的区。全区 GDP 达 1002.38 亿元，比上年净增 128.73 亿元（见图 1），按可比价格计算，同比增长 12.0%，增速居广州市 6 个中心城区首位。

从 GDP 构成来看，第一产业增加值 2.96 亿元，下降 8.3%；第二产业增加值 162.26 亿元，增长 5.7%；第三产业增加值 837.16 亿元，增长 13.5%，对全区经济增长的贡献率达 91.6%，拉动经济增长 11.0 个百分点，是推动海珠经济增长的主导力量。三次产业结构调整优化为 0.3∶16.2∶83.5，第三产业所占比重比上年提升 1.5 个百分点。

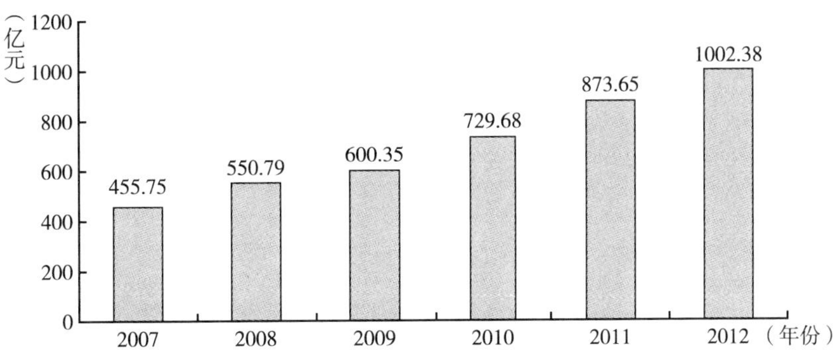

图 1　2007～2012 年海珠区 GDP

（二）产业升级转型加快推进

1. 总部经济发挥领头作用

2012年以来，海珠区以海珠生态城规划建设为契机，形成先来总部再建总部的磁吸效应，广州东凌物业管理有限公司、赫基（中国）服饰有限公司、广东良业光电实业投资有限公司、广州市海珠区绿地房地产有限公司、中金再生（广州）投资有限公司等企业在海珠完成注册登记等手续，并积极筹划、推进总部项目建设。2012年新认定了广州联合交易园等一批新总部企业，全区重点总部企业由2011年的85家增加到95家，2012年全区总部企业实现增加值242.93亿元，同比增长15.5%，比GDP增速快3.5个百分点，占全区GDP的比重达24.2%；总部企业实现税收收入54.01亿元，占全区总税收的比重达41.0%；总部企业实现区库税收收入8.07亿元，占区库税收的比重达31.2%。营业收入增长较快的总部企业有：广州联合交易园、保利地产集团、中船重工物资贸易广州公司、中国对外贸易广州展览公司等。

2. 现代服务业稳步增长

现代服务业是海珠经济转型升级的推进器。2012年，全区现代服务业实现增加值523.92亿元，同比增长13.5%，比GDP增速快1.5个百分点，现代服务业占全区GDP的比重达52.3%，拉动全区经济增长6.9个百分点。现代服务业内部结构优化，商务服务业、信息传输计算机服务业、科学研究技术服务业等行业均保持较快增长。

3. 会展经济保持增长

2012年以来，海珠认真落实《广州市海珠区扶持会展业发展的若干意见》，起草琶洲会展集聚区实施方案，成立琶洲会展经济促进

会，努力营造良好的办展环境。2012 年，琶洲地区共举办展会 180 场，展览面积 761 万平方米，分别增长 30.0% 和 12.9%，其中 10 万平方米大展 13 场，比 2011 年同期增加了 1 场。全年会展业实现增加值 42.82 亿元，增长 11.8%。广东智展展览有限公司、中国对外贸易广州展览总公司、广州闻信展览服务有限公司等 3 家会展企业和广州国际涂料展新通过 UFI 认证。

4. 战略性主导产业发展良好

目前海珠区已初步建立以会展业为龙头，现代商贸业、科技服务业、文化创意产业为支撑的战略性主导产业发展格局。2012 年全区四大战略性主导产业实现增加值 302.28 亿元，同比增长 13.2%，比 GDP 增速快 1.2 个百分点，占全区 GDP 的比重为 30.2%。其中，会展业实现增加值 42.82 亿元，增长 11.8%；现代商贸业实现增加值 169.88 亿元，增长 14.5%；科技服务业实现增加值 62.76 亿元，增长 12.2%；文化创意业实现增加值 26.82 亿元，增长 10.1%。

（三）财税收入保持增长

受宏观经济形势影响，2012 年前 5 个月海珠区税收收入均为负增长，随着经济形势的好转，从 6 月份开始，全区税收收入止跌回升。2012 年，全区税收总收入 131.90 亿元，同比增长 8.5%。其中，国税收入 48.91 亿元，增长 8.6%；地税收入 82.99 亿元，增长 8.4%。全区公共财政预算收入 39.99 亿元，增长 12.5%。其中税收收入 25.91 亿元，增长 6.7%；非税收入 14.08 亿元，增长 25.0%。

（四）投资稳步增长

2012 年以来，海珠大力推进交通路网工程、生态环境工程、智慧城区工程、文化设施工程建设，重点抓好 70 个重点项目建设。南丰汇环球展贸中心、南丰国际会展中心、中国电信广州云计算数据中心相继封顶，广东现代广告创意中心、广州地铁运营指挥中心、广东电网生产调度中心、T. I. T 合生国际广场等项目相继启动，环岛路和环岛有轨电车项目加快推进。

按法人在地统计口径，2012 年全区完成全社会固定资产投资 462.92 亿元，同比增长 8.0%。其中建设改造完成投资 341.90 亿元，增长 64.9%，房地产开发完成投资 121.02 亿元，下降 45.3%。

按项目在地统计口径，2012 年全区完成全社会固定资产投资 442.65 亿元，同比增长 14.5%。其中建设改造完成投资 349.25 亿元，增长 73.1%，房地产开发完成投资 93.40 亿元，下降 49.5%。

（五）工业增长加快

在“退二进三”大背景下，积极做好存量工业的发展工作，指导行业龙头企业加强技术进步，加快发展高新技术产业，协调供电部门保障工业企业用电稳定。2012 年，全区规模以上工业完成产值 206.90 亿元，增长 15.2%。规模以上工业六大支柱行业呈“五升一降”态势，除饮料制造业外，其他五大行业均保持增长，其中农副食品加工业和医药制造业增势最高，分别增长 25.0% 和 12.5%。工业六大支柱行业合计完成产值 136.75 亿元，占规模以上工业产值的比重达 66.1%，全区规模以上工业企业高新技术产品产值 85.49 亿元，占规模以上工业产值的比重达 41.3%。

（六）商业市场保持旺盛

2012 年以来，重点培育会展配套商圈、广州塔时尚文化商圈、江南西购物商圈、中大纺织商圈、珠江后航道滨水休闲商圈等五大区级商圈，致力形成新商业增长极。加快建设中海环宇城、海珠新都荟

等项目，珠江国际纺织城和广州联合交易园相继开业。各商贸企业结合节假日开展各种促销活动，餐饮业保持火爆，全区商业市场人气旺盛。2002年，全区实现商品销售总额2655.80亿元，同比增长30.1%；全区社会消费品零售总额637.82亿元，增长15.2%。其中连锁超市零售额62.25亿元，增长10.0%；住宿餐饮业营业额120.68亿元，增长33.5%。

（七）外贸出口保持增长

2012年，全区外贸出口17.05亿美元，增长2.8%；进口额11.55亿美元，下降7.2%；全区外贸进出口总额28.60亿美元，同比下降1.5%。全区合同利用外资1.86亿美元，下降26.7%；实际利用外资1.65亿美元，增长13.0%。出口目的地前三位的国家（地区）分别为东盟、欧盟、非洲，出口额分别为3.30亿美元、2.68亿美元和1.90亿美元，所占比重分别为19.4%、15.7%和11.1%。

（八）民生福利稳步提高

一是居民收入保持稳定增长。全区城市居民月人均可支配收入为2970元，增长11.4%，其中工资性收入2458元，增长13.1%；城镇居民月人均消费性支出2341元，增长11.1%；恩格尔系数为35.3%，比上年下降0.3个百分点。

二是民生投入不断增加。按照区委、区政府建设“幸福海珠”的要求，不断加大民生和公共事业方面的投入，全年区财政投入民生和各项公共事业资金占一般预算支出的78.5%，达49.09亿元，增长18.3%；其中教育支出18.84亿元，比2011年增加2.75亿元，增长17.0%。

三是社会保障力度不断加大。低保标准从480元提高到530元，低收入困难家庭标准从530元提高到800元；全年共为4200户低保户发放低保金3735万元；全区五大险种参保总人数达192.03万人次，增长7.9%。

三 当前海珠区经济运行中需关注的问题

1. 税收收入增速较低，财政收入结构不尽合理

2012年前五个月，全区税收收入出现近年来少有的负增长，虽从6月份开始止跌回升，但全年税收收入仅增长8.5%，比GDP增速慢3.5个百分点。区财政一般预算收入39.99亿元中，税收收入25.91亿元，增长6.7%；非税收入14.08亿元，增长25.0%，非税收入增速比税收收入快18.3个百分点。税收收入占一般预算收入的比重为64.8%，比上年同期下降3.5个百分点；非税收入占一般预算收入的35.2%，同比提高3.5个百分点，非税收入所占比重偏高。从财政收入增量上看，非税收入增量占63.4%，税收收入增量仅占36.6%。

2. “三个重大突破”推进力度仍需进一步加大

2012年3月，海珠区印发了《三个重大突破方案》，全区战略性基础设施、主导产业、发展平台全面推进。但目前战略性主导产业占全区GDP的比重仍然较低，仅占30.2%，科技服务业、文化创意产业的发展较为缓慢。战略性发展平台中，大宗商品交易平台、产权交易平台、科技创新平台等对全区经济的贡献尚未明显，推进力度需进一步加大。

3. 增强发展后劲的项目引进力度仍需进一步加大

2012年，海珠区主要指标的增速排在广州市较为领先的位置，但GDP和财政收入、税收的总量排在各区中等和靠后位置。未来三年，一批工业龙头企业将“退二”迁出海珠区，近两年引进的“进

三”项目尚未对全区经济和税收产生明显的拉动作用，若无相应的大型企业填补，将对海珠区经济和税收产生影响。

因此，当前亟须加大招商引资力度，引进一批可增强经济发展后劲的项目和大型企业进驻，经济发展才有持续的动力和稳固的根基，方能保持经济领先较快发展的良好局面。

4. 帮扶企业的力度仍需进一步加大

2012 年，海珠区企业赢利状况不容乐观，全区规模以上工业企业利润总额 8.96 亿元，同比下降 1.8%；限额以上商业企业营业利润 13.26 亿元，下降 12.9%；限额以上服务业企业利润总额 41.25 亿元，下降 0.2%。在经济大环境的影响下，部分企业受资金、市场、成本上升等多种因素的影响，经营难度加大。因此，对企业特别是困难企业的帮扶力度、“暖企”行动的力度需进一步加大。

四　展望 2013：机遇与挑战并存

机遇 1：海珠生态城加速推进。海珠生态城是广州市三大战略发展平台之一，是海珠区推进新型城市化的重要载体和创新实践。海珠生态城将建成集会展商务、总部经济、都市湿地、园林景观、文化创意、宜居休闲等功能为一体的国际先进生态城区，是海珠走新型城市化和加速建设现代化中心城区的催化剂，为海珠经济发展带来前所未有的机遇。

机遇 2：总部经济添筹加码。作为发展高端服务业主要载体的企业总部加速落户海珠，如广州地铁、广东电网、中海油广东销售公司、广州交易所集团公司、香港南丰集团内地总部、创维集团、赫基（中国）服饰公司等多个大型企业总部相继落户，为海珠总部经济的发展添筹加码。

机遇 3：旅游经济大有可为。被视为最环保经济发展极之一的旅游经济在海珠区有丰富的资源，海珠湿地一期的建成开放取得了良好的社会效应，广州塔、海珠湖、大元帅府、太古仓、黄埔古港古村、小洲岭南水乡等旅游景点已早有名气，这说明海珠区的旅游经济大有可为，可借助旅游经济带动商业、住宿餐饮业、现代服务业等行业发展，加快产业转型升级步伐。

挑战1：宏观经济仍存在较大的不确定性。全球经济仍将处于深度结构调整之中，经济增长动力不足，美国的“财政悬崖”问题可能使国际金融市场受到一定冲击；欧元区“增长”与“紧缩”的两难选择使欧洲经济不确定性增大；在货币政策进一步宽松的背景下，全球通胀风险可能重新抬头；国内经济也面临企业投资信心和能力有待恢复、劳动力成本上升、融资成本较高等问题，宏观经济层面的不确定性给海珠区经济的发展带来挑战。

挑战2：产业结构调整步伐亟待加快。在海珠区经济结构中，传统的批发零售业、房地产业和工业仍然占有重要地位，分别占GDP的16.9%、14.8%和9.5%，而作为中心城区发展标志的服务业，虽然所占比重逐年提高，但总体规模仍然较小，大型支柱企业仍然不多，特别是现代服务业和高新技术产业，与发展形势优异的越秀区和天河区相比，差距仍然较大。

挑战3：民间资本引入力度亟须加强。民间资本在城区建设、旧城改造和安排就业等多个方面具有十分重要的地位。当前海珠民间投资引入力度仍然不够，投资领域仍然偏窄，规模仍然偏小，在提升产业发展后劲上发挥的作用仍然不足。

五 2013年经济工作建议

2012年海珠区GDP突破千亿元大关，实现了历史性跨越，应把

“一千亿”看成是一个新的起点，加倍努力、创新实干，实现更高起点、更高层次新的征程。

1. 大力推动产业转型升级

充分利用经济大环境形成的倒逼机制，以“三个重大突破”为抓手，大力推进经济转型发展。一是充分发挥会展经济和琶洲地区优势。10 月 16 日，广州市政府通过了《关于支持广交会做大做强的工作意见》，将采取 20 项措施支持广交会做大做强，我们应紧抓契机，进一步提升会展业的辐射带动作用，拓展完善会展产业链，重点发展电子商务、工业设计、商务服务、媒体广告、金融、商务旅游、物流保障等行业，吸引更多的总部企业进驻，以会展经济为龙头，带动全区经济大发展。二是推动现代服务业的优化升级。把握国家加快发展高技术服务业的机遇，力促检验检测认证、工程设计服务、电子商务等行业创新发展，促进现代服务业的高端元素在海珠区集聚壮大。三是大力推进“三个重大突破”工作。切实抓好 2013 年区“三个重大突破”的 44 个重点项目建设，特别是要重点加快中交集团南方总部、广州纺织博览中心、保利世贸中心等重点项目建设。加快对低端产业、“五小”企业的转型升级，出台工作意见进行专题部署。四是力促商贸业优化转型，扩大消费需求的拉动作用。抓住着力扩大国内需求的有利环境，以商贸业的优化升级作为产业结构调整的突破口，通过产权交易、电子商务等高端业态引领商贸业转型升级。五是大力推进创新驱动发展。推进创新型城区和智慧城区建设，着力构建以企业为主体、市场为导向、产学研相结合的技术创新体系。积极推动低碳发展，以广州碳排放权交易所落户海珠区为契机，探索建立示范性的碳排放交易机制。

2. 加强招商引资，做好产业衔接工作

“退二进三”步伐日趋加快，大型工业骨干企业陆续迁出海珠区，这要求积极挖掘新的经济增长点，做好产业衔接工作，保持经济平稳健康发展。一是加大力度做好新经济源和税源的招商引资和填补工作，在招商引资过程中，侧重实体经营型总部和独立核算法人单位的引进，从行业来看，应优先引入现代服务业企业；二是做好“退二”企业原地块的开发工作，在引导“进三”项目业主关注收取租金的同时，激励其引进独立核算的大型企业；三是继续发挥各项财政扶持和配套资金的引导作用，推动企业扩大经营规模，提高竞争和赢利能力，促进海珠经济可持续发展。

3. 强化产业项目建设推进，确保经济发展后劲

新的经济增长亮点是拉动经济持续增长的动力，把项目建设作为发展经济的重要抓手，每年要争取有一批重大项目上马和建成使用。重点放在会展经济、总部经济、现代服务业等特色主导产业的培育和集聚上，提高海珠区经济可持续发展能力。建立产业项目监测和通报机制，加强跟踪服务，关注部分项目拿地不开工、部分项目建设缓慢等问题，及时了解重点项目建设过程中面临的问题，争取重点产业项目早开工，早投产，早见效益，同时谋划储备一批后续项目，增强海珠区经济发展的后劲。

4. 研究、规划、发展“楼宇经济”

近年来，随着城市经济的快速发展，一种新型经济形态悄然而生，即“楼宇经济”。它是以商务写字楼和产业园区为主要载体，通过开发、出租楼宇引进各种单位，增加收入、开拓税源，带动区域经济发展的一种经济形态。“楼宇经济”具有产业集聚、资金集聚、人才集聚、经济和财税贡献度高等一系列特点。

海珠区近年发展了一批商务写字楼，但大多数的写字楼如中洲中心、富盈大厦、财智大厦、中新大厦、银华大厦、中广大厦等的房间基本较小，引进的基本是一些小企业、分支机构或外地驻穗办事处，

部分企业只是租来作为登记注册用，实际经营地在其他地方，经济和财税贡献度低。部分商务写字楼空置率高，集聚营商的氛围不太理想，无法形成产业集聚和集群效益。

应通过合理规划包装、引导和整合现有的商务楼宇资源，规划建设一批特色商务区，为产业集聚创造良好的发展环境。重点引进一批现代服务业企业，特别是大公司、大集团总部、高科技研发机构、大型百货等，把“楼宇经济”作为海珠区一个新的经济增长点加以精心培育。

5. 抓住机遇，力促旅游业发展

海珠区正处于经济结构调整的黄金发展期，旅游经济是最环保的经济增长极之一，海珠湿地、广州塔、大元帅府、黄埔古港、海珠湖、小洲岭南水乡等为海珠区发展旅游观光业提供了丰富的旅游资源。应以海珠湿地一期建成开放为契机，大力发展现代旅游业，高标准建设完善旅游配套设施，打造海珠旅游新名片。这既能带动海珠区经济发展，也是发展绿色经济的优质选择。除了让游客了解海珠、吸引游客在海珠投资和消费外，当前更为重要的是要积极引进大型龙头旅行社进驻海珠区，提高海珠区经济总量、提升现代服务业发展水平。

6. 实施暖企业行动，优化营商软环境

建立常态化的“暖企行动”机制，开展常态化走企业、送服务上门活动。建立重点商务楼宇服务体系，重点楼宇专人跟踪、专责服务。继续开展送政策上门服务，指导企业用好用足各级政府扶持政策。开展银企对接、企企对接活动，推动企业联合协作。对于在海珠区逐步成长、发展壮大的企业，要积极协调和配置有效资源，帮助企业解决用地、人才、办公场所等问题，吸引和留住总部企业。继续发挥区科技扶持资金、总部奖励资金、园区升级改造资金等财政资金的引导作用，推动企业扩大经营规模、树立自主品牌，提高竞争力和赢利能力。

（审稿　周凌霄）

Analysis and Strategies for Economic Growth in Haizhu District in 2012

Fu Xiangdong

Abstract: In 2012, under complicated domestic and overseas economic environment and the driving force of economic transformation and upgrade, Haizhu district maintainal an economic peak. The industrial structure is constantly optimized and the economic development is improved as well. However, there are some conflicts and problems deserving our attention. The paper analyzes the economic growth of Haizhu in 2012 and economic prospects for the next year, and puts forwards strategies and suggestions for the economic operation in 2013.

Key Words: Haizhu District; Economic Growth Analysis; Suggestions for Economic Operation

B.17
番禺区 2012 年经贸工作总结及 2013 年发展对策

何 珊 莫 蕾 越永贤

摘 要：

本文在对番禺区 2012 年经贸工作成效进行总结分析的基础上阐述了番禺区 2012 年经贸工作的主要做法与特点，并从促进产业提升转型、打造区域商贸中心、提升外经贸发展质量、扶持民营经济发展等角度提出了 2013 年进一步发展的对策建议。

关键词：

番禺区 经贸工作 经验总结

2012 年，番禺区经贸部门按照区委、区政府的工作部署，紧紧围绕新型城市化发展思路，以打造时尚创意都会区为目标，全力以赴稳增长、促转型、调结构、惠民生，着力促工业提升、“商核”建设、外贸转型、外资选强、金融创新、口岸优化、监测增强，扎实开展“五个一批”，抓好“扶贫”双到、“三打两建”，经贸队伍凝聚力和战斗力不断增强，为全区工商业经济保持平稳发展作出了积极贡献。

一 主要成效

（一）产业竞争力不断提升

一是工业生产后劲充足。工业经济 2012 年年初低速开局后逐月攀升，三季度加速发展。2012 年，全区实现工业总产值 1923.47 亿元，同比增长 15.5%；规模以上工业总产值 1671.05 亿元，同比增长 16.9%，比前三季度提高 7.3 个百分点。

二是重点企业带动力强。2012 年，广汽乘用车实现产值 38.12 亿元，增长 102%；广日工业园实现产值 46.88 亿元，增长 44.82%；中粮美特包装实现产值 7.31 亿元，增长 7.2%。1～12 月大中型企业实现产值 1154.28 亿元，增长 17.1%，比三季度增速提高了 6.1 个百分点。

三是加工贸易转型带动外贸逆势上扬。截至 12 月，委托设计（ODM）和自主品牌（OBM）混合生产方式出口占加工贸易出口总额的 55.5%，较上年同期上升 15 个百分点。1～12 月，全区出口 118.44 亿美元，增长 6.84%；全年进出口总额 187.80 亿美元，增长 2.93%。

（二）“商核”效应日益明显

市区共建番禺大道五星商旅带美食集聚区抓紧推进，着力打造具有“食在广州”地标效应的番禺大道美食集聚区；海印又一城奥特莱斯广场 4 月份开业至年底，营业额达 5 亿元。奥园广场已于 12 月 21 日开业，汇珑商业中心、鸿禧商场和永旺梦乐城商业广场将于 2013 年上半年开业。1～12 月全区批发和零售商品销售总额 1844.34 亿元，增长 20.3%；实现社会消费品零售总额 844.31 亿元，增长 15.2%。其中，批发和零售业零售额 692.11 亿元，同比增长 15.6%，住宿和餐饮业零售额 152.20 亿元，同比增长 13.7%。

（三）环境优化投资项目增多

利用外资数量和质量明显提升，1～12 月，全区新项目数 121

个，增长 9.01%；实际外资 4.47 亿美元，增长 13.71%；合同外资 4.71 亿美元，上升 0.58%；引进世界 500 强项目 2 个（中粮制罐、永旺梦乐城），超额完成全年任务。

（四）民营企业壮大发展

一大批企业主动作为，采取自主创新、打造品牌、发展总部、开拓市场等措施加快转型升级步伐。东松三雄、裕丰股份、番禺电缆、渔民新村等 13 家企业获"广州市 2011 年度优秀民营企业"称号，获奖总额居全市首位。珠江钢管等 11 家企业获评为广州市首批优势传统制造业转型升级示范企业，获评企业数占全市的 1/4。巨大音响等 5 家企业被认定为广州市首批工业设计示范企业。海鸥卫浴等 10 家企业获广东省加工贸易转型升级示范企业称号。

（五）多层次金融体系加快构建

全区共有金融类机构 57 家。截至 12 月底，全区金融机构人民币存贷款余额分别为 1982 亿元和 1149 亿元，分别增长 11.2% 和 5.7%；两家小额贷款公司贷款余额 3.45 亿元，累计投放 269 笔，累计投放 10.33 亿元。银达担保公司新增担保企业 165 家，新增贷款担保额 11.54 亿元。番禺区保费收入约 15.2 亿元。

二　主要做法

（一）完善机制，加强调研监测

一是建立调研机制。开展加快工业产业转型升级、商圈发展、中小企业融资情况、金融业发展、口岸规划发展、主导产业人才、电子商务应用情况等专题调研，召开专题座谈会100多场次，形成专题调研报告12份。牵头跟进落实《关于加快产业转型升级增强产业核心竞争力的实施方案》、《关于全面推进新型城市化发展打造时尚创意都会区商核的实施方案》，提出2013年目标任务。

二是建立运行监测机制。实行镇街经贸主要指标季度完成情况通报，重点工业、商贸流通和中小企业，出口大户、新上项目监测机制；探索建立PMI监测机制；加强涉日企业信息收集，提高预警应对能力。

三是建立保障应急机制。加强供用电和有序用电管理，加快电力设施建设，及时通报供用电信息，增强电力保障能力。2012年全社会用电量91.45亿千瓦时，增长6.37%；其中，工业用电量57.24亿千瓦时，增长4.66%。建立生活必需品市场供应应急体系，确定应急骨干企业和应急物资台账，加强供应保障。

（二）突出重点，做强商旅经济

以番禺大道五星商旅带为突破点，加快构建集商贸、旅游、文化和资讯等服务于一体的现代商旅经济发展轴。以番禺大道为黄金主轴，突出美食主题，将番禺大道打造成集食、住、游、购、娱为一体的特色五星商旅带。2012年广州国际美食节于2012年12月23~30日在番禺大道河村段中华美食广场成功举办。全力推进、精心打造中华美食城、广州潮府和中华美食广场三大项目，并对番禺大道沿线环境进行整饰整治，与广州饮食商会和餐饮名店进行对接，加快引进一批餐饮新亮点；已开通163路商旅环线，有效衔接商圈内各商业元素；印制十多万份消费服务指南在广州南站、旅游景点、星级酒店等地免费派发，加大商圈宣传力度。

（三）技改创新，带动工业提升

一是大力推进技术进步，抓好技改创新，积极推荐企业申报各类技术进步项目。2013 年以来共推荐 98 家企业、122 个项目申报市建设现代产业体系技术进步项目滚动计划等技术创新项目。其中南车、三雄极光等 23 家企业获得省市战略性产业专项扶持资金 4844 万元。

二是发挥灯光音响、数控机床、输配变电等产业优势，搭建企业对接平台，组织引导产业链上下游企业对接和跨地域对接。借助广佛肇经济合作区、四川锦阳工业园区、重庆市黔江区代表团到番禺区考察招商机会，组织区内传统优势企业与各代表团进行对接。

三是组织镇街总结评估 2008 年以来实施“双转移”工作成效，制订《番禺区 2012 年“腾笼换鸟”和“双转移”实施方案》并迎接市考评，番禺区“双转移”工作获得市考评组高度赞扬。

（四）多管齐下，推动外贸增长

一是帮助外贸企业争取各级扶持资金，支持企业开拓市场、加快自主品牌建设，2013 年以来共获得 650 万元外贸扶持资金。鼓励企业利用出口信保规避风险承接订单，扩大出口规模。发动、组织企业参加广交会，赴欧美等传统市场及南美、中东等新兴市场参加各类知名展览会，帮助企业抢抓订单。番禺区共 140 家企业、299 个展位参加 112 届广交会，其中近 1/3 为品牌展位，参展数量、质量明显提升。

二是制定加工贸易转型升级工作实施方案和目标责任考评制度，鼓励外贸企业不断提高自主创新和研发设计能力，推动加工贸易产业转型升级。

三是以工业设计、产品检测等知识流程外包服务（KPO）为突破口，将服务外包扩展至建筑设计、企业内部管理等多个行业，培育服务外包新增长点。1～12 月，番禺区服务外包离岸合同额达 32375 万美元，增长 38.73%，离岸执行额达 23235 万美元，增长 10.87%。

（五）重点跟进，加强招商选资

加强统计分析，摸查各镇街实际外资存量和全区外商投资企业情况，采取有力措施进行出资监管，做好外商投资企业增资扩股工作，宣讲优惠政策引导赢利企业以利润转增注册资本。提前介入、专人指导服务在谈项目和重点项目，重点跟进利丰集团华南总部、汽车品牌物流产业园等在谈项目，通过“一区一策在谈项目帮扶方案”争取市层面支持。加强宣传推介，共发动 15 家企业分别参加“新广州·新商机”天津推介会及意大利米兰推介会等经贸交流活动。借助广博会等平台，宣传推介番禺的投资环境、名优产品、名牌企业和特色产业，广博会番禺综合展馆共 32 个展位，展区面积达 288 平方米。

（六）“五个一批”，帮扶企业发展

开展“暖企行动”和“五个一批”，配合做好市、区领导调研企业的组织协调工作，做到调研、跟进、落实“三到位”。继 3～6 月区领导开展专题调研活动后，于 8～9 月会同区府办做好陈德俊常务副区长再次深入镇街解决“五个一批”企业反映存在问题调研工作，收集整理企业存在的用工、用地、审批、交通等问题，并通过督办表将情况反馈给相关部门跟进办理。企业反映的 300 多个问题，绝大部分已得到解决，不属番禺区权限的问题正积极向上级反映，进行沟通协调。实施常态帮扶，建立重点项目调研和信息反馈机制，在验收、办证、宣传等方面做好重点项目的跟踪服务，力促增量尽快见成效。

（七）构建平台，服务中小微企业

一是开展“中小企业服务年”系列活动，邀请广东省中小企业局领导作相关政策解读；开通“番禺中小微”新浪官方微博，搭建信息交流平台，已吸引逾千家企业关注。梳理、落实各级扶持政策，2012 年以来，帮助华创、清华等 84 个（家）园区（企业）获得省、市创业示范基地、扶持中小企业发展等专项资金 3520 万元。

二是鼓励金融机构开展金融创新，依托厂商会、融促会和各镇街，加强政银协企合作，拓宽企业融资渠道。中行、农商行分别为惠迪电子、峻兴混凝土提供授信和无抵押信用贷款共 6400 万元。截至 12 月底，全区公司类贷款 713 亿元，与 2011 年底基本持平。

三是落实省市“广货网上行”活动部署，共组织 106 家企业在“广货网上行”官网上注册成为全省的“万家企业”，位列全市之首，14 家企业分别被认定为“广货网上行”活动电子商务平台、网上商城、广货网店。启动“番禺区优秀电子商务网站和优秀电子商务网店评选活动”，加快岭南网商园、淘商城及八大平台建设，着力申报 2012 年度广州市电子商务产业集聚区项目。

（八）加强建设，提高口岸服务水平

一是协调海关、检验检疫等口岸查验单位出台有力措施帮持企业发展。如检验检疫局出台 8 项措施扶持外贸企业发展。番禺海关推行“三个当天”，实现外贸企业当天申报、当天查验、当天放行，出台有力措施帮扶企业，进一步优化通关环境。边检、海事处、缉私分局等认真履行职责规范管理，确保口岸安全稳定。

二是跟进莲花山货运港升级改造、客运港挂港经营、沙湾进出境车检场搬迁等项目，提升营运能力。

三是加强口岸应对突发公共卫生事件的核心能力建设，在国家质检总局的考核中，莲花山客运港获广东省第二名，成为全国首批通过世界卫生组织口岸核心能力考核的口岸之一。

（九）加强监管，发展循环经济

完善区、镇、企业三级联动工作机制，加强重点用能单位日常监管，大力推广和应用先进适用的节能技术、产品和设备。2012 年推荐申报市工商业节能专项资金项目共 20 个；经核定，全区 40 家重点用能单位 2011 年度实现节能量超过 3 万吨标准煤。推广清洁生产，将其纳入镇（街）年度绩效奖考核范围，并作为企业申报有序用电优先保障和政策扶持的参考条件。截至目前，签订承诺书企业超过 250 家，正在开展审核及通过验收的分别有 148 家和 92 家，完成了市下达的任务；2 家企业、1 个园区分别被认定为省（市）循环经济试点（示范工业园区）。

三　2013 年工作思路与对策

2013 年，番禺区经贸部门将以贯彻党的十八大精神为动力，紧紧围绕建设时尚创意都会区的核心任务，全力以赴稳增长、调结构、转方式、促改革，以求真务实、勇于进取的作风，促进全区工商业外经贸经济平稳健康发展。

（一）着力产业提升，促转型发展

1. 延伸产业链打造产业集群

一是开展专题对接活动，加强产业上下游企业之间对接；计划协

同广州数控，在汽车、摩托车、工程机械、物流等行业推广机器人手臂项目，解决打磨及焊接等工种劳动力短缺问题；成立高效照明协会，促进 LED 企业、节能服务单位、LED 灯下游企业及光谷进行多方对接；依托广汽自主品牌乘用车、南车、万宝及广日等区内大项目，组织区传统优势产业如电缆、输配变电及金属制造等进行定向对接。二是积极参与广州市传统园区升级改造，促进传统园区向创新型园区转型。发挥龙头企业品牌效应和集聚效应，鼓励大型企业集团和龙头骨干企业规划建设专业园区，或在现有园区中规划建设“园中园”，打造 1 ~2 个专业性强、集聚度高、产业链丰满、资源集约利用水平高的特色园区。

2. 提高自主创新助力转型升级

一是组织开展各级扶持和项目申报宣贯，协助企业争取上级支持，并及时了解申报技改创新项目进展，解决存在问题，加快项目实施。二是全力推动工业设计工作，通过先摸查后建库，广泛发动、组织和指导企业申报工业设计示范企业。对通过市工业设计示范企业评定的企业，在市级企业技术中心评定及国家、省各项资金项目等方面给予优先推荐。借助广州国际设计周、“红棉奖”评选等平台，宣传推广示范企业设计成果，提高示范企业的知名度，发挥工业设计在产业转型升级中的示范和带动作用。

3. 扶持成长型企业上规模上水平

对成长型企业进行分类梳理，确定重点培育的工业企业，在政策、资金、要素保障方面倾斜扶持，支持企业通过增效扩产、技改扩建、上市等快速发展，培育一批能够拉动产业发展的核心企业。启动优势企业成长工程，坚持以现有支柱产业和企业作为转型升级的主要力量，加大对传统优势产业和企业的引导和帮扶，发展总部经济和打造区域品牌。

4. 推动节能降耗加快方式转型

建立用能倒逼机制，强化节能降耗工作，采取措施落实年度清洁生产审核验收计划，建设清洁生产示范企业，并在全区范围内进行推广。深入开展重点用能单位日常节能监管工作，组织重点用能单位推广应用节能技术，完成市下达节能年度任务目标，提高资源利用效能，促进循环经济发展。

（二）着力发展“商核”，打造区域商贸中心

1. 促进商旅发展轴协调发展

以番禺大道五星商旅带、广州南站商务区、番禺新城、广州国际商品展贸城建设为突破点，加快构建集商贸、旅游、会展、文化和资讯等服务于一体的现代商旅经济发展轴。加大市桥城区综合商贸中心提升力度，加快传统商业模式创新，构筑国际化营商环境，营造浓厚商业氛围。随着奥园、汇珑、永旺梦乐城、鸿禧和荔园广场等大型商业综合体投入使用，将加强对这些项目的跟踪、调研和监测分析，做好后续招商引导工作，及时协调统计、税务部门做好有关入库统计和税收管理工作。

2. 推进番禺大道五星商旅带（美食集聚区）建设

加快现有餐饮企业的整合提升，引进广州老字号等餐饮名企，挖潜市场消费空间。以餐饮为引领，加强食、住、游、购、（娱）乐联动，营造良好的商贸消费环境。以广州国际美食节永久选址番禺区为契机，要加大宣传，打造“食在广州”城市名片。利用广州国际美食节和广州国际购物节双节效应，相应组织统一主题、统一形象的促销宣传活动，通过“政府搭台、企业唱戏”的形式，营造消费氛围扩内需。

3. 加快电子商务等现代流通业态发展

促进电子商务与番禺区现代服务业、数字家庭和数字电视、动漫

游戏、灯光音响等产业融合发展。以岭南网商园、淘商城、友利创意园等园区为依托，培育一批潜力大、影响广的电商龙头企业。鼓励传统企业开展电商业务，支持批发和零售企业通过电子商务进行改造升级，实现专业市场电子化。继续举办“十大优秀电子商务网站”评选、推广应用会等活动，加强电子商务宣传。

4. 进一步营造良好消费环境

成立番禺区零售批发企业协会，逐步将制定行业标准、政策宣讲，项目申报等社会职能转交协会，推动“政经分离”并真正发挥协会服务企业、规范行业的作用。针对广州地区汽车限购对番禺区汽车销售行业造成的重大影响，引领汽车企业向高端汽车销售、汽车后续服务、汽车配件销售等方向发展。“打”“建”结合，一方面加大对假冒伪劣酒盐产品的打击力度，探索建立镇街酒盐监管员制度，延伸监管网络；另一方面加快广州放心酒示范批发城的建设，打造成全国酒类华南交易中心、海外酒类进入华南第一平台，配套仓储保税功能，引入广州市酒类检测中心，建立规范有序的酒类市场。

（三）着力调结构，提升外经贸发展质量

1. 继续促进加工贸易转型升级

抓好灯光音响、沙湾珠宝两个外贸转型升级示范基地建设，对外加大基地特色产业的宣传力度，提升区域品牌知名度；对内组织项目争取省外贸转型升级示范基地建设竞争性资金扶持，完善基地公共服务平台功能。以生产方式转型、技术转型、市场转型等方面为重点大力推动加工贸易转型升级，鼓励企业加大设备投入和研发技术投入，提高出口产品竞争力和附加值，加快外贸结构优化升级。

2. 培育服务外包新增长点

继续把服务外包产业作为打造服务贸易新增长点的重点工作来

抓，依托广州城市空间发展战略和功能定位，结合番禺区产业布局，发挥清华科技园数字家庭基地等科技园区的示范带动作用，积极引导园区内企业开展服务外包业务，吸引服务外包企业进园集聚发展。强化对服务外包的引导和扶持，持续开拓服务外包市场，做大番禺区服务外包份额。

3. 采取措施稳定外贸增长

针对各级出台的稳定外贸增长政策措施，争取用好、用足各项政策，特别是对进出口增量部分的扶持政策，引导和鼓励外贸企业有针对性调整订单计划；进一步加大出口信保政策的宣讲力度，鼓励外贸企业利用出口信保工具提升接单能力。建立起有效的协调机制，争取省外汇管理部门支持，为番禺区外贸企业的进出口结汇提供指导和支持。组织外贸企业参加各类展会，帮助企业更好地通过展会平台抢抓订单。

4. 积极提升引资质量和水平

加强与区招商办等部门联系沟通，实现招商信息共享，及时做好外资企业落户番禺区相关指引工作。发挥中介招商作用，构建多层次招商网络。重点引进产业关联大、投资规模大、技术含量高的龙头项目。针对番禺目前重点地块和项目，如广州南站、国际创新城和国际商品展贸城、长隆万博商圈等，加强项目对接。做好重点外资项目跟进服务，为重点项目报批、东户提供优质服务，鼓励和促进现有企业增资扩产。

（四）着力创新服务，扶持民营经济发展

一是抓好政策扶持。积极对接国家、省、市政策，制定切合番禺区实际的扶持中小微企业和民营经济政策，确保扶持政策落到实处。

二是抓好企业服务。继续深入开展“五个一批”，推进科室联系镇街制度，深入镇街、企业贴心服务。总结、深化“中小企业服务年”系列活动，完善中小微企业重点服务对象数据库，在融资对接、信息咨询等方面给予关注，定期召开座谈会或深入企业调研，协调解决企业问题。

三是抓好政银企合作。引导和鼓励金融机构优化中小微企业信贷投向，简化贷款审批程序。加快设立具有产业特色的小额贷款公司，举办形式多样的融资对接活动，着力解决融资难问题。

四是抓好信用建设。结合综合治税工作，整合工商、税务、海关、质监、环保等部门的企业信息资源，依托区厂商会、融促会等平台，建立企业信用等级制度，以利于中小微企业获得金融机构授信。

（五）着力完善机制，加强监测保障

一是依托省直通车服务重点企业、优先保障用电企业库，深入推进制造业采购经理指数（PMI），探索建立以大型商业综合体为对象的商贸服务业 PMI，进一步加强百货零售、汽车销售和餐饮行业三大支柱领域的调研分析。加强出口大户跟踪服务，对重点出口企业实行有针对性的服务扶持。与区统计部门建立联动机制，及时反映经济运行的情况和运行中出现的问题，联合镇街主动服务为企业协调解决生产运营中出现的问题。

二是继续推进“大通关”工程，与海关、检验检疫、国税、银行等部门完善日常工作联系机制，创新服务方式，为企业协调解决通关、通检、退税、融资等问题，努力营造宽松优越的口岸环境，提高贸易便利化水平。

三是加强电力供应监测分析，建立能源信息供应信息数据库；加强监督宣传，建立节约用电和有序用电联动工作机制；完善电力、油品供应应急工作体系，保障电力能源有序有效供应。

（审稿　涂成林）

Work Summary of Economy and Trade in Panyu District in 2012 and Strategies for 2013

He Shan　Mo Lei　Yue Yongxian

Abstract: Based on summary and analysis of the work in economic and trade in Panyu district in 2012, the paper elaborates the methodology and character of work in economic and trade in 2012. Then it puts forward strategies for the future development in 2013 from the perspective of speeding up industrial transformation and upgrade, building regional trade center, improving foreign trade and economies and supporting the private economy.

Key Words: Panyu District; Economic and Trade Work; Summary

B.18

白云区创意产业发展现状与对策研究

白云区发展和改革局课题组

摘　要：

本文首先对白云区创新发展的基本情况进行介绍，分析了白云区发展创意产业的优势和不足，认为白云区要发展创意产业需要在找准创意产业特色发展的方向和重点，加强对创意产业特色发展的引导和扶持，完善创意产业服务平台和支持体系等方面下功夫。

关键词：

白云区　创意产业　对策

广州市白云区创意产业发展起步较晚，但是近年来，随着生态·空港经济战略的深入实施，创意产业得到快速发展。创意产业在白云区“十二五”规划中被列为重点发展产业，白云创意产业集聚区也被列为市2012年重点建设预备项目。创意产业将成为白云区创造性地诠释生态·空港经济的一个重要产业。

一　白云区创意产业发展基本情况

2007年以来，白云区通过“政府引导、企业投入”的形式，引导有建设和营运园区经验的民营企业和私营资本投入“三旧”厂房的改造，在改造中融入科技与文化创意的元素，高标准规划建设创意产业园区。并且积极扶持园区招商工作，对进入园区发展的创意企业给予场地优惠及提供融资担保服务。目前，已在106国道地区成功建设白云创意产业集聚区，集聚区内白云科技创意园一期、嘉禾创意园一期、中海联·8立方一期和白云区创意创业产业园已建成并投入营运，白云科技创意园二期、三期、嘉禾创意园二期和云山会馆文化创意园等一批创意产业园区正在建设或规划建设中。集聚区的建设得到了广东省、广州市领导的充分肯定，2011年8月24日，时任广东省委常委、广州市委书记张广宁，市委副书记、市长万庆良率队实地考察白云创意产业集聚区时，张广宁书记对白云区将旧厂房改造成创意产业集聚区，高效集约利用土地资源的做法给予高度肯定，并要求白云区进一步加快创意产业园区建设与发展。通过积极培育，白云区目前已拥有一批优质的文化创意企业，如广州艺洲人文化传播有限公司等市级重点动漫软件企业3家，经认定的软件企业近20家，从事文化传媒设计制作销售企业达500多家，白云区创意产业发展初具规模。

二　白云区发展创意产业的优势

（一）广阔的发展空间

随着产业结构的调整和城市功能的转换，一大批不适应市场发展的传统工业企业逐步迁出或关闭，留下大量的工业厂房和仓库。特别是在106国道沿线周边地区，就分布了25家面积约37.6公顷的国有旧厂房和集体工业区。通过对旧厂房、旧工业区的升级改造，将为白云区创意产业发展提供更加广阔的集聚发展空间。白云科技创意园就是成功引导社会力量改造旧厂房、摒弃传统商贸发展模式、走现代服务业发展路子的典型例子。

（二）丰富的产业资源

白云区战略新兴产业蓬勃发展，广州民营科技企业创新基地、广州国际健康产业城、广州节能和新能源（白云）产业基地等一大批临空高新技术产业园区的筹备建设，催生出巨大的研发设计等创意市场需求，同时也为创意产业提供了广阔的产业化空间以及成果转化的产业载体。商贸物流业发展迅速，规模不断壮大，形成了音像制品、皮具鞋业、农副产品、装饰材料、化妆品等一批有影响力的专业市场，良好的商业环境将从流通层面、消费环节上更好地引导创意产业发展。白云国际会议中心则为创意产业的发展提供了良好的交流平台，并有助于吸引一部分展览策划、展示设计、企业文化交流等会展行业的企业入驻。另外，区内拥有白云山、帽峰山、南湖、白云湖、石井河等丰富生态旅游资源，以及华南地区规模最大、实力最强的广之旅国际旅行社股份有限公司，此外，南湖国家旅游度假区等休闲旅游项目抓紧推进建设，广式红木宫灯被列入广东省第三批省级非物质文化遗产，“平和大押旧址”等26处被纳入了广州市文物保护单位。丰富的旅游资源和文化资源，为创意人提供了富于创造活力的自然环境和人文环境，也为创意产业实现与文化旅游相互融合发展创造了有利条件。

（三）扎实的自主创新基础

近年来，白云区的科技创新能力得到不断提高，“十一五”期间，全区共认定高新技术企业73家，累计专利申请7668项，专利授权5967项；拥有国家级工程研发中心3个、省级企业技术中心8个、省级工程技术研发中心7个，市级工程技术研发中心11个，市级以上博士后工作站4个，市级以上创新型（试点）企业25家，区级公共实验室4个。不断增强的自主创新能力，为创意产业突破发展提供了有力支撑。

（四）良好的发展环境

白云区高度重视创意产业的发展，将其作为推动旧城改造与城市产业增值升级，优化全区产业结构，推进新型城市化建设的一项重要工作。白云区主要领导在各种场合多次强调要大力扶持创意产业的发展。白云区正抓紧制定扶持创意产业发展相应政策措施，努力为创意产业的发展营造良好制度环境，出台了《广州市白云创意产业集聚区加快发展的实施方案》，以进一步明确各部门职责分工，通过部门联动和资源整合强力推进示范园区——白云创意产业集聚区的开发建设。白云区创意产业的发展也得到广州市的重视和支持。白云创意产业集聚区被列为广州市今后5年重大建设项目、2012年广州市重点建设预备项目和市“三个重大突破”区战略性发展平台，多个创意产业项目获市服务业发展引导资金、广东省文化产业专项资金扶持。此外，近年来白云区基础设施建设不断完善，重点项目抓落实力度不断加大，银企对接合作机制逐步建立。不断优化的发展环境，为创意产业发展提供了良好基础。

三　白云区创意产业发展存在的不足

从白云区创意产业的发展现状来看，目前还处于发展的初期阶段，产业特色不突出成为主要问题。

（一）产业集聚度不高

白云区创意产业集聚区凭着其他兄弟区所不可比拟的集聚发展规模，在广州市创意产业发展中占据了一席之位。但是集聚区产业集中度不高，园区内企业之间的聚合度不够紧密，仍是低层次的地理集聚。

（二）品牌效应未形成

由于白云创意产业集聚区整体形象设计不到位、园区发展定位不明晰、支撑服务平台缺位，集聚区品牌形象至今未能建立。另外，缺乏具有带动作用的龙头企业，企业间产业关联度不强，原创能力不足，自主品牌较少，也严重制约了白云区创意产业的规模化、品牌化发展。

（三）产业融合度不高

白云区创意产业与传统优势产业、战略新兴产业的互动和渗透不足，未能成为推动皮具、化妆品、装饰材料等传统优势产业升级和生物医药、节能及新能源、新材料等战略新兴产业快速发展的支撑。自身产业链也未能得到有效整合和延伸，原创产品和关联产品、衍生产品无法形成互动发展，影响创意产业深度发展。

四　白云区创意产业发展对策建议

（一）找准创意特色产业发展的方向和重点

制定全区创意产业专项发展规划，以“错位发展”和“增强综合竞争力”为宗旨，积极探索创意产业与本区优势产业、新兴产业、历史文化、社会发展等方面的融合点，找准产业发展方向和重点，明确产业发展目标、布局和战略，实现创意产业对生态·空港经济发展的牵引。一是以100国道周边地区蓬勃发展的音像制品、皮具鞋业、装饰材料、化妆品展贸业等为基础，继续引导以“三旧”改造方式加快白云创意产业集聚区建设，重点发展鞋服设计、软件开发、网游动漫、广播影视和新闻出版、文艺创作与表演等产业。二是以白云新城及北延区、西延区逐步形成的新商圈和白云国际会议中心会展品牌为基础，建设白云新城时尚创意产业集聚区，积极培育和引进知名企业和著名品牌，发展高端、精品以及高附加值的时尚创意产业，以及会展旅游、信息服务、广告传媒等相关产业，成为广州市时尚创意产品重要的信息发布、展贸展示、先锋体现中心。三是以东部南湖和帽峰山等生态资源、白云区历史文化底蕴和农业品牌产品为基础，与健康产业互动发展，积极建设时尚创意休闲旅游集聚区。四是与北部四镇工业发展紧密结合，以广州民营科技园省级综合性生产服务业集聚区为基础，在广州民营科技企业创新基地内打造科技创意产业集聚区，依靠科技与创意的融合，重点发展创新研发设计、展示发布和高端交易等领域。

（二）加强对创意产业特色发展的引导和扶持

目前，白云区正抓紧制定扶持创意产业集聚、规模和特色发展的相关政策措施。下一步，应切实加大财政扶持力度，积极引导园区引入具有良好发展前景的龙头企业，培育在行业发展中具有领军和先导作用的企业，建设区域性的创意产业公共服务平台，加快对产业链形成和产业化发展有较强带动作用的项目建设，努力提高创意产业发展水平。另外，对于符合创意产业发展要求的特色项目、

原创精品，应积极支持其申报国家、省、市重点项目和文化产业发展专项资金、服务业发展引导资金等专项资金，以争取上级资源加快推进项目实施。

（三）加快创意产业品牌的建设

一是积极推进白云创意产业集聚区建设，完善集聚区整体规划设计，明确集聚区品牌形象、发展定位、产业重点、整体建筑设计风格等，健全集聚区管理与服务体系，完善区内公共基础设施建设，努力将集聚区打造成为规模、连片、特色发展的市级创意产业示范园区。二是努力培育创意产品品牌，引入拥有国内外知名创意产品或取得重大奖项的知名创意品牌企业，扶持一批具有完整产业链和较强竞争力的原创企业做大做强，支持创意企业加强与国内外知名企业交流、合作及参与国内外行业重大活动，并积极拓展外地市场。三是借助化妆品节、皮具节、旅游美食节、农耕文化旅游节等品牌活动和报纸、网站、电视等媒体，积极展示和宣传白云区创意产业品牌园区、企业和产品，努力提高上级部门及社会大众对白云区创意产业发展的认知度，逐步树立白云区创意产业发展的品牌形象。

（四）完善创意产业服务平台和支持体系

一是建立白云区创意产业信息服务平台，及时为创意企业提供有关产业动态、政策措施、行政审批、市场需求、产品展示及人才、资金、招商等多方面的信息服务。二是建立创意产业重点企业和重大项目库，并实现动态管理和重点跟踪服务，提供“绿色审批通道”、优先安排用地等政策优惠。三是努力解决创意企业融资问题，每半年组织一次银信部门与创意企业专题对接活动，并引导小额贷款公司、村镇银行等新型金融机构开发适合创意企业需求的金融产品，加强对创意企业的金融服务。

（审稿　周凌霄）

Research on the Development Situation and Policies for the Creative Industry in Baiyun District

Research Group of Baiyun Development and Reform Bureau

Abstract: This paper first introduces the basic situation of the creative development in Baiyun district, and analyzes the advantages and disadvantages of developing the creative industry in Baiyun district. This paper suggests that in order to develop the creative industry, Baiyun district needs to pinpoint the characteristic development direction and focus of the creativity industry, strengthen the guidance and support for the characteristic development of the creative industry, and perfect the service platform and the support system for the creative industry.

Key Words: Baiyun District; the Creative Industry; Policies

附　录

Index

附表 1　2012 年广州市主要经济指标

指标	绝对数	比上年增减(%)
年末户籍总人口(万人)	822.30	0.9
年末常住人口(万人)	1283.89	0.7
年末社会从业人员(万人)	—	—
地区生产总值(亿元)	13551.21	10.5
第一产业(亿元)	220.72	3.3
第二产业(亿元)	4713.16	9.9
#工业增加值(亿元)	4256.67	10.6
第三产业(亿元)	8617.33	11.1
全社会固定资产投资额(亿元)	3758.39	10.1
社会消费品零售总额(亿元)	5977.27	15.2
外商直接投资实际使用外资(亿美元)	45.75	7.1
商品进口总值(亿美元)	582.19	-2.5
商品出口总值(亿美元)	589.12	4.3
地方财政一般预算收入(亿元)	1102.25	12.5
地方财政一般预算支出(亿元)	1343.76	13.3
全社会货运量(亿吨)	7.60	17.0
全社会客运量(亿人次)	7.61	12.3

续附表

指标	绝对数	比上年增减(%)
港口货物吞吐量(亿吨)	4.51	0.7
邮电业务收入(亿元)	335.98	8.1
金融机构人民币存款余额(亿元)	29006.99	12.4
#城乡居民储蓄存款余额(亿元)	11310.69	12.7
金融机构外币存款余额(亿美元)	187.67	76.7
城市居民消费价格总指数(上年=100)(%)	103.0	3.0
城市居民年人均可支配收入(元)	38054	11.4
农村居民年人均纯收入(元)	16788	13.3

注：1. 地区生产总值、规模以上工业总产值增长速度按可比价格计算；2. 金融机构存贷款余额增速为比年初增长速度。

附表2　2012年全国十大城市主要经济指标对比

指标	广州	北京	天津	上海	重庆
规模以上工业总产值(当年价)(亿元)	15037.19	15405.78	23250.54	31548.41	13104.02
比上年增减(%)	11.5	6.5	14.9	-0.4	18
规模以上工业产品销售率(%)	98.7	99.1	98.9	99.3	97.5
全社会固定资产投资额(亿元)	3758.39	6462.81	8871.31	5254.38	9380
比上年增减(%)	10.1	9.3	18.1	3.7	22.9
社会消费品零售总额(亿元)	5977.27	7702.82	3921.43	7387.32	3961.19
比上年增减(%)	15.2	11.6	15.5	9	16
海关进口总值(亿美元)	582.19	3482.66	673.09	2299.51	146.33
比上年增减(%)	-2.5	5.3	14.3	1	56.1
海关出口总值(亿美元)	589.12	596.5	483.14	2068.07	385.71

续附表

指标	广州	北京	天津	上海	重庆
比上年增减(%)	4.3	1.1	8.6	-1.4	94.5
实际利用外资额(外商直接投资)(亿美元)	45.75	80.42	150.16	151.85	105.33
比上年增减(%)	7.1	14	15	20.5	0
金融机构人民币存款余额(亿元)	29006.99	81389.62	19675.68	59892.75	18934.83
金融机构人民币贷款余额(亿元)	18023.02	36441.34	17392.06	36485.90	15131.22
城乡居民人民币储蓄存款余额(亿元)	11310.69	21644.94	7055.38	19506.7	8361.64
城市居民消费价格总指数(%)	103	103.3	102.7	102.8	102.6
指标	沈阳	武汉	南京	哈尔滨	西安
规模以上工业总产值(当年价)(亿元)	12858.4	9018.88	11405.12	2775.2	4023.19
比上年增减(%)	18.1	15.3	11.8	—	15.1
规模以上工业产品销售率(%)	98.7	97.6	98.3	98	96.7
全社会固定资产投资额(亿元)	5625.4	5031.25	4558.49	3950	4243.43
比上年增减(%)	23.3	20	21.3	31.1	26.6
社会消费品零售总额(亿元)	2802.2	3432.43	3080.58	2394.60	2236.06
比上年增减(%)	15.5	16	15.4	15.7	15.5
海关进口总值(亿美元)	67.8	96.06	233.34	34.7	57.15
比上年增减(%)	17.2	-13.7	-11.9	21.7	-15.6
海关出口总值(亿美元)	59.7	107.48	319.01	18.6	72.99
比上年增减(%)	23.6	-8.3	3.4	-17.8	25.3

续附表

指标	沈阳	武汉	南京	哈尔滨	西安
实际利用外资额（外商直接投资）（亿美元）	58.00	44.44	41.3	19.00	24.78
比上年增减（%）	5.5	18.2	15.8	18.8	23.6
金融机构人民币存款余额（亿元）	10275.40	12929.26	16131.41	7360.30	12125.53
金融机构人民币贷款余额（亿元）	7852.70	10627.60	12314.41	5558.00	8635.22
城乡居民人民币储蓄存款余额（亿元）	4318.8	4683.37	4465.37	3381.2	4787.03
城市居民消费价格总指数（%）	103	102.8	102.7	103.2	102.8

注：数据来源于城市对比月报（2012 年 12 月）。工业总产值、工业产品销售率为年主营业收入 2000 万元以上工业企业，比上年增长按可比价格计算。

附表 3　2012 年珠江三角洲主要城市主要经济指标对比

指标	广州	深圳	珠海	佛山	惠州
规模以上工业总产值（当年价）（亿元）	15037.19	20883.90	3035.45	14671.93	5495.05
比上年增减（%）	11.5	7.8	3.8	11.9	19.6
规模以上工业产品销售率（%）		98.5	97.91	97.7	98.8
全社会固定资产投资额（亿元）	3758.39	2314.43	787.62	2128.33	1208.68
比上年增减（%）	10.1	12.3	23.6	10.1	18
社会消费品零售总额（亿元）	5977.27	4008.78	635.2	2019.5	754.15
比上年增减（%）	15.2	16.5	12.7	11.6	15.5
海关进口总值（亿美元）	582.19	1954.14	240.38	192.35	—
比上年增减（%）	-2.5	15.9	-13.1	-3.4	—
海关出口总值（亿美元）	589.12	2713.70	216.31	366.64	—

续附表

指标	广州	深圳	珠海	佛山	惠州
比上年增减(%)	4.3	10.5	-9.8	3.0	—
实际利用外资额(外商直接投资)(亿美元)	45.75	52.29	14.47	23.50	17.28
比上年增减(%)	7.1	13.7	8.2	9.1	10.2
金融机构人民币存款余额(亿元)	29006.99	25910.24	2987.35	9784.25	2507.55
金融机构人民币贷款余额(亿元)	18023.02	17305.47	1651.85	6127.76	1501.02
城乡居民人民币储蓄存款余额(亿元)	11310.69	8389.06	1196.27	5164.86	1351.44
城市居民消费价格总指数(%)	103	102.8	102.8	102.6	102.8

指标	肇庆	江门	东莞	中山
规模以上工业总产值(当年价)(亿元)	2861.81	2660.30	—	—
比上年增减(%)	20.3	11.5	—	—
规模以上工业产品销售率(%)	98.2	97.46	99.71	94.69
全社会固定资产投资额(亿元)	852.6	850.41	1180.35	893.43
比上年增减(%)	20.1	14.6	9.4	16.5
社会消费品零售总额(亿元)	433.39	807.21	1354.58	809.33
比上年增减(%)	15.1	10	9.3	10.3
海关进口总值(亿美元)	23.29	58.00	—	81.53
比上年增减(%)	4.1	6.7	—	-8.2
海关出口总值(亿美元)	34.04	129.70	—	223.25
比上年增减(%)	12.2	5.9	—	—
实际利用外资额(外商直接投资)(亿美元)	—	—	—	—

续附表

指标	肇庆	江门	东莞	中山
比上年增减(%)	—	—	—	—
金融机构人民币存款余额(亿元)	—	2803.61	7430.46	—
金融机构人民币贷款余额(亿元)	—	1331.19	4195.61	—
城乡居民人民币储蓄存款余额(亿元)	—	1853.1	4204.2	—
城市居民消费价格总指数(%)	102.8	102.7	102.9	102.3

注：1. 广州、深圳、珠海、佛山、东莞数据来源于城市对比月报（2012 年 12 月），惠州、肇庆、江门、中山数据来源于各市统计局网站月报；2. 工业总产值、工业产品销售率为年主营业收入 2000 万元以上工业企业，比上年增长按可比价格计算。

中国皮书网

发布皮书研创资讯，传播皮书精彩内容
引领皮书出版潮流，打造皮书服务平台

栏目设置：

- □ 资讯：皮书动态、皮书观点、皮书数据、 皮书报道、皮书新书发布会、电子期刊
- □ 标准：皮书评价、皮书研究、皮书规范、皮书专家、编撰团队
- □ 服务：最新皮书、皮书书目、重点推荐、在线购书
- □ 链接：皮书数据库、皮书博客、皮书微博、出版社首页、在线书城
- □ 搜索：资讯、图书、研究动态
- □ 互动：皮书论坛

www.pishu.cn

中国皮书网依托皮书系列“权威、前沿、原创”的优质内容资源，通过文字、图片、音频、视频等多种元素，在皮书研创者、使用者之间搭建了一个成果展示、资源共享的互动平台。

自2005年12月正式上线以来，中国皮书网的IP访问量、PV浏览量与日俱增，受到海内外研究者、公务人员、商务人士以及专业读者的广泛关注。

2008年10月，中国皮书网获得“最具商业价值网站”称号。

2011年全国新闻出版网站年会上，中国皮书网被授予“2011最具商业价值网站”荣誉称号。

“皮书”起源于十七、十八世纪的英国，主要指官方或社会组织正式发表的重要文件或报告，多以“白皮书”命名。在中国，“皮书”这一概念被社会广泛接受，并被成功运作、发展成为一种全新的出版形态，则源于中国社会科学院社会科学文献出版社。

皮书是对中国与世界发展状况和热点问题进行年度监测，以专家和学术的视角，针对某一领域或区域现状与发展态势展开分析和预测，具备权威性、前沿性、原创性、实证性、时效性等特点的连续性公开出版物，由一系列权威研究报告组成。皮书系列是社会科学文献出版社编辑出版的蓝皮书、绿皮书、黄皮书等的统称。

皮书系列的作者以中国社会科学院、著名高校、地方社会科学院的研究人员为主，多为国内一流研究机构的权威专家学者，他们的看法和观点代表了学界对中国与世界的现实和未来最高水平的解读与分析。

自 20 世纪 90 年代末推出以经济蓝皮书为开端的皮书系列以来，至今已出版皮书近 800 部，内容涵盖经济、社会、政法、文化传媒、行业、地方发展、国际形势等领域。皮书系列已成为社会科学文献出版社的著名图书品牌和中国社会科学院的知名学术品牌。

皮书系列在数字出版和国际出版方面成就斐然。皮书数据库被评为“2008~2009 年度数字出版知名品牌”；经济蓝皮书、社会蓝皮书等十几种皮书每年还由国外知名学术出版机构出版英文版、俄文版、韩文版和日文版，面向全球发行。

2011 年，皮书系列正式列入“十二五”国家重点出版规划项目；2012 年，部分重点皮书列入中国社会科学院承担的国家哲学社会科学创新工程项目；一年一度的皮书年会升格由中国社会科学院主办。

法律声明

“皮书系列”（含蓝皮书、绿皮书、黄皮书）由社会科学文献出版社最早使用并对外推广，现已成为中国图书市场上流行的品牌，是社会科学文献出版社的品牌图书。社会科学文献出版社拥有该系列图书的专有出版权和网络传播权，其LOGO（）与“经济蓝皮书”、“社会蓝皮书”等皮书名称已在中华人民共和国工商行政管理总局商标局登记注册，社会科学文献出版社合法拥有其商标专用权。

未经社会科学文献出版社的授权和许可，任何复制、模仿或以其他方式侵害“皮书系列”和LOGO（）、“经济蓝皮书”、“社会蓝皮书”等皮书名称商标专用权的行为均属于侵权行为，社会科学文献出版社将采取法律手段追究其法律责任，维护合法权益。

欢迎社会各界人士对侵犯社会科学文献出版社上述权利的违法行为进行举报。电话：010－59367121，电子邮箱：fawubu@ssap.cn。

社会科学文献出版社